스토리텔링성경 3

스토리텔링 성경

누가복음

스토리텔링 성경

3 누가복음: 사람의 아들로 오신 메시아 예수

2022년 10월 15일 초판 2쇄 발행

지은이 김영진, 강정훈, 천종수
발행처 (유) 성서원
일러스트 김천정
교정 · 교열 유영일
출판등록 1997년 7월 8일 (제300-1997-79호)
창업일 1972년 2월 1일
주 소 경기도 고양시 덕양구 덕은로 60-12 우) 10541

전 화 (02)765-0011~17
팩 스 (02)743-6811
성서원 홈페이지 www.biblehouse.co.kr
페이스북 · E-mail saebut-9106@hanmail.net

ISBN 978-89-360-2701-8 03230

스토리텔링성경 · 신약
3

성경 전 장章을 이야기로 풀어 쓴

스토리텔링 성경

지은이
김영진 강정훈 천종수

누가복음

사람의 아들로 오신 메시아 예수

성서원

차례

누가복음

사람의 아들로 오신 메시아 예수

의사 누가는 낱낱이 적네
하나님이 사람으로 태어나
자라나고 사랑하고 슬퍼하고
죽기까지의 전 생애를 기록하네

사람의 아들이 이 땅에 오시네
하늘에서 땅으로 오신 그분은
우리가 죄의 길을 걸을 때
하나님의 큰 사랑을 실천하시네

바른길을 가르치고 인도하시네
길 잃은 자들에게는 이정표
병든 자들에게는 치유의 빛으로
상처에 새살이 돋게 하시네

우리와 함께 울고 웃으시네
가장 낮은 데까지 찾아가
기꺼이 죄인들의 친구가 되어
헤매는 영혼들을 인도하시네

1

세례 요한의 탄생

헤롯 왕 때 사가랴 제사장의
아내 엘리사벳이 어렵게 임신하여
아들을 낳았는데 그가 바로
엘리야를 닮은 세례 요한이라네

데오빌로 각하께!: 누가복음을 기록한 목적에 관하여 (1:1-4)

하늘이 참 맑다. 한 해 중 이렇게 맑은 하늘도 드물 것이다. 누가는 맑은 하늘을 올려다본다. 오늘따라 바울 사도에 대한 그리움이 몰려온다. 사도님을 만난 것은 수리아 지역의 안디옥에서였다. 지금은 나이가 들어 처음 만났던 시점도 가물가물하다. 아마 주후 45년경쯤이었을 것이다. 당시 바울은 고향 다소를 떠나 바나바와 함께 안디옥 교회에서 사역하고 있었다. 그때 바울을 만났다.

누가는 의사였다. 그리고 바울을 만난 후 바울의 주치의가 되었다. 많은 사람들이 바울에게로 왔고, 바울에게서 떠나갔다. 데마처럼 세상이 좋아 떠난 자들도 있었고, 다른 지역에 복음을 전하기 위해 사도님 곁을 부득이 떠난 이들도 있었다.

의사 누가는 거의 대부분 사도님 곁에 있었다. 사도님은 병약했다. 태생이 약한 몸이었든지, 아니면 다메섹 도상에서 부활의 주님을 만났을 때 강렬한 빛에 눈이 노출된 이후로 제대로 관리를 하지 못한 데다가 쉴 틈 없는 장거리 전도여행에 피로가 쌓여 병에서 헤어나지 못했다. 그래서 누가는 항상 곁에서 병약한 사도님을 돌봐드렸다.

사도 바울! 그는 오직 예수 그리스도와 그분의 십자가 복음에 온전히 사로잡혀 살았던 사람이다. 이런 사도님 곁에서 누가도 예수님의 인격과 행적을 자주 전해 들어서 잘 알았다. 만나본 적은 없는 예수님이지만, 바울의 여러 말씀들과 앞서 기록된 마가와 마태의 서신을 보면 그분 예수님은 히브리인들이 대망해 오던 메시아가 분명했고, 세상을 구원하기 위해 이 땅에 오신 구세주가 틀림없었다.

주후 60년에서 62년 사이였을까. 바울 사도님은 로마에서 가택 연금을 당한 적이 있었다. 그때 누가는 잠시 바울과 떨어져 있었다. 누가는 그 기간 동안에 예수님과 함께했던 이들의 증언들과 사도님의 조언을 받아가면서 예수 그리스도의 생애와 행적을 연대순에 따라 체계적으로 정리하기로 마음먹었다. 마가와 마태, 나중에 요한복음을 기록한 요한까지 모두가 유대 땅 출신의 유대인들로서 아무래도 유대인의 관점이 많을 수밖에 없다. 그러다보니 이방인들이 예수님을 이해하는 데에는 나름대로 이런저런 제한을 받는다.

누가는 이방인이다. 그래서 이방인의 관점에서 온 세계 이방인들에게 예수님이 메시아(그리스도) 예수이며 온 세상의 구세주 되심을 알려주고 싶었다. 그래서 작심하고 쓴 책이 누가복음이다. 이 책은 마태복음, 마가복음, 요한복음과 더불어 '사복음서'에 속한다.

그렇다. 이 땅에 오신 메시아 예수, 그분의 삶과 가르침에 관해 기록한 네 권의 특별한 책이 있다. 이른바 '사복음서'다. 본래 세리였지만 예수님의 열두 제자 중 하나가 된 마태가 기록한 '마태복음', 마리아의 아들이며 바나바의 생질인 마가가 기록한 '마가복음', 의사로서 사도 바울의 주치의이며 선교 동역자로 활동한 누가가 기록한 '누가복음', 그리고 예수님의 주요 세 제자 중 하나로 예수님께 특별히 많은 사랑을 받은 요한이 기록한 '요한복음.' 바로 이 네 권이 사복음서다.

사복음서 중에서도 처음 세 권의 책(마태복음, 마가복음, 누가복음)을 일컬어 '공관복음서'라 한다. 세 권의 책이 예수님의 생애와 교훈에 관해 공통적인 관점에서 전하고 있기 때문이다. 그렇지만 자세히 살펴보면 공관복음서라 할지라도 각 저자(마태, 마가, 누가)의 개성과 필치에 따라 어떤 기록의 있고 없음, 관점의 독특함, 강조점의 차이 등이 나타나므로 세 권의 책을 서로 비교하면서 읽어나가면 독자는 한층 풍성하고 다양한 예수님의 행적에 관해 파악할 수 있다.

마태복음은 유대인들을 주요 독자로 삼아 '약속된 왕으로 이 땅에 오신 메시아 예수'를 강조하고, 마가복음은 이방인(특히, 로마에 있는 그리스도인들)을 주요 독자로 삼아 '섬기는 종으로 오신 메시아 예수'를 강조한다. 또 누가복음은 로마의 고위 관료인 데오빌로를 비롯하여 이방 지역의 모든 그리스도인들을 주요 독자로 삼아 '사람의 아들로 오신 메시아 예수'를 강조한다(참고로, 사복음서의 마지막 권인 요한복음은 공관복음서의 집필이 전부 끝난 뒤에 그 내용을 전제로 하여 쓴 책으로, 믿는 자들로 하여금 참된 구원과 영생을 얻도록 하기 위해 '하나님의 아들이신 메시아 예수'를 강조한다).

이 같은 점을 염두에 두고 살펴볼 때, 과연 누가복음에는 사람의 아들 곧 인자(人子)로서의 예수 상(像)이 잘 묘사되어 있다. 메시아 예수의 족보, 출생, 성장 등에 관한 기록이 자세히 묘사되어 있고, 또한 사회적, 종교적으로 소외된 자들(이방인, 고아, 과부, 가난한 자, 세리, 창녀, 죄인 등)에 대한 예수님의 깊은 관심과 긍휼, 연민의 감정 상태가 구체적으로 묘사되어 있다.

누가는 나중에 또 한 권의 성경책인 '사도행전'을 기록했는데, 누가복음은 그 책의 전편 격이라 할 수 있다. 자, 그렇다면 누가가 여러 자료와 증언들을 정성껏 수집하여 그것들을 차례대로 기술함으로써 예수님의 전기(傳記)로서도 매우 귀중한 가치를 지니는 누가복음! 그 책에 관하여 이제 이야기보따리를 풀어 나가보도록 해보자.

존경하는 데오빌로 각하께

"존경하는 데오빌로 각하께.

예수 그리스도와 관련하여 우리들 가운데서 일어난 여러 일들에 관해, 그것들을 기록하려고 손을 댄 사람들이 이미 여럿 있었습니다. 그런 사람들이 쓴 모든 글들은 과연 예수 그리스도와 관련해서 실제로 일어난 일들을 그들이 직접 목격한 것들입니다.
뿐만 아니라, 예수 그리스도의 말씀을 믿고 따르며 전파하는 사람들이 우리에게 전해준 것들을 거짓 없이 그대로 기록한 것들입니다.
각하, 저 또한 그 모든 일들을 처음부터 자세히 살피고 열심히 조사해왔던 터였으므로, 이제 저도 특별히 각하를 위해 그 모든 일들을 차례대로 각하께 써 보내는 것이 좋겠다는 생각이 들었습니다.
그래서 각하께서 이미 듣고 배우신 모든 것들이 하나도 틀림없이 전부가 분명한 사실임을 확신시켜 드리고 싶습니다."

누가복음은 누가(Luke)가 데오빌로 각하께 써 보내는 편지 글로써 그 막을 열고 있다. '데오빌로'는 '하나님의 사랑을 받는 자'란 뜻이다. 그는 기독교로 개종한 로마의 고위 공직자로 보이는데, 누가가 쓴 누가복음과 사도행전의 수신자다.

하지만 누가는 데오빌로 개인을 한정해서 누가복음과 사도행전을 쓴 것은 아니다. 데오빌로를 비롯하여 모든 믿는 자들을 대상으로 그들의 믿음을 확고히 세워주기 위해 썼고, 나아가 믿지 않는 자들에겐 예수 그리스도의 행적과 복음을 알려주어 그들로 메시아 예수를 믿게 하려고 두 권의 책을 썼다.

이 같은 이유로, 누가는 데오빌로 각하에게 보내는 편지를 통하여 자신이 왜 본서(누가복음)를 기록했는지 그 목적을 밝히고 있다. 그 목적은 아주 분명했다.

예수 그리스도와 관련해서 일어난 모든 일들, 곧 그분의 탄생부터 성장과 가르침, 죽음과 부활, 그리고 승천에 이르기까지 예수님의 행적에 관한 모든 것들이 하나도 거짓됨이나 과장됨 없이 전부가 실제로 있었던(인류역사 속에 일어났던) 사실이라는 점을 확신시켜 주고 싶었기 때문이다.

사실, 예수님의 행적에 관한 기록들은 누가(Luke) 이전에도 그것들을 앞서 기록한 사람들이 여럿 있었다. 예수님의 공생애 사역에 직접 동참한 사도들(12제자)과 무명의 제자들, 또는 헌신적인 여신도 등이 그런 사람들이다. 그렇지만 그 어떤 사람들보다도 많이 배운 지성인인 누가는 더욱 적극적으로 예수님의 행적에 관해 깊은 관심을 가지고 오랫동안 면밀하게 살피고 탐구해왔던 터였다. 그래서 누가는 이전의 모든 자료를 취합하고 분석하고 정리하여 그것들을 차례대로 기록함으로써 누구든지 알기 쉽게 예수님의 행적에 관해 알 수 있도록 했다.

세례 요한의 출생이 예고됨 (1:5-25)

때는 이두매(구약시대의 '에돔') 출신으로 헤롯 안티파테르 2세의 아들인 헤롯 대왕이 유대 땅을 다스리던 시절(주전 37-4년), 그러니까 유대 왕 헤롯의 통치 말기쯤의 일이다(주전 5년경). 유대 땅 예루살렘에 '사가랴'란 이름을 가진 제사장이 있었는데, 그는 제사장 가운데 아비야 반열에 속했다.

일찍이 다윗 왕은 제사장들의 직무 효율성을 높이기 위해 모든 제사장을 24반열로 나누었는데, 각 제사장들은 자기 반열의 차례가 돌아오면 1년에 2회, 그리고 한 번에 일주일 동안 예루살렘 성전에 올라가서 제사장의 직무를 수행해야 했다. 유월절, 오순절, 장막절 등 큰 절기 때에는 제사장들 모두가 함께 참여했다.

제사장의 24반열 중 아비야 반열은 8번째 순서였다. 제사장 사가랴의 아내 역시 아론의 후손이었는데, 그녀의 이름은 '엘리사벳'이었다. 사가랴와 엘리사벳 부부는 둘 다 신앙심이 무척 깊은 경건한 자들이어서 하나님의 계명과 규율을 성실하게 지키며 살고 있었다.

아, 그러나 안타깝게도 그들 부부 사이엔 아이가 없었다. 엘리사벳은 아기를 가질 수 없는 불임의 몸이었고, 더구나 그들 부부는 이젠 나이 많아 늙었으므로 더는 아이를 기대할 수 없었다. 유대 랍비들은 "유대인이면서 아내가 없고, 또 아내가 있으면서도 자식이 없는 사람"은 하나님 앞에서 파문당할 수 있는 7가지 유형에 속한다고 명시해 놓았다. 그래서 출산할 수 없다면 합법적인 이혼 사유가 되었다. 이처럼 유대인 사회에서 집안의 대를 이을 자식이 없다는 것, 그것은 참으로 견디기 힘든 수치와 고통이었다. 제사장 집안은 더욱 그러했다. 그럴지라도 사가랴 부부는 하나님을 굳게 신뢰하는 가운데 서로를 의지하고 위로하며 신실하게 살아갔다.

"여보, 이번에는 내 차례가 되었구려. 성전에 올라가 제사장 직무를 수행해야겠소. 내 걱정 하지 말고, 나 없는 동안에도 건강 잘 챙기시구려."

"네, 조심히 다녀오세요."

때에 사가랴는 자기 반열의 차례가 되어 예루살렘 성전에 올라가 하나님 앞에서 제사장의 직무를 수행하게 되었다.

이때 사가랴는 성소 안의 분향단에서 향을 피우는 임무를 맡게 되었는데, 아주 중요한 임무였다. 제사장 개인이 지성소 앞의 분향단에 향을 피운다는 것은 일생에 단 한번 주어지기도 힘든 큰 행운으로 여겨졌다. 당시 제사장의 수효가 대략 2만 명가량이었다고 하니 그 차례가 쉽지 않았던 것이다.

하루는 제사장 사가랴가 맡은바 임무에 따라 성소 안에 들어가 분향하고 있었다. 그러는 동안, 성전에 나아온 예배자들은 모두 성소 밖에서 기도드리고 있었다. 유대인들은 하루 세 번 시간을 정해 성전 뜰이나 성소 바깥뜰에서 모여 기도를 드리곤 했다. 사가랴가 지성소 휘장 바로 앞에 놓인 분향단에서 한창 향을 피우고 있을 때였다.

사가랴 앞에 갑자기 여호와의 천사가 나타났다. 그 천사는 분향단의 오른편에 당당하게 서 있었다. 사가랴는 갑자기 나타난 그 천사를 보고 너무나 놀란 나머지 큰 두려움에 사로잡혀 벌벌 떨었다. 그때 그 천사가 말한다.

"사가랴야, 조금도 두려워하지 마라. 주께서 네 기도를 들어주셨다. 그러므로 네 아내 엘리사벳이 아들을 낳을 터인즉, 그 아이의 이름을 '요한'이라 지어라. 진실로 그 아들은 네게 큰 기쁨과 즐거움이 될 것이고, 많은 사람들도 그 아이의 태어남을 기뻐할 것이다. 그 까닭은, 주께서 보시기에 그 아들은 큰 인물이 될 것이기 때문이니라."

"아니? 그, 그게… 무슨 말씀이신지…? 우리 부부는 이미 늙었고…."

사가랴가 천사의 말에 무언가를 말하려 했지만, 그에 아랑곳없이 천사는 자신의 말을 계속 잇는다.

"네게서 태어날 그 아이는 포도주나 다른 술을 일체 입에 대지 않을 것이고, 어머니 뱃속에서부터 성령으로 충만할 것이다. 그 아이는 장차 많은 이스라엘 백성을 그들의 주님이신 하나님께로 돌아오게 할 것이다."

천사는 사가랴 부부에게서 태어날 요한이 포도주를 비롯하여 일체의 술을 입에 대지 않을 것이라고 했는데, 이 말은 요한이 하나님께 특별히 헌신된 자임을 보여준다. 구약시대에는 이런 자들을 '나실인'이라 불렀다. 나실인은 '분리하다(헌신하다)'란 뜻의 '나자르'에서 파생된 말로, 세상과 분리되어 하나님께 헌신된 자를 가리키는 말이다.

나실인은 몇 가지 금기 사항, 즉 ① 일체의 술을 금할 것 ② 머리털을 깎지 말 것 ③ 시체를 가까이 하지 말 것 등을 준수해야 했지만, 그런 금기 사항을 지키는 것을 제외하고는 일반인들과 마찬가지로 일상적인 가정생활을 영위해 나갔다. 천사의 말은 계속된다. 천사의 말은 강렬하면서도 부드러웠다.

"그 아이는 또한 엘리야의 심령과 능력을 가지고서 주(메시아)보다 앞서 올 것이다. 그래서 아버지들의 마음을 자녀들에게로 향하게 하여 가정의 화합과 평화를 도모할 것이고, 또 순종하지 않는 사람들의 강퍅한 마음을 의로운 사람의 지혜로 돌아서게 하여, 이 백성들로 하여금 주를 맞아들일 준비를 하게 할 것이다."

천사의 이 말은, 장차 태어날 (세례)요한은 구약시대의 위대한 선지자인 엘리야 같은 기질이나 능력이나 영향력으로 메시아의 길을 힘차게 준비할 것이라는 뜻이다. 실제로 유대 광야에서 회개의 메시지를 외친 세례 요한의 삶과 사역은 엘리야 선지자와 아주 비슷했다. 이런 의미에서 구약시대 최후의 선지자인 말라기가 예언한 '엘리야'는 바로 '세례 요한'을 가리키는 것이었는데, 후일 예수님도 그 사실을 밝히 인준하셨다. 천사의 말이 끝나자, 사가랴가 두려워 떨리는 목소리로 천사에게 말한다.

"저희 부부에게 아들이 생길 것이라니요? 세상에, 어떻게 그런 일이 있을 수 있겠습니까. 보다시피 저는 이미 늙었고, 제 아내 또한 나이 많아 더는 아이를 가질 수 없게 되었으니 말입니다."

"그렇지 않다. 나는 하나님을 모시는 '가브리엘' 천사다. 내가 모시는 바로 그분 하나님께서 이 기쁜 소식을 네게 전하라고 나를 보내셨다. 지금 네가 내 말을 믿지 않았으니, 내 말이 실제로 이루어질 때까지 너는 입이 열리지 않아 당분간 벙어리 신세가 되어 말을 하지 못하게 될 것이다."

가브리엘! 그는 '미가엘'과 더불어 성경에 그 이름이 언급된 두 천사 중 한 명이다. 둘 다 천사장(天使長)으로서, 미가엘이 하나님의 백성을 지키고 보호하기 위해 사탄의 세력과 싸우는 전투형 천사라면, 가브리엘은 사람들에게 하나님의 기쁜 소식을 전달해 주는 메신저 역할을 하는 천사다.

이때 사가랴가 당분간 벙어리 신세가 된 것은 그의 믿음 부족에 대한 하나님의 가벼운 질책이라 볼 수 있다. 사가랴는 하나님께서 하시려는 일을 의심했기 때문에, 그 일이 이루어지기까지 침묵 속에서 반성해야 했다. 비록 사가랴는 경건한 의인이었지만, 하나님을 더욱 신뢰하는 법을 배워야 했다.

"거참, 이상하다…? 제사장께서 오늘따라 왜 이리 더디실까? 벌써 분향 끝날 시간이 한참이나 지났는데…."

사가랴가 천사와 이야기를 나누고 있는 동안, 성소 밖에서 사가랴가 나오기를 기다리던 사람들은 그가 너무 오랫동안 나오지 않자 고개를 갸웃하며 이상하게 여겼다. 제사장들은 성소 안에 들어가 하나님 앞에서 직무를 감당하는 것을 영광으로 알면서도 한편으로는 두려움을 느꼈다. 오래전 구약시대에 대제사장 아론의 두 아들인 제사장 나답과 아비후가 하나님께 제사를 잘못 드린 죄로 즉석에서 징벌 받아 죽임당한 일을 잘 알고 있었기 때문이다. 그래서 제사장들은 성소 안에서 오랫동안 머물지 않고 직무를 마치는 즉시 밖으로 나와 예배자들을 축복하고 해산시켰다.

성전에 예배하기 위해 나온 백성들은 사가랴 제사장이 성소에서 지체하자 조바심을 냈다. 제사장이 성소 안에서 어떤 과오로 즉사하지 않았나 하는 걱정이었다. 하지만 그건 기우였다. 드디어 사가랴가 모습을 드러내어 다행이라고 생각하며 복을 빌어주기를 기대했는데, 이게 웬일인가? 제사장이 말을 하지 못하는 게 아닌가! 일부러 침묵하는 게 아니라 아예 말 자체를 못하는 처지가 되었음을 아는 데는 오랜 시간이 걸리지 않았다.

"사가랴 제사장이 갑자기 벙어리가 되다니, 이게 대체 무슨 변고란 말인가!"

사람들은 저마다 놀라고 이상히 여겼다. 그렇지만 사가랴가 말은 못해도 손짓이나 몸짓으로 무언가를 열심히 표현하는 것을 보고는, 그가 어떤 환상을 보았다고 생각했다.

시간이 흘러 사가랴가 소속된 아비야 반열의 제사장 직무 기간이 끝나자 사가랴는 성전을 떠나 자기 집으로 돌아갔다. 아내 엘리사벳도 말하지 못하는 남편을 보고 놀라고 당황스럽기는 마찬가지였다. 부부간에 서로 대화를 할 수 없는 답답한 시간이 흘러갔다.

그 후, 과연 천사의 말대로 이후에 사가랴의 아내 엘리사벳은 아이를 임신하게 되었다. 엘리사벳은 노산으로 인한 위험에 대비하여 몸가짐을 신중히 하고, 또한 태어날 아이의 양육 문제를 경건한 마음으로 준비하기 위해 다섯 달 동안 집 안에만 숨어 지냈다. 그런 시기에 엘리사벳이 자신에게 잉태의 기쁨을 주신 하나님을 찬양하며 말한다.

"오, 주께서 가련한 이 몸을 보살펴주셨구나. '아기 낳지 못하는 여자'라는 큰 수치를 벗겨주셨구나. 이 얼마나 크고도 놀라운 주님의 은혜인가!"

예수님의 탄생이 예고됨 (1:26-38)

사가랴 제사장의 아내 엘리사벳이 아기를 임신한 지 여섯 달 되었을 때였다. 하나님은 천사 가브리엘을 갈릴리 지역의 '나사렛' 동네로 보내셨다. 그 동네에 살고 있는 어떤 처녀를 찾아가, 하나님의 메시지를 전하게 하기 위해서였다. 그 처녀 이름은 마리아, 때에 그녀는 다윗의 후손인 '요셉'이라는 사람과 약혼한 상태였다. 하나님께로부터 보냄 받은 가브리엘 천사는 나사렛 동네에 살고 있는 마리아에게 찾아가 그녀에게 하나님의 메시지를 전한다.

"기뻐하라, 큰 은혜를 입은 자여! 주께서 너와 함께 하신다."

그렇다. 마리아는 '큰 은혜를 입은 자'였다. 수많은 처녀들 중에서 특별히 하나님께 택함을 받아 온 인류의 구원자인 메시아 예수를 잉태하는 아주 영광스럽고도 소중한 일을 맡았기 때문이다.

"아, 이 몸이… 큰 은혜를 입었다니요? 그게 무슨…?"

가브리엘 천사의 말을 듣고서, 마리아는 크게 놀라 몸을 떨면서도 그 말이 도대체 무슨 뜻인지 궁금하였다. 그런 마음을 아는지, 천사는 하나님의 메시지를 단도직입적으로 말한다.

"마리아여, 조금도 두려워하지 말아라. 하나님께서 네게 놀라운 은혜를 내리셨다. 이제 너는 임신하여 아들을 낳게 될 것인데, 그 아기 이름을 '예수'라 하여라. 그는 위대한 분이 될 것이며 지극히 높으신 분의 아들이라 불릴 것이다. 주 하나님께서는 그에게 그의 조상인 다윗의 왕위를 잇게 하실 것이다. 그는 왕으로서 야곱(이스라엘)의 집을 영원히 다스릴 것이며, 그의 나라 역시 영원토록 이어질 것이니라."

마리아가 낳게 될 아기의 이름은 예수! '하나님은 구원이시다'란 뜻으로, 그 이름은 하나님께서 자기 백성을 구원하실 것이라는 분명한 징표였다. 구약시대에는 이 이름이 '여호수아' 또는 '예수아'로 쓰였다. 이처럼 예수는 '다윗 언약'에 기초하여 영적인 차원에서 다윗의 왕위를 잇는 영원한 왕으로 이 땅에 오실 터였다. 천사의 말을 듣고 어안이 벙벙해진 마리아, 잠시 침묵하다가 크게 당황하고 떨리는 목소리로 묻는다.

"아, 하지만… 이 몸은 남자를 알지 못하는 순전한 처녀이온데, 제가 어떻게 당장 아기를 가진단 말입니까?"

마리아가 놀랄 만도 하다. 당시 그녀는 요셉과 약혼한 사이였다. 유대인들은 결혼하기 일년 전에 약혼한다. 약혼을 하게 되면, 동거만 하지 않을 뿐 법적으로는 결혼한 것과 마찬가지의 효력을 지녔다. 그래서 약혼녀의 부정은 사형으로 처벌되기도 했다. 물론, 혼전의 성관계도 용납되지 않았다. 약혼자 남자가 사망하면 신부는 미망인으로 간주되었다. 그러니 아직 결혼 전인 마리아는 임신을 예고하는 말에 기겁할 수밖에 없었다.

"그건 걱정하지 말아라. 성령께서 네게 임하시고, 지극히 높으신 분의 권능이 너를 감싸주실 것이다. 그러므로 네게서 태어날 아기는 거룩한 분이요 '하나님의 아들'이라 불릴 것이다."

마리아의 잉태가 남녀의 성관계로 말미암지 않고, 하나님의 권능에서 비롯된 성령으로 말미암을 것이라는 말이다. 그러하기에 오늘날 크리스천들은 사도신경에 기록된바 "그 외아들 우리 주 예수 그리스도를 믿사오니, 이는 성령으로 잉태하사 동정녀 마리아에게 나시고…."란 신앙고백을 하는 것이다.

또한 진실이 이러하기에, 옛적 유대인 사회에서 모든 자녀들은 '남자의 후손'이라 했는데, 예수만은 '여자의 후손'이라 일컬어질 수 있었다. 그리고 오직 이 '여자의 후손' 된 예수만이 에덴동산에서 선포된 바대로 옛뱀(사탄)의 머리를 쳐서 상하게 함으로써 죄와 사망의 권세를 깨뜨리고 영원한 구원과 생명을 인류에게 가져다줄 수 있는 것이다. 가브리엘 천사의 말은 계속된다.

"보라, 네 친척 엘리사벳도 그렇게 늙은 나이에 아기를 가졌다."

"네엣? 그, 그게… 정말로 엘리사벳이 임신을 했다고요?"

"그렇다. 사람들은 엘리사벳을 향해 '아기 낳지 못하는 여자'라고 수군대며 비웃었지만, 그녀가 임신한 지 이미 여섯 달이나 되었다. 지극히 높으신 분이신 하나님께는 불가능이 없으므로, 그분께서 약속하신 것은 무엇이든 그대로 다 이루어진다. 그러니 내 말을 의심하지 말아라."

"아, 이 몸은 단지 주님의 비천한 여종일 뿐입니다. 당신께서 제게 말씀하신 대로 모든 일이 이 몸에게 이루어지기를 바랍니다."

인간의 일반적인 상식으로는 도무지 믿기 어려운 하나님의 말씀, 그럴지라도 마리아가 더는 의심하지 않고 순순히 하나님의 뜻을 받아들이며 순종하는 자세를 취하자, 가브리엘 천사는 흐뭇한 미소를 지으며 마리아에게서 떠나갔다.

마리아가 엘리사벳을 방문함 (1:39-45)

가브리엘 천사가 방문한 지 며칠 후, 마리아는 유대 땅의 한 산간 마을로 서둘러 길을 나섰다. 친척 엘리사벳을 방문하는 길이었다. 이처럼 마리아가 바삐 엘리사벳을 찾아간 이유는 분명했다. 오랜 세월을 불임으로 고통받던 나이 많은 친척 엘리사벳이 하나님의 기적적인 은혜로 아이를 잉태했다는 소식을 천사에게서 전해 듣고서 과연 사실이 그러한지 알아보고, 정말로 그러하다면 자신과 비슷한 처지를 경험한 엘리사벳과 더불어 잉태의 기쁨과 놀라움을 함께 나누고 싶었기 때문이다.

당시 엘리사벳은 (세례)요한을 임신한 지 6개월이 흐른 때였고, 마리아는 자신의 잉태 소식을 갓 전해들은 때였다. 그러니까 (세례)요한은 메시아 예수보다 6개월 먼저 태어나 자기 뒤에 오실 메시아의 길을 예비한 셈이 된다. 마침내 사가랴의 집에 도착한 마리아, 친척 엘리사벳을 보고는 만면에 활짝 웃음을 띠며 반갑게 인사한다.

"참으로 오랜만에 뵈어요. 그동안 잘 지내셨어요?"

바로 그때 놀라운 현상이 일어났다. 엘리사벳이 마리아에게서 문안인사를 받을 때, 엘리사벳의 뱃속에서 갑자기 아기가 크게 뛰놀았다. 이 태동은 6개월 된 태아의 자연스런 움직임과는 확연히 달랐다. 분명 무언가를 보고 느껴서 너무나 좋고 기뻐서 힘차게 뛰노는 태동이었다.

마리아와 엘리사벳의 만남

그러니까 메시아 예수의 길을 예비할 임무를 띠고 태어날 (세례)요한이 그 주인공 되는 메시아 예수, 곧 마리아의 뱃속에 있는 그분을 보고는 복중에서부터 기뻐 뛰논 현상이었다. 이처럼 복중의 아기가 기뻐 뛰노는 태동을 분명하게 느낀 그때, 엘리사벳이 성령으로 충만해져서 마리아를 향해 큰 소리로 말한다.

"오, 마리아여, 그대는 여인들 가운데 큰 복을 받았어라. 그대의 태중에 있는 아기도 복을 받았어라. 내 주의 어머니가 나를 찾아주시니, 이 얼마나 영광스러운 일인가! 그대가 내게 인사하는 소리를 듣자마자, 내 태중의 아기가 크게 기뻐 뛰놀았어라. 주께서 하신 말씀이 그대로 다 이루어질 것임을 믿는 여인이여, 그대는 참으로 복되도다!"

마리아의 찬가 (1:46-56)

엘리사벳의 칭송을 듣고서 마리아가 기쁘게 화답하며 찬양한다.

"오, 내 영혼아, 주님을 찬양하라. 이 몸이 내 주 하나님을 진실로 기뻐함은 주께서 비천한 이 몸을 돌보셨음이라. 이후로는 오고 오는 모든 세대가 나를 복 받은 자라 하리니, 전능하시고 거룩하신 그분께서 내게 큰일을 행하셨음이라. 내 주 하나님의 자비가 그분을 경외하는 모든 자들에게 대대로 있으리로다. 그분은 강하신 팔로 능력을 베푸시고, 교만한 자들을 산산이 흩으셨도다. 그분은 왕들을 그들의 보좌에서 끌어내리시고, 비천한 자들을 높이 올리셨도다."

엘리사벳은 마리아의 노래를 들으면서 가슴이 뭉클해진다. 우리 두 여인이 무엇이기에 이리도 큰 은총을 누릴 수 있단 말인가. 태중의 아기는 아직도 뛰놀고 있었다. 마리아의 노래에 가락을 맞추는 것처럼 느껴졌다. 엘리사벳은 마리아가 부르는 노래에 마음의 평온함을 느낀다. 마리아의 노래는 이어진다.

"오, 그분은 굶주린 자들을 기름진 것으로 배불리 먹여 주시고, 부요한 자들을 빈손으로 돌려보내셨도다. 그분은 자기 종 이스라엘을 도우셔서 자비를 베푸시겠다는 약속을 잊지 않으셨도다. 우리 조상 아브라함과 그의 후손에게 약속하신 대로 그분의 자비는 그분의 백성들 위에 영원무궁토록 있으리라."

이른바 '마리아의 찬가'로 불리는 내용이다. 엘리사벳에게서 칭송을 들었을 때, 마리아는 자신이 가난한 데다 어리고 또 여자임에도 불구하고, 위대한 목적을 위해 하나님에 의해 쓰여졌다는 경이로운 믿음으로 충만했다. 그래서 마리아는 자신에게 일어난 일에 대해 충만한 기쁨과 감사의 마음으로 소리 높여 하나님을 찬양한 것이다.

"마리아야, 오랜만에 친척 집에 왔으니 내 집이다 생각하고 푹 쉬면서 몸조리 잘 하다 가렴!"

이후 마리아는 친척 되는 사가랴와 엘리사벳 부부의 호의적인 환대 속에 석 달쯤 그 집에서 함께 지낸 뒤에 나사렛의 자기 집으로 돌아갔다. 그 때가 엘리사벳은 (세례)요한을 임신한 지 9개월 되던 때였고, 마리아는 예수를 잉태한 지 3개월 되던 때였다. 이후에도 크게 복 받은 이 두 여인은 간혹 소식을 나누며 서로를 위해 기도하고 격려했다.

세례 요한의 출생 (1:57-66)

"응애! 응애!"

마침내 사가랴의 아내 엘리사벳은 달이 차서 몸을 풀었다. 아들이었다. 늙도록 아이를 낳지 못해 애태우던 엘리사벳이 아주 때늦게 아들을 낳았다는 소식은 친척과 이웃들에게 금세 퍼져 나갔다.

"뭐야? 그게 정말이야? 엘리사벳이 아이를 낳았다고? 아니, 그 나이에 어떻게…? 하나님의 은혜로군!"

"여하튼 아주 큰 경사로세. 사가랴 제사장님이 정말 좋아하시겠어!"

소식을 듣는 자마다 마치 자기 일인 양 기뻐하였다. 아기가 태어난 지 여드레째 되는 날, 아기에게 할례를 시행하기 위해 사람들이 모였다.

할례(割禮)는 대대로 유대인들에게 아주 중요한 의식이었다. 일찍이 하나님은 유대인들의 조상인 아브라함과 언약을 맺은 뒤, 그 언약을 보증하기 위한 표식으로 할례를 제정하셨다. 따라서 아브라함의 자손 된 유대인들에게 있어 할례는 자신들을 이방인들과 구별시키는 표식이었다. 말하자면 하나님의 백성 된 선민의 증표였다. 이런 차원에서 유대인들은 이방인들을 가리켜 '할례 받지 않는 자'라 불렀다.

"자, 이제 이 사랑스러운 아기의 이름을 지어야 하는데… 뭐가 좋을까? 가만… '사가랴'로 지으면 어때요?"

사람들은 아버지의 이름을 따라 그 아기 이름을 '사가랴'로 지으려 했다. 하지만 아기 어머니 되는 엘리사벳이 손을 내저으며 큰 소리로 말한다.

"안 됩니다. 그 아기를 '요한'이라 불러야 합니다."

"요한이라고요? 아니, 당신 집안에는 그런 이름을 가진 사람이 아무도 없지 않소? 정 그렇다면 아기 아버지에게 한번 물어보도록 합시다."

사람들은 아기 아버지인 사가랴에게 손짓으로 물어보았다. 이때 사가랴는 말을 하지 못했을 뿐만 아니라 듣지도 못했다. 사가랴는 사람들의 손짓을 보고 그들의 뜻을 알아채고는, 서판을 가져다 달라고 손짓을 했다. 사람들이 그에게 서판을 가져다주자, 사가랴가 그 서판 위에 무어라고 글씨를 썼다.

"아앗! 이럴 수가!"

사가랴가 서판 위에 쓴 글씨를 보고 사람들은 모두가 깜짝 놀랐다. 엘리사벳이 지은 아기 이름과 일치했기 때문이다. 서판 위에는 '요한'이라는 이름이 뚜렷이 쓰여 있었다. 바로 그 순간, 사가랴의 입이 풀리고 귀가 뚫려 예전처럼 다시 말하고 들을 수 있게 되었다. 그러자 사가랴가 입을 열어 하나님을 찬양했다. 이 같은 일을 직접 겪은 친척들과 이웃사람들은 모두가 크게 놀랐고, 이 소문은 유대 산골에 두루 퍼져나갔다.

"그 아기는 장차 어떤 사람이 될까? 분명 하나님이 크게 쓸 아이야!"

사가랴 부부에게 생긴 그 아기의 소문을 들은 사람들마다 놀라워하며 그 아기의 장래에 대해 무척 궁금하게 여겼다. 주님의 손길이 그 아기와 함께 하고 있는 것이 분명했기 때문이다.

사가랴의 예언 (1:67-80)

그 무렵, 요한의 아버지 사가랴에게 성령이 강하게 임했다. 그러자 성령으로 충만하게 된 사가랴가 입을 열어 힘차게 예언의 노래를 부른다.

"오, 찬양하리로다, 우리 주 이스라엘의 하나님이시여! 주께서 자기 백성에게 오셔서 그들을 돌아보시어 값 주고 해방시키셨도다. 주께서 또한 자기 종 다윗의 가문에서 '구원의 뿔'을 높이 들어 올리셨도다. 오래전부터 자신의 거룩한 예언자들을 통해 약속하신 대로, 주께서 우리를 모든 원수에게서 구원하시고 미워하는 자들의 손에서 건지셨도다."

남편의 찬양을 흐뭇한 미소로 듣고 있는 아내 엘리사벳, 그녀는 사랑스러운 아기를 더욱 다정히 품에 꼭 안는다. 아기는 엄마와 눈을 맞추며 살포시 웃는다. 엄마의 눈에는 세상 어느 아기보다 귀하고 잘생기고 듬직한 아들이다. 사가랴의 찬양은 이어진다.

"주께서는 우리 조상에게 자비를 베푸시고, 자신의 거룩한 약속을 기억하셨도다. 이것은 주께서 우리에게 주시려고 우리 조상 아브라함에게 하신 맹세이니, 우리를 모든 원수에게서 건져주시고, 두려움 없이 하나님을 섬기게 하시며, 우리를 거룩하고 의롭게 만드셔서 평생 동안 주님 앞에서 살아가게 하셨도다."

이어 사가랴는 메시아(그리스도)의 선구자가 되어 그분의 길을 준비할 아들에 대한 예언 찬양을 한다. 사가랴의 음성이 벅찬 감동과 감격으로 떨린다.

"오, 너 아가야, 너는 가장 높으신 분의 예언자라 불리게 되리니, 네가 주보다 앞서서 주를 위해 길을 예비하리로다. 또 너는 주의 백성들에게 죄 사함을 받아 구원에 이르는 길을 가르쳐 주리로다. 찬양하라! 우리 하나님의 사랑과 자비로 인하여 드높이 떠오른 태양이 어둠과 죽음의 그늘에 앉아 있는 자들에게 구원의 빛을 비추시고, 우리의 발을 평강의 길로 인도하시리라."

세월은 유수처럼 흘러갔다. 아기 요한은 자라면서 날로 심령이 강건해졌다. 성장한 후에 그는 집을 떠나 이스라엘 백성들 앞에 공개적으로 자신을 드러낼 때까지 유대 광야에 머물며 홀로 살았다.

이처럼 (세례)요한은 광야에서 홀로 살아갔는데, 광야의 거칠고 척박한 환경은 그로 하여금 오직 하나님께 초점을 맞추는 데 큰 도움이 되었다. 더불어 당대의 정치, 경제, 종교의 권력에서 떨어져 독야청청의 삶을 살아갔다는 사실은, 그로 하여금 어느 누구에게도 빚지거나 구애받음 없이 공의롭게 회개와 심판의 메시지를 당당하게 선포하게 했다.

어쨌든 구약시대의 엘리야 선지자와 마찬가지로 세례 요한이 스스로 선택한 거칠고 투박한 광야의 삶은, 권력의 주변을 맴돌면서 그것의 단맛을 즐기고 있던 유대의 타락한 종교 지도자들과는 뚜렷이 구별되는 그만의 고유한 특징이 되었다.

그렇게 하나님의 나라는 서서히 이스라엘에게 다가오고 있었다. 이스라엘 모두가 메시아를 대망하고 하나님의 나라를 간절히 기다렸지만, 그 나라가 가까이 오고 있음을 감지하는 사람들은 극소수였다. 세상은 늘 그랬다.

2
예수님의 탄생과 어린 시절

다윗의 후손 요셉이 마리아와
베들레헴에 갔으나 묵을 방이 없네
마리아가 아들을 낳아 구유에 눕히자
천사들은 그 기쁜 소식을 알리네

예수님의 탄생 (2:1-7; 마 1:18-25)

"나 가이사가 명하노니, 제국의 모든 백성들은 들어라! 제국 내의 모든 신민들은 각자 자신이 태어난 고향으로 돌아가서 호적을 등록하도록 하라!"

그 무렵, 로마 황제 아우구스투스(주전 27~주후 12년)가 칙령을 내려 로마제국 내의 모든 사람들로 하여금 호적을 등록하게 했다. 이 호적 등록은 구레뇨(Quirinius)가 수리아의 총독으로 재임하고 있을 때에 처음 시행된 것이었다. 당시 유대 땅이 속한 팔레스타인은 로마의 행정구역상 수리아주(州)에 포함되었다. 황제의 칙령에 의하면, 로마제국 내의 모든 사람들은 각자 자신의 고향으로 돌아가서 호적을 등록해야 했다.

로마 황제(가이사)는 로마제국의 평화 구현과 원활한 세금 징수를 목적으로 제국 내 백성들의 상황을 파악하기 위해 정기적으로 인구조사

요셉과 마리아의 베들레헴 여행

를 시행했다. 그런데 때마침 예수님의 탄생 연도에도 인구조사가 있었다(주전 4년경). 한편, 이때의 로마 황제 아우구스투스는 로마의 초대 황제인 '가이우스 율리우스 카이사르 옥타비아누스'를 가리킨다.

"여보, 우리도 호적을 등록하러 먼 길을 떠나야 할 텐데, 당신의 몸이 만삭이라 걱정이 이만저만 아니구려."

당시 팔레스타인의 북부 지방인 갈릴리 지역의 나사렛 마을에 살고 있던 다윗의 후손 요셉, 그도 호적등록을 위해 마리아와 함께 나사렛을 떠나 다윗 왕의 고향인 유대 땅 베들레헴으로 가야 했다. 때에 요셉의 약혼녀 마리아는 만삭의 몸이었다. 여기서 요셉이 '다윗의 후손'이라는 사실은 아주 중요하다. 구약시대에 선포된 메시아 예언의 성취를 뜻하기 때문이다. 구약시대의 선지자들은 하나같이 장차 메시아(그리스도)가 다윗 왕의 가계에서 태어날 것이라고 예언했었다.

"여보, 힘들겠지만… 이제 길을 떠나도록 합시다."

요셉은 이미 만삭이 된 약혼녀 마리아와 함께 호적을 등록하러 집을 나섰다. 갈릴리 지역의 나사렛에서부터 유대 땅 베들레헴까지의 거리는 대략 150km, 족히 닷새는 소요되는 먼 여행길이니만큼, 자칫하면 산모와 태아에 치명적인 위험을 줄 수도 있었다.

긴 여정 끝에 마침내 베들레헴에 무사히 도착한 요셉과 마리아 부부, 베들레헴에는 호적 등록을 하기 위해 각처에서 모여든 사람들로 북적댔다. 호적을 등록하는 데에도 차례를 기다려야 했다.

"여보, 안색이 많이 좋지 않구려. 어디 아픈 것이오? 진통이 시작되는 거요?"

아니나 다를까, 요셉과 마리아가 차례를 기다리며 베들레헴에 머물고 있는 동안, 달이 꽉 차고 산통이 시작되어 마침내 마리아가 아기를 낳게 되었다. "응애! 응애!" 아기의 울음소리가 아주 힘찼다. 그토록 대망했던 '메시아'가 인류 역사 속에 탄생하는 위대한 순간이었다. 이렇게 마리아가 첫아들을 낳고는, 그 아기를 포대기에 싸서 구유에 고이 눕혀 두었다.

구유에 누우신 아기 예수! 당시 베들레헴 동네는 호적을 등록하러 몰려든 외지 사람들로 인해 북적댔다. 그래서 동네의 모든 여관들이 이미 가득 찼고, 요셉 부부는 아무리 애를 써도 묵을 방을 구할 수 없었다. 겨우 얻을 수 있었던 그들의 숙박 장소는 방이 아니라 외양간이었다. 하지만 이 같은 상황은 하나님의 계획이 반영된 것으로 구속사의 놀라운 진리를 보여준다.

그렇다! 아기 예수의 비천한 탄생은 그분이 하늘의 모든 영광을 뒤로 하고 이 땅의 사람들을 섬기고 구하기 위해 아래로 내려오셨다는 사실을 말해준다. 또한 마소나 양, 염소 같은 가축들의 처소인 외양간, 그 외양간의 구유에 누우신 아기 예수의 모습은 장차 인류의 희생양이 되실 메시아 예수의 모습을 시각적으로 생생하게 보여준다.

천사들의 찬양과 목자들의 경배 (2:8-20)

"여보게, 오늘따라 밤하늘이 참으로 맑지 않은가? 저기, 저쪽에는 유난히 밝게 빛나는 큰 별도 보이고…."

아기 예수가 태어나던 그날 밤, 베들레헴 근처의 들판에서는 한 무리의 목자들이 양떼를 돌보며 두런두런 얘기를 나누고 있었다. 그때였다! 하늘에서 주의 천사가 갑자기 목자들에게 나타남과 동시에, 주의 영광스러운 광채가 그들을 두루 비추었다. 갑작스럽게 일어난 놀랍고 기이한 광경에 목자들은 몹시 두려워했다. 그러자 주의 천사가 목자들에게 말한다.

"목자들이여, 너희는 두려워하지 마라. 나는 기쁜 소식을 너희에게 전하러 왔다. 이 소식은 모든 백성들에게 아주 큰 기쁨이 될 것이니라."

목자들은 놀라고 당황했다. 여태껏 이런 일을 본 적도 없고 들은 적도 없다. 그들은 크게 두려워하며 천사의 말에 의아해했다. 그런 베들레헴 목자들에게 주의 천사가 아기 예수의 탄생 소식을 알려준다.

"보라, 오늘 밤 다윗의 동네에 너희의 구주가 태어나셨다. 그분은 곧 그리스도 주(主)이시다. 이제 너희가 포대기에 싸여 외양간 구유에 누워 있는 아기를 뵙게 되면, 그분이 바로 너희의 주인 줄 알아라."

아기 예수의 탄생 소식은 베들레헴 들판의 목자들에게 가장 먼저 알려졌다. 당시에 양치기들은 사회적으로 존중받지 못한 소외 계층이었다. 예수님은 소외받고 연약하며 비천한 죄인들을 구원하시기 위해 이 땅에 오신 분이기 때문이다.

주의 천사가 목자들에게 아기 예수의 탄생 소식을 전해주고 있던 그때, 갑자기 수많은 천사들로 구성된 하늘 군대가 나타나 그 천사와 함께 하나님을 찬양한다.

"보라, 지극히 높은 곳에서는 하나님께 영광이요!
땅에서는 주님이 기뻐하시는 모든 사람들에게 평화로다!"

하나님을 찬양한 후, 주의 천사와 하늘 군대가 목자들에게서 떠나 하늘로 되돌아갔다. 그러자 베들레헴 목자들이 크게 상기된 얼굴로 서로에게 말한다.

"여보게, 어서 베들레헴 마을 안으로 들어가 보세. 주께서 우리에게 알려주신 일이 정말로 일어났는지 알아보도록 하세."

베들레헴 들판에서 양떼를 돌보던 목자들은 서둘러 일어나 동네 안으로 달려갔다. 그러고는 천사의 말대로 마리아와 요셉, 그리고 구유 안에 평화롭게 누워 있는 아기를 발견했다.

"맞다! 저 아기다! 우리의 구주라고 천사가 알려준 아기가 바로 저기에 누워 있다!"

목자들은 방금 전에 자기들에게 있었던 일과 주의 천사가 그 아기에 대해 자신들에게 말한 내용을 요셉 부부와 주변 사람들에게 알렸다. 그러자 목자들의 이야기를 들은 사람들은 저마다 크게 놀랐다. 이때 마리아는 그 모든 일을 마음속 깊이 담아두고 곰곰이 되새겼다. 사실,

목자들이 아기 예수를 보고 경배를 드리다

마리아 자신은 이미 열 달 전쯤, 그러니까 그 아기를 성령으로 잉태할 때 가브리엘 천사로부터 모든 사실을 들어서 잘 알고 있었다.

베들레헴 목자들은 놀란 마음과 기쁜 심정으로 아기 예수께 엎드려 경배한 뒤, 기쁜 마음으로 하나님께 영광을 돌리며 찬양하고는 자기들의 일터로 되돌아갔다.

목자들은 동방박사들처럼 귀한 예물은 준비하지 못했다. 한밤중에 갑작스레 통보를 받았기에 부랴부랴 달려왔기 때문이다. 대신에 그들은 입고 있던 털옷을 벗어 아기 예수께 덮어 드렸다. 그리하여 아기 예수는 목자들의 정성 어린 선물로 좀 더 아늑한 곳에서 첫 세상을 대면하게 되었다.

아기 예수의 정결 의식, 그리고 시므온과 안나 (2:21-40)

아기가 태어난 지 여드레째 되는 날, 요셉 부부가 아기에게 할례 의식을 행할 때 마리아는 아기가 잉태되기 전에 가브리엘 천사가 자기에게 일러준 대로 아기 이름을 '예수'라고 지었다. 그 이름은 '하나님은 구원이시다'란 뜻이다.

"여보, 이제 율법에 따라 정결 의식을 치르도록 합시다."

요셉과 마리아 부부는 아기를 주님께 바치려고 예루살렘 성전으로 올라갔다. 이는 주의 율법에 기록되기를 "처음 태어난 맏아들은 주님께 바쳐야 한다."라고 했기에, 그대로 행하기 위해서였다. 그리고 주의 율법에 또 기록되기를 "산모는 (가난한 경우엔) 산비둘기 한 쌍이나 어린 집비둘기 두 마리를 주님께 드려야 한다."라고 했기에, 희생제물을 주님께 드리기 위해서였다. 모세 율법에 의하면, 모든 유대인들은 아기의 출생과 관련하여 세 가지 의식을 치러야 했다.

① **할례**: 모든 남아는 태어난 지 8일째에 할례를 치러야 했다. 할례란

아브라함의 후손으로 태어나 하나님의 언약 백성이 되었다는 증표로, 남자 생식기의 귀두 부분을 덮고 있는 포피를 베어내는 시술 행위다.

② **장자의 대속(代贖)**: 아기가 장자일 경우, 그 아기를 주님께 바친다는 표시로 태어난 지 한 달 이후에 속전(贖錢)을 내야 했다. 속전의 액수는 은(銀) 다섯 세겔이었다.

③ **산모의 정결 의식**: 남자 아기를 출산했을 경우, 산모는 40일 만에 산혈의 부정(不淨)을 씻어낸다는 의미로, 생활 형편에 맞게 규정된 희생 제물로써 주님께 제사를 드려야 했다. 본래는 1년 된 어린양과 함께 집비둘기 새끼나 산비둘기를 바쳐야 했지만, 가난한 산모들은 산비둘기 두 마리나 집비둘기 새끼 두 마리도 허용되었다. 나사렛 목수의 아내였던 마리아는 가난했기에 비둘기 두 마리로 희생 제사를 드렸다. 당시 비둘기의 가격은 어린 양의 1/10정도에 해당하였다.

때에 예루살렘에는 '시므온'이라는 사람이 살고 있었다. 그는 의롭고 경건한 사람으로 항상 성령이 충만한 상태에 있었다.

'아, 내 나이는 자꾸만 늘어나는데, 언제쯤 이 땅에 하나님의 위로가 임하여 이스라엘이 구원을 받을는지….'

시므온은 일평생 이스라엘의 구원을 간절히 고대하고 있었다. 그도 그럴 것이 언젠가 시므온은 자신의 눈으로 메시아(그리스도)를 보기 전에는 죽지 않을 것이라는 성령의 계시를 받은 적이 있었기 때문이다.

시므온이 간절히 기다리고 있는 하나님의 위로와 이스라엘의 구원, 그것은 구약의 선지자들이 예언한 그 메시아가 마침내 도래하여 이스라엘을 모든 죄악과 압제에서 구원하여 회복시키는 일을 가리킨다. 하지만 구약의 마지막 선지자인 말라기가 장차 메시아의 출현을 선포한 이후로 무려 400년이 지나도록 아무런 소식이 없었다. 어떤 낌새조차도 없었다. 그래도 시므온은 소망을 잃지 않고 하루하루 끈기 있게 메시아의 도래를 손꼽아 기다리고 있는 의롭고 경건한 인물이었다.

평소처럼 그날도 시므온은 성령의 인도로 예루살렘 성전에 올라갔다. 그런데 바로 그 날 그 시각, 때마침 마리아와 요셉이 주의 율법에 규정된 대로 아기 예수를 주님께 드리려고 성전 안으로 들어왔다.

"아, 아, 저 아기! 그렇다, 바로 저 아기다!"

순간, 성령 충만한 상태에 있던 시므온의 영안이 활짝 열렸다. 그는 마리아의 품에 안긴 아기를 보자마자, 그 아기가 그토록 기다리고 고대하던 메시아임을 한눈에 알아보았다. 시므온은 벅찬 가슴으로 다가가 아기 예수를 팔로 받아 자기 품에 안았다. 그리고는 소리 높여 하나님을 찬양한다.

> "오, 주여, 주께서 이 몸에게 약속하신 대로 이제 이 종은 평안히 눈을 감게 되었나이다. 주께서 세상을 위해 보내주신 구주 메시아를 오늘 제 눈으로 직접 보았기 때문입니다. 정녕 이분이야말로 모든 이방 나라를 비추는 빛이시며, 주의 백성 이스라엘의 영광이십니다."

당시 거의 대부분의 유대인들은 메시야가 이방 나라를 비추는 빛이라고 생각하지 않고, 오직 이스라엘만의 메시아가 된다고 생각했다. 따라서 여기 시므온의 찬양은 특별한 경우다. 시므온은 성령 충만한 상태에서 아기 예수 곧 메시아를 바라보았기 때문에 올바른 메시아관을 가질 수 있었던 것이다. 한편, 훗날 사도 바울은 이방인들이 유대인이 되지 않고도 그리스도 예수 안에서 하나님의 구원에 참여하는 이 놀라운 사상을 '그리스도의 비밀'이라 불렀다.

요셉과 마리아 부부는 아기 예수를 두고 하나님께 올려드리는 시므온의 찬양을 듣고 크게 놀랐다. 이에 시므온은 요셉 부부에게도 축복을 베푼 후에, 아기의 어머니 되는 마리아를 향해 말한다.

"오, 주님께 복받은 여인이여! 이 아기는 장차 수많은 이스라엘 사람들을 일으키시기도 하고 넘어지게도 할 것입니다. 또한 이 아기는 많은 사람들이 거스르고 반대하는 대상이 되기도 할 것입니다. 그로써 수많은 사람들의 속마음이 밝히 드러나게 될 터인데, 이 같은 일들로 인해 당신의 마음은 칼로 찔린 듯이 아플 것입니다."

과연 그러했다. 예수 그리스도의 오심은 그분을 믿는 자들에겐 구원과 회복을 가져다주었지만, 믿지 않은 자들에겐 실족과 멸망을 가져다주었다. 또한 마리아는 자기의 육신의 아들인 예수를 거스르고 대적하며 비방하는 이들로 인해 크나큰 심적 고통을 겪었다. 따라서 마리아는 하나님 편에서는 크게 복받은 여인이었지만, 인간 편에서는 시달리고 고난받는 여인이었다.

그날 그 시각쯤, '안나'라는 사람도 예루살렘 성전에 있었다. 그녀는 신실한 여성 예언자였는데, 아셀 지파에 속한 바누엘의 딸로 매우 나이 많았다. 그녀는 결혼한 지 일곱 해 만에 남편을 잃고, 여든네 살 되는 그때까지도 여전히 과부로 살고 있었다. 그녀 역시 시므온처럼 하나님의 구원을 기다리는 경건한 여자였다. 그녀는 밤낮으로 기도하고 금식하고 예배를 드리면서 날마다 성전에서 살다시피 했다.

그날도 안나는 마리아의 정결 의식이 진행되는 도중에 예루살렘 성전에 들어왔다가, 때마침 아기 예수를 직접 보게 되었다. 그녀 역시 성령 충만한 상태였기에 마리아의 품에 안긴 아기 예수를 보고는, 그 아기가 그토록 소망하던 메시아(그리스도)임을 단번에 알아차릴 수 있었다.

"오. 오. 메시아! 우리의 소망이며 구원이신 메시아다! 오, 주님! 이 몸 생전에 우리 주 메시아를 직접 보게 하시니 진실로 감사합니다!"

안나는 벅차오르는 감격에 크게 겨워하며 하나님께 감사를 드렸다.

그런 후에, 예루살렘의 구원을 간절히 기다리는 사람들에게 그 아기에 대해 이야기해 주었다. 여기서 '예루살렘의 구원'은 일차적으로는 예루살렘 곧 이스라엘이 이방인의 압제에서 해방되는 것을 말한다. 그러나 궁극적으로는 영적 이스라엘 되는 하나님의 백성들이 사탄의 압제에서 벗어나 영원한 생명을 얻는 것을 가리킨다.

주의 율법에 따라 예루살렘 성전에서 모든 일을 마친 요셉과 마리아 부부, 그들은 길을 떠나 다시 고향 동네인 갈릴리 지역의 나사렛으로 돌아왔다. 예루살렘에서 나사렛까지의 거리는 대략 155km, 도보로는 닷새 정도 걸리는 거리다.

이후로 세월은 흘러갔고, 아기 예수는 무럭무럭 자라났다. 자라면서 예수는 날로 강건해졌고 지혜가 충만해졌다. 무엇보다 하나님의 은혜가 항상 예수 위에 풍성히 임했다. 아버지 요셉은 여전히 목수 일을 했고 아이 예수를 위해 책상도 만들고 앉을 의자도 만들어 주었다.

예수의 소년 시절: 열두 살 때의 일화 (2:41-52)

해마다 유월절이 되면, 예수의 부모는 예루살렘에 올라갔다. 모세 율법은 명하기를, 매년 세 번의 주요 절기 곧 유월절, 오순절, 초막절 때에는 유대인 남자들은 예루살렘에 올라가 그 절기들을 지키도록 했다.

하지만 바빌로니아 포로시대(주전 6세기) 이후로 세계 곳곳에 흩어져 살게 된 유대인들로서는 이 같은 율법을 지키기가 현실적으로 매우 어렵게 되었다. 그럴지라도 주님을 섬기는 경건한 유대인들은 이스라엘의 최대 절기인 유월절만이라도 꼭 참석하려고 애썼다. 유월절은 이스라엘 백성들이 430년에 걸친 이집트의 압제에서 벗어난 민족 해방의 날이었다.

예수가 열두 살 되던 해, 예수의 부모(요셉, 마리아)는 관례대로 예루살렘으로 올라갔다. 특별히 이때는 예수의 부모가 소년 예수를 데리고 함께 올라갔다.

유대인 소년들은 열세 살이 되면 '계명의 아들'이 되어, 하나님의 율법을 책임 있게 지켜야 하는 성인 의식을 치렀다. 그보다 한 살 적은 열두 살 때에는 예루살렘에서 거행되는 절기에 참여함으로써 '계명의 아들'이 된다는 것이 무엇을 의미하는지 배우고 깨닫는 기회로 삼았다.

일주일에 걸친 유월절 행사가 모두 끝난 뒤 예수의 부모는 고향 나사렛으로 돌아가고 있었고, 소년 예수는 아직 예루살렘에 그대로 남아 있었다. 하지만 예수의 부모는 그 사실도 모른 채 계속 길을 가고 있었다. 그들은 예수가 일행 중에 끼여 있으려니 생각하고는 하룻길을 갔다. 그러다가 문득 예수가 생각나서 친척들과 아는 사람들 사이에서 예수를 찾기 시작했다. 그러나 아무 데서도 예수를 찾지 못하자, 예수의 부모는 예루살렘으로 다시 발길을 돌렸다.

예수의 부모는 어찌하여 아들이 없어진 줄도 모른 채 하룻길이나 갈 수 있었을까? 충분히 그럴 수 있었다. 예수의 부모인 요셉과 마리아가 예수에 대해 무신경했기 때문이 아니다. 당시에 절기를 지키기 위한 예루살렘 순례단은 같은 마을의 이웃들과 친지들의 그룹으로 구성되어 있었다. 또한 여자들과 어린이들은 남자들의 그룹과 따로 떨어져 여행했다. 당시 열두 살 된 예수는 그중 어느 쪽으로도 포함될 수 있었기 때문에, 예수의 부모는 당연히 소년 예수가 서로 다른 그룹에 끼여 여행하고 있는 줄로 생각했다. 하지만 하룻길을 가서 저녁식사 때나 잠들 때에 비로소 예수가 어느 쪽에도 없다는 사실을 발견한 것이다. 그래서 부모는 아들을 찾으러 부랴부랴 예루살렘으로 되돌아간 것이다.

'아, 아무 사고 없이 제발 무사해야 할 텐데….'

예수의 부모는 애타는 심정으로 여기저기 수소문하며 소년 예수를

랍비들과 토론하고 있는 소년 예수

찾아다녔다. 그러다가 사흘 후에야 예수의 부모는 예루살렘 성전 뜰에서 아들을 발견했다.

"아, 저기, 저기에 예수가 있다!"

예수의 부모는 뛸 듯이 기뻤다. 그런데… 예수는 아주 태연하고 의연했다. 부모를 잃은 것 같은 소년의 모습이 결코 아니었다. 그때에 예수는 유대인 랍비들(율법 선생들) 사이에 앉아서 그들의 말을 듣기도 하고, 묻기도 하고 있었다. 쟁쟁한 율법 학자들을 상대로 무언가를 토론하는 모습이었다. 시골 나사렛에서 가난한 목수의 아들로 자라난 열두 살 소년의 모습이라고는 믿기 어려웠다.

더욱 놀라운 것은, 그때 소년 예수의 말을 듣고 있던 사람들이 하나같이 그의 기이한 슬기와 탁월한 지혜에 크게 경탄하고 있다는 사실이었다. 예수의 부모 역시 그러한 광경을 보고서 크게 놀랐다. 하지만 어머니 마리아가 금세 마음을 가다듬고 예수에게 말한다.

"얘야, 왜 이리 우리 속을 태우는 것이냐? 나와 네 아버지가 너를 찾느라 얼마나 헤맸는지 모른단다. 대체 왜 우릴 따라오지 않고 여태까지 여기에 남아 있단 말이냐?"

예수는 조금도 놀라거나 당황한 기색 없이 아주 담담하게 대답한다.

"어머니, 왜 저를 그리 애타게 찾으셨나요? 제가 당연히 제 아버지의 집에 있으리라는 사실을 어찌 모르셨나요?"

"아니, 얘야. 그게 무슨 말이냐? 아버지의 집이라니…?"

이때 예수의 부모는 예수의 말이 무슨 뜻인지 제대로 깨닫지 못했다. 요셉과 마리아 부부는 예수의 출생 전에 예수의 메시아 됨에 관해 하나님의 계시를 받은 적이 있지만, 예수를 키우면서는 구체적인 삶의 일상 속에서 그 사실을 잊고 지냈던 탓이다.

여하튼, 부모를 만난 소년 예수는 예루살렘 성전 뜰을 나서서 부모를 따라 고향 나사렛 마을로 돌아왔다. 그러고는 여태 그랬듯이 예수는 부모 말씀에 순종하며 하루하루를 살아갔고, 예수의 어머니 마리아는 예수에게 일어난 모든 일들을 마음속에 소중히 담아두었다.

세월이 흘렀고, 예수는 나날이 키와 지혜가 자라났다. 그렇게 무럭무럭 자라면서 예수는 하나님과 사람들에게서 더욱 많은 사랑을 받았다.

그렇다면 예수의 어린 시절과 청소년 시절은 어떠했을까? 세상에 이런저런 이야기들이 떠돌고 있지만, 모두가 확실치 않으므로 믿을 수 없다. 어떤 이야기들도 성경이 뒷받침해주고 있지 않기 때문이다. 따라서 열두 살 때에 있었던 일 이후로 예수께서 세례 요한에게 세례를 받으러 요단강에 나아오는 때, 곧 예수의 공생애가 시작되는 30세에 이를 때까지 18년 동안의 예수에 대해서는 성경에 기록된 바가 없다. 왜 그러할까?

성경은 예수님의 개인 역사가 아니라 그의 구원역사에 철저히 초점을 맞추고 있기 때문에 불필요한 부분은 과감히 생략한 것이다. 그런데 후일 예수님이 전도사역을 위해 고향 마을인 나사렛을 방문했을 때, 그곳 사람들이 예수님을 보고 "어? 이 사람은 마리아의 아들 목수가 아닌가!" 하고 말한 사실에 비추어 보면, 그 기간 동안에 예수는 공생애의 때를 차분히 기다리면서 목수인 아버지 요셉을 도와 집안의 장자로서 성실하게 가족을 부양했던 것으로 추정된다.

3
세례 요한의 사역과 예수님의 계보

세례 요한은 물로 베풀지만
그분은 성령으로 세례를 베푸네
키를 들고 쭉정이는 불 속에
알곡은 곡간에 모으리라

세례 요한의 전도 (3:1-20; 마 3:1-12; 막 1:1-8; 요 1:19-28)

세월이 흘렀다. 때는 로마황제 티베리우스(주전 12~37년 재위)가 로마제국을 다스린 지 15년째 되던 해였다(주전 27년경). 티베리우스는 양아버지인 가이사 아구스도(아우구스투스, 주전 27~주후 12년)를 이어 제2대 로마 황제에 즉위한 인물이다. 당시에 로마의 속국이 된 유대는 빌라도 총독이 통치하고 있었다(주후 26~36년). '총독'은 로마제국에서 파견된 지방 행정장관을 가리킨다.

당시에 헤롯 대왕의 아들인 헤롯 안티파스(주전 4년~주후 39년)는 갈릴리와 베레아 지방의 분봉왕이었고, 역시 헤롯 대왕의 아들이며 헤롯 안티파스의 동생인 빌립(주전 4년~주후 34년)은 팔레스타인의 북서부 지방인 이두래와 드라고닛 지방의 분봉왕이었다. 그리고 루사니아는 아빌레네(안티레바논 산지의 동쪽에 있던 지방)의 분봉왕이었다. '분봉왕'에 해당하는 헬라어 '테트라아르케스'란 용어는 로마 황제로부터 한 나라의 사분의 일(1/4)을 다스리도록 임명받은 왕이란 뜻이다.

또한 당시에 유대의 대제사장 직분은 안나스(주후 6~15년 재임)와 가야바(주후 18~36년 재임)가 맡고 있었다. 모세 율법에 따르면, 본래 대제사장 직분은 종신직이다. 그러나 로마 정부는 자신들의 정치적 입맛에 맞게 유대의 대제사장 직분을 통제하였는데, 그 결과로 안나스가 해임되고 그의 사위인 가야바가 대제사장직에 올랐다.

하지만 유대인들은 모세 율법에 근거하여 여전히 대제사장 직분을 종신직으로 여겼기 때문에, 예수님 당시 유대 땅에는 유대인들에게 대제사장으로 인정받는 대제사장과 로마정부에 의해 새롭게 임명된 대제사장이 함께 있게 되었다. 그런 이유로 성경에 '대제사장들'이라는 말이 쓰이게 된 것이다.

당시에는 안나스가 유대인들의 최고 의결기관인 산헤드린(공회)의 지지를 받고 있었으므로, 공식적으로는 가야바가 대제사장이었지만 실질적인 영향력은 그의 장인인 안나스가 행사하고 있었다. 그래서 훗날 군사들이 예수를 체포했을 때 그들은 가장 먼저 안나스에게로 예수를 데려갔다. 본서의 저자인 누가(Luke)가 기록한바 대로, 이 같은 시대적, 정치적, 종교적 배경을 염두에 두고 성경 이야기를 읽어나가도록 하자.

"요한아, 이제 일어나 이 백성들에게 회개의 메시지를 선포하도록 하라!"

그 무렵, 하나님의 말씀이 유대 광야에 살고 있는 사가랴의 아들 세례자 요한에게 임했다. 예수보다 6개월 먼저 출생한 세례 요한, 그는 로마황제 티베리우스 통치 15년에 메시아 예수의 선구자로서 자신의 사역을 본격적으로 시작했다(주후 26년경). 예수는 이때로부터 6개월 후쯤인 그의 나이 30세쯤에 인류 구원을 위한 메시아로서의 공생애를 본격 시작하셨다(주후 27년).

"지은 죄를 회개하고, 죄 사함의 징표로 세례를 받아라!"

세례 요한은 요단강 지역을 두루 돌아다니며 죄를 용서받으려면 회개해야 한다고 사람들에게 설교했다. 그리고 회개하는 자들에게 요단강에서 세례를 베풀었다. 그래서 그는 '세례자 요한' 또는 '세례 요한'이라는 이름을 얻는다. 이 같은 세례 요한의 전도 사역은 일찍이 이사야 선지자(주전 739-680년경)가 예언한 그대로였다.

> "보라, 광야에서 외치는 자의 소리가 있구나. 그 소리는 들으니, 곧 '너희는 주의 길을 예비하고, 그분이 다니실 길을 곧게 하라. 모든 골짜기는 메워질 것이고, 모든 산과 언덕은 낮아질 것이며, 구부러진 길은 곧게 펴질 것이고, 험한 길은 평탄해지리니, 그리하여 모든 사람들이 하나님의 구원을 보게 되리라.' 하는구나"(사 40:3-5).

고대 사회에서는 왕의 편안한 행차나 군대의 막힘없는 행진을 위해 거친 길을 평탄하게 하거나 골짜기를 메우는 일이 종종 있었다. 선지자 이사야는 이를 비유로 들어 장차 광야에 외치는 선지자가 출현할 터인데, 그는 사람들로 하여금 메시아(그리스도)를 잘 영접할 수 있도록 그들의 거칠고 메마른 심령을 부드럽고 촉촉하게 만드는 역할을 수행할 것이라고 예언한 것이다.

그로부터 대략 7세기가 흐른 후, 과연 유대 광야에서 외치는 선지자의 소리가 들렸으니, 곧 세례 요한이 사람들에게 회개의 메시지를 선포하는 소리였다. 때는 주후 26년(로마 황제 티베리우스의 통치 15년째), 장소는 팔레스타인의 유대 광야, 외치는 자는 세례 요한. 그는 자신에게 세례를 받으러 광야로 나온 군중에게 힘차게 설교한다.

"이 독사의 자식들아! 조만간 닥쳐올 징벌을 피하라고 누가 일러주더냐? 너희는 먼저 회개했다는 열매를 보여라. 너희가 마음속에서 스스로 위로하기를 '아브라함은 우리의 조상이다'라고 하지 마라. 하나님은 여기 보이는 이 돌들로써도 능히 아브라함의 자녀를 만드실 수 있는 분이시다. 보라, 이제 나무를 찍으려고 도끼가 이미 나무뿌리에 대기하고 있다. 그러므로 좋지 않은 열매를 맺는 나무마다 전부 찍혀서 모조리 불 속에 던져지게 될 것이다."

세례 요한의 전도: "회개하라!"

회개를 외치는 세례 요한의 메시지는 엄중하고 단호했다. 일체의 타협이나 대충이 없었다. 그러자 그 메시지를 듣고 겁먹은 듯한 군중이 세례 요한에게 묻는다.

"그러면 선지자여! 이제 우리가 어떻게 해야 합니까?"

"옷을 두 벌 가진 사람은 한 벌도 가지지 못한 사람에게 나누어 주시오! 또 먹을 것이 있는 사람은 굶주린 사람과 그것을 나누어 먹도록 하시오!"

군중 가운데 섞여 있던 세리들이 세례 요한에게 세례를 받으러 와서 묻는다.

"선생님, 우리는 어찌하면 좋겠습니까?"

"규정된 것 이상으로 더 세금을 거둬들이지 마시오!"

그러자 군인들도 몰려와서 세례 요한에게 묻는다.

"그러면 우리는 어떻게 해야 합니까?"

"다른 사람을 위협하거나 폭력을 써서 돈을 뜯어내지 마시오! 또 무고한 사람에게 죄를 뒤집어씌우지 마시오! 그리고 탐욕을 부리지 말고, 받는 봉급만으로 만족하시오!"

세례 요한은 세리들과 군인들의 질문에 분명한 길을 제시해 주었다. 당시 그들은 유대 사회에서 가장 지탄받는 대상들이었다. 그들의 압제와 강탈 때문에 백성들은 크게 고통받고 있었다. 그중에서도 특히 유대인 세리는 개인적인 축재와 영달을 위해 지배자들인 로마정부에 협조하는 유대인들이었기에 동족의 배신자로 낙인찍혔다. 이처럼 당시에 세리들과 군인들은 회개가 필요한 죄인들을 대표하는 자들이었다.

"와! 세례 요한의 답변은 아주 명쾌하구먼! 가만…, 혹시 이 분이 우리가 대망하던 메시아가 아닐까?"

구약 선지자들의 예언에 따라 장차 유대 땅에 다윗 왕의 영광을 이을 메시아(그리스도)가 오실 것이라고 간절히 고대하고 있던 사람들은 세례 요한이 혹시 바로 그분이 아닐까 하고 생각했다. 그런 군중들의 생각을 알고서, 세례 요한이 아주 단호한 어투로 쐐기를 박는다.

"난 아니다! 나는 너희에게 물로 세례를 주지만, 조만간 내 뒤에 나보다 훨씬 큰 능력을 가지신 분이 오실 것이다. 사실, 나는 그분의 신발 끈을 풀어드릴 자격조차도 없는 몸이다. 내 뒤에 오실 그분은 너희에게 불과 성령으로 세례를 주실 것이다. 또 그분은 손에 키를 들고 알곡과 쭉정이를 가려내실 터인데, 알곡은 곳간에 모아들이고 쭉정이는 영원히 꺼지지 않는 불에 태우실 것이다!"

'불과 성령으로 세례를 주실 것'이라는 말은 불처럼 뜨거운 성령의 역사로 말미암아 모든 죄악을 불살라 참된 마음의 회개를 불러일으킬 것이라는 말이다. 이는 세례 요한이 회개의 징표로 단지 물로써 베푸는 '물세례'와는 분명히 구별되는 것으로, 이른바 '불세례'라 불린다. 그러므로 성령 세례 곧 불세례를 받은 자들은 마치 불이 더러운 것을 말끔히 태워 정화시키듯 모든 심령의 죄악이 불살라져 정결케 된다.

그런데 '성령의 불'은 두 가지 일을 동시에 이룬다. 마치 제련자의 불이 순금과 찌꺼기를 분리해 내듯, 농부의 키가 알곡과 쭉정이를 가려내듯, 메시아(그리스도)에 대한 반응과 관련해서 그분을 믿는 자들에게는 깨끗케 하는 정화의 일을 이루고, 믿지 않는 자들에게는 징벌하는 심판의 일을 이룬다. 세례 요한은 이 같은 메시지 외에도 여러 가지 설교와 권면과 촉구를 통해 사람들의 거칠고 메마른 심령을 부지런히 닦고 갈았다. 더불어 사람들에게 복음을 선포하면서 메시아 예수의 오실 길을 탄탄하게 다져놓았다.

그 무렵, 갈릴리 지방의 분봉왕인 헤롯 안티파스는 자기 이복동생이며 이두래 지방의 분봉왕인 헤롯 빌립의 아내 헤로디아를 빼앗아 자기 아내로 삼는 등 여러 가지 옳지 못한 일을 저질렀다. 세례 요한은 그런 불법을 보고, 공공연하게 헤롯 안티파스를 책망했다. 그의 죄를 신랄하게 지적하면서 회개하라고 준엄하게 외쳤다. 그러자 헤롯 안티파스는 회개하기는커녕 도리어 세례 요한을 붙잡아 투옥시킴으로써 자신의 여러 죄목들에 한 가지를 더 보탰다.

예수께서 세례를 받으심 (3:21-22; 마 3:13-17; 막 1:9-11)

세례 요한이 투옥되기 전의 어느 날, 그날도 세례 요한은 평소처럼 무리를 향해 회개의 메시지를 선포하였고, 회개하는 사람들에겐 세례를 베풀고 있었다. 그런데 그날 세례 요한에게 세례를 받는 사람들 가운데 아주 놀랍고 위대한 인물이 있었다. 세례 요한이 앞서 소개하기를, 머잖아 자기 뒤에 오시어 불과 성령으로 세례를 베풀어주실 것이라고 했던 분, 자신은 그분의 신발 끈을 풀어드릴 자격조차도 없는 몸이라고 했던 분, 바로 '메시아 예수'였다.

그날, 예수께서는 사람들 사이에 섞여 세례 요한에게 친히 세례를 받으셨다. 이때 예수님의 세례는 일반 사람들처럼 죄 사함의 표시로 받는 세례가 결코 아니었다. 본래 그분은 죄 없으신 분이기 때문이다.

예수님은 다만 하나님의 뜻을 받들어 의를 이루기 위해 세례를 받으셨다. 요단강에서 세례 요한에게 세례를 받으신 후 예수께서는 하늘을 우러러 기도하셨다. 바로 그 순간, 하늘이 활짝 열리더니 성령이 비둘기 같은 형상으로 예수님 위에 내려오셨다. 그와 동시에 하늘에서 우렁찬 소리가 들려온다.

"너는 내가 사랑하는 아들이요, 내 마음에 흡족한 아들이니라."

예수가 자신의 사랑하는 아들이고, 또 마음에 꼭 드는 아주 기쁘고 흡족한 아들임을 하나님께서 친히 인준하시는 장면이다. 이는 예수께서 하나님의 거룩하신 뜻과 의를 이루시려고 하나님의 보내심을 받아 사람의 몸을 입고 이 땅에 오신 분, 곧 성육신하신 분임을 보여준다.

한편, 이때 성령은 비둘기 형상을 취하셨다. 본질상 성령은 영(靈)이시다. 그래서 성령이 사람에게 나타나실 때에는 사람의 눈에 보이는 어떤 형상을 취하곤 한다. 그중에서 '비둘기'는 매우 적합하다. 예로부터 비둘기는 평화와 순결의 상징이기 때문이다.

예수님의 족보 (3:23-38; 마 1:1-17)

예수께서는 나사렛 집을 떠나 메시아로서의 공생애를 본격 개시하셔서 사람들에게 천국 복음을 베풀고 가르치기 시작하셨다. 유대 사회에서 30세는 공적인 직무를 수행할 수 있는 연령으로 인정받았다. 특히 성전 일을 하려면 30세 이상 되어야 했다.

자, 그렇다면 예수의 출생과 관련하여 그분의 족보는 어찌될까? 사람들이 알고 있는 것처럼, 예수의 아버지는 나사렛 목수인 요셉이다. 이제 요셉부터 시작해서 그 위의 조상들을 살펴보면 이러하다.

(요셉), 헬리, 맛닷, 레위, 멜기, 얀나, 요셉, 맛다디아, 아모스, 나훔, 에슬리, 낙개, 마앗, 맛다디아, 서머인, 요섹, 요다, 요아난, 레사, 스룹바벨, 스알디엘, 네리, 멜기, 앗디, 고삼, 엘마담, 에르, 예수, 엘리에서, 요림, 맛닷, 레위.

계속해서 그 위의 조상들을 살펴보면 이러하다. (레위), 시므온, 유다, 요셉, 요남, 엘리아김, 멜레아, 멘나, 맛다다, 나단, 다윗, 이새, 오벳, 보아스, 살몬, 나손, 아미나답, 아드민, 아니, 헤스론, 베레스, 유다, 야곱, 이삭, 아브라함.

계속해서 그 위의 조상들을 살펴보면 이러하다. (아브라함), 데라, 나홀, 스룩, 르우, 벨렉, 헤버, 살라, 가이난, 아박삿, 셈, 노아, 레멕, 므두셀라, 에녹, 야렛, 마할랄렐, 가이난, 에노스, 셋, 아담, 그리고 인류 최초의 사람인 아담을 지으신 분은 하나님.

누가복음의 족보는, 마태복음의 첫 부분에 기록된 예수 그리스도의 족보와 똑같지 아니하다. 왜 그럴까? 그 까닭은, 마태와 누가가 서로 다른 관점에서 기록했기 때문이다. 마태복음의 족보는 유대인을 대상으로 기록한 것으로, 예수가 다윗의 혈통을 좇아 이 땅에 왕으로 오신 메시아(그리스도)임을 보여주기 위한 것인 반면, 누가복음의 족보는 인류 전체를 대상으로 기록한 것으로, 예수가 온 인류를 구원하기 위해 이 땅에 오신 사람의 아들, 곧 인자(人子)임을 보여주기 위한 것이다.

이러한 관점에서 마태는 히브리인들의 전통에 따라 아브라함부터 시작하여 다윗을 거쳐 요셉에 이르기까지 하향식으로 예수님의 족보를 서술한 반면, 누가는 헬라 사람들의 전통에 따라 요셉부터 시작하여 인류의 조상인 아담까지, 더 나아가 아담을 창조하신 하나님까지 상향식으로 예수님의 족보를 서술했던 것이다. 이를 통해 누가는 예수가 궁극적으로 하나님의 아들이심을 나타내고자 했다.

4

광야 시험과 갈릴리 전도

성령 충만한 예수는 요단강을 떠나
광야에서 마귀에게 시험받네
하나님을 시험하지 마라
예수는 하나님만 경배하라고 하네

예수께서 시험을 받으심 (4:1-13; 마 4:1-11; 막 1:12-13)

예수께서는 성령으로 충만해져서 요단강에서 돌아오셨다. 그런 후에 예수께서는 곧장 성령에 이끌리시어 유대 광야로 나가셨다.

성령은 예수님으로 하여금 마귀(사탄)에게 시험을 받도록 그분을 광야로 인도하셨다. 그 까닭은, 예수님이 하나님의 뜻과 계획을 온전히 성취하기 위해서는 어떻게 해서든지 그것을 훼방하고 막으려 하는 마귀와 필연적으로 맞서야 했기 때문이다. 그래서 성령은 본격적인 공생애 사역을 펼치시기 직전에 예수님으로 하여금 광야에서 마귀와 정면으로 맞서게 했던 것이다.

사람의 자취라곤 찾아볼 수 없는 적막하고 휑한 광야, 간혹 들짐승들의 배고픈 울음소리만 들려오고 무더운 바람만 불어오는 거칠고 메마른 광야, 거기서 예수께서는 40일 동안 금식하며 머무는 동안 마귀에게 시험을 받으셨다. 그동안 예수님은 아무것도 잡수시지 않았기 때문에 몹시 시장하셨다. 처음부터 줄곧 호시탐탐 기회를 엿보던 마귀는 그 때를 노리고 예수께 다가와 말한다.

"그대가 하나님의 아들이라는… 예수인가?"

"그러하다!"

"오, 그래? 좋아. 네 말대로, 네가 만일 진짜 하나님의 아들이라면 여기 이 돌더러 빵이 되라고 한번 말해 보아라."

그러자 예수께서는 마귀의 유혹을 물리치며 신명기 8장 3절에 있는 말씀으로 답을 대신하신다.

"아니, 그리 하지 않겠다! 성경에 기록되어 있기를 '사람이 빵으로만 사는 것이 아니다.' 하였다."

돌을 빵으로 만드는 것, 그 자체가 문제가 되는 것은 아니다. 문제는, 유혹의 내용이 아니라 유혹의 동기였다. 마귀는 예수에게 하나님의 아들답게 기적을 행사하게 함으로써 교만해지도록 유혹한 것이다. 그래서 예수로 하여금 하나님을 의뢰하는 대신에 스스로의 힘을 믿고 자랑하게끔 만들고자 했다. 하지만 이 같은 유혹에 예수님은 하나님의 말씀을 인용함으로써 하나님을 더욱 의지했고, 그 결과 마귀의 유혹을 거뜬히 이기셨다.

첫 번째 유혹이 무위로 돌아가자, 마귀가 이번에는 예수님을 높은 곳으로 데리고 올라가 순식간에 세상의 모든 나라를 보여주며 말한다. 사실, 세상의 모든 나라를 한눈에 볼 수 있는 높은 곳은 어디에도 없다. 따라서 이때 마귀의 유혹은 환상 가운데서 이루어진 일이다.

"자, 보라! 네가 지금 보고 있는 저 모든 나라를 다스리는 권세와 영화를 내가 너에게 주겠다. 나는 세상을 다스릴 권세를 가지고 있기 때문에 내가 원하면 누구에게나 그 권세를 줄 수 있다. 이제 나에게 경배하라. 그렇게만 한다면, 그 모든 나라들의 권세와 부귀영광이 전부 너의 것이 될 것이다."

거짓말이다! 세상 모든 나라가 마귀의 활동 영역인 것은 맞지만, 그 세상 나라들을 다스리고 지배할 권세는 없다. 그것은 온전히 하나님께 속한 것이다. 따라서 지금 마귀는 하나님의 것을 가지고 마치 자기 것인 양 예수님에게 사기를 치고 있는 것이다. 이에 예수께서는 아까처럼 단칼에 거절하시며 성경 말씀으로 답을 대신하신다. 이번에도 역시 신명기에 기록된 말씀이다. 6장 13절이다.

"아니, 그리 하지 않겠다. 성경에 기록되어 있기를 '주 너의 하나님을 경배하고, 오직 그분만 섬기라.' 하였다."

하나님께 대한 신실한 충성이 마귀의 유혹을 물리칠 수 있는 강력한 무기임을 보여준다. 예수님은 마귀의 두 번째 유혹도 거뜬히 물리치셨다.

'이런, 제길! 만만치 않은 자로군. 옛적 아담은 단 한 번의 유혹으로 쉽게 무너뜨렸는데…. 그렇다면 최후의 방법을 쓰는 수밖에!'

마지막으로 마귀는 환상 가운데서 예수를 데리고 성전 꼭대기로 올라갔다. 아마도 이곳은 예루살렘 성전의 남쪽 망대 부분을 가리키는 듯하다. 이곳에서 아래쪽의 기드론 골짜기까지는 대략 30m쯤 된다. 랍비 문헌에는 메시아가 언젠가 성전의 꼭대기에 나타날 것이라는 언급이 있다. 그런 배경을 염두에 두고 마귀가 시험을 하는 것일까? 마귀가 거기서 예수에게 말한다.

"네가 만일 하나님의 아들이거든 여기서 한번 아래로 뛰어내려 보아라. 성경에 기록되어 있기를 '하나님이 너를 위해 천사들에게 명하여 너를 보호하실 것이니, 천사들이 손으로 너를 떠받쳐 너의 발이 돌에 부딪히지 않게 할 것이다.' 하였지 않느냐? 그러니 자, 네가 정말로 하나님의 아들이라면, 네 아버지를 믿고 한번 아래로 뛰어내려 보아라!"

놀랍게도 이번에는 마귀도 성경 말씀을 인용하여 예수를 유혹했다. 시편 91장 11-12절의 말씀이다. 이는, 믿는 자를 올무에 빠뜨리기 위해서라면 마귀와 그의 추종 세력인 귀신들도 얼마든지 성경을 인용할 수 있다는 경각심을 일깨워준다. 그렇다. 마귀(사탄)의 세력은 자신들의 악한 목적을 이루기 위해서라면 수단과 방법을 가리지 않는다. 하지만 예수님은 마귀의 유혹에 넘어가지 않으셨다. 이번에도 예수님은 마귀의 유혹을 일거에 물리치시며 성경 말씀으로 답을 대신하신다.

"아니, 그리 하지 않겠다. 성경에 기록되어 있기를 '주 너의 하나님을 시험하지 말라!' 하였다."

신명기 6장 16절에 기록된 말씀이다. 그러고 보니, 예수님은 세 번의 유혹 모두 신명기에 기록된 말씀으로 물리치셨다. 그만큼 신명기는 하나님 말씀의 보물 창고다. 그런데 여기서 한 가지 의문이 생길 수 있다. 예수님은 본질상 신성을 지닌 하나님의 아들이기에 어떤 경우에도 마귀의 유혹에 넘어가지 않았을 것이고, 성령도 예수님이 마귀의 유혹에 넘어가도록 방치하지 않았을 것이라는 의문이다.

그렇지 않다. 이때 예수님은 순전히 희로애락의 인성을 지닌 사람으로서 유혹을 받으신 것이다. 따라서 마귀의 유혹은 예수님을 시험에 빠뜨릴 만큼 강력한 도전이었고, 예수님도 자칫 시험에 빠질 가능성도 있는 위험성을 지녔다. 만일 예수님에 대한 마귀의 유혹이 실패의 가능성이 전혀 없는 영적인 모의 전투였다면, 마귀의 유혹을 이긴 예수님의 공로 역시 모의적인 것에 불과했을 것이다. 그렇다면 예수님의 공로에 기초한 우리의 구원 역시 실제적인 것이 아니고 모의적인 것에 그치고 말 것이 아닌가!

마귀의 모든 시험을 물리치신 메시아 예수님

'아, 실패다! 예수

에게는 나의 유혹이 전혀 먹혀들지 않는다. 이자는 처음 아담과는 완전히 다르다! 그렇다면… 이제 나는, 나는 어찌해야 좋단 말인가!'

마귀는 절규했다. 모든 유혹이 처절하게 실패했기 때문이다. 태초 에덴동산에서 첫째 아담을 유혹하여 타락시킨 마귀는 이번에는 둘째 아담을 타락시켜 인류를 향한 하나님의 구원 계획을 완전히 좌절시키려 했다. 하지만 둘째 아담인 예수는 더욱 강렬한 유혹을 받았을지라도 첫째 아담처럼 마귀의 유혹에 넘어가지 않으셨다. 그 결과, 마귀의 계획은 철저히 무산되었고, 예수 그리스도를 통한 하나님의 구원 계획은 차질 없이 성공할 수 있었다.

'분하다! 그래도 어디 두고 보자. 이대로 그냥 포기하진 않겠다. 어떡하든 훼방을 놓고야 말겠다! 으으….'

마귀는 모든 시험이 실패로 끝났음을 알고는, 적절한 시기가 올 때까지 다음 기회를 노리면서 당분간 예수를 떠나갔다.

예수께서 회당에서 가르치심 (4:14-15; 마 4:12-17; 막 1:14-15)

유대 광야에서 마귀(사탄)의 모든 시험을 물리치신 후, 예수께서는 성령의 능력이 충만해져서 갈릴리 지방으로 돌아오셨다. 그런 뒤 예수께서 갈릴리 지방을 근거지로 삼아 메시아의 공생애 사역을 시작하시자, 예수님에 관한 소문이 이내 갈릴리 지방에 두루 퍼져 나갔다.

"여보게, 자네는 예수에 관한 소문을 들었는가? 그분께서 가르치는 말씀이 다른 율법학자들과는 달리 아주 신선하고 굉장하다지?"

"어디 그뿐인가. 예수는 온갖 아픈 자들의 병도 거뜬히 고쳐주신다네!"

예수께서는 갈릴리 지방을 두루 다니면서 여러 회당에서 가르치셨고, 많은 병자들을 고쳐주셨다. 그러자 가르침을 받는 사람들과 병 고침을 받는 사람들마다 예수님에 관하여 입이 닳도록 칭송하기를 마지않았다.

한편, 회당(헬라어, 수나고게)은 바빌로니아 유배 생활에서 돌아온 유대인들이 이스라엘 땅의 각 지역에 세운 예배와 교육, 찬송과 기도를 위한 그들의 집회 장소다. 신약시대에 이르러서는 대부분의 도회지와 비교적 큰 마을에는 이 같은 회당이 세워져 있었다.

유대인들은 5세가 되면 회당 출입이 허락되고, 성년이 되는 13세부터는 회당 출석이 율법생활의 일부분이 된다. 유대인들은 전통에 따라 회당에 들어가면 먼저 개인 기도를 한다. 다음에는 신명기 6:4-9 부분과 11:13-21 부분의 "이스라엘아 들으라!"로 시작하는 '쉐마'를 고백하고, 열여덟 개의 간구로 이루어진 소위 18기도문을 낭송한다. 그 후에는 미리 선정된 사람이 성경을 낭독하는데, 모세오경이 중심된 성구집의 구절을 읽는다. 성경낭독 후에는 기도하고 설교를 듣는다. 설교는 설교할 만한 사람이 있을 경우에만 한다.

회당 모임은 자연스럽게 운영된다. 누구든 회중들에게 말하고 가르치기를 원한다면, 그는 회당 책임자에게 그런 사실을 미리 알림으로써 그렇게 할 수 있었다. 그때 대부분의 사람들은 율법서나 예언서 가운데서 적당한 본문을 골라 회중들 앞에서 낭독하곤 했다.

고향에서 배척을 받으신 예수님 (4:16-30; 마 13:53-58; 막 6:1-6)

하루는 예수께서 자신이 자라난 고향인 나사렛 마을로 가셨다. 나사렛에 있을 때 안식일이 되자, 예수께서는 늘 하시던 대로 회당에 들어가셨다. 그런 뒤, 회당에서 성경을 읽으려고 자리에서 일어나셨다. 그러자 회당 관리인이 선지자의 글이 기록된 두루마리를 건네주었다.

회당 관리인을 '하잔'이라 부르는데 두루마리 성경을 관리하고 회당을 청소하는 일을 한다. 안식일에는 성일을 선언하는 은나팔을 불고, 주중에는 어린아이들에게 율법을 가르친다. 성경을 낭독하도록 회당장이 지명한 사람에게 두루마리 성경을 건네주고 되돌려 받는 책임도 맡았다. 성경 두루마리는 함이나 궤에 보관된다.

회당 관리인에게서 이사야 선지자의 글이 기록된 두루마리를 건네받은 예수께서는 두루마리를 쭉 펼치시고는 말씀을 읽어내려 가셨다. 그때 예수께서 낭독한 이사야의 본문은 이러했다.

"주의 영이 내게 임하셨으니, 이는 가난한 자들에게 복음을 전하게 하시려고 주께서 내게 기름을 부으셨기 때문임이라. 주께서는 나를 보내셔서 포로로 붙잡힌 이들에게는 자유를 선포하게 하셨고, 앞을 못 보는 이들에게는 눈을 뜨게 하여 다시 보게 하셨으며, 억눌리고 매인 자들을 풀어주어 그들로 자유를 누리도록 하게 하셨도다. 이처럼 주께서는 나로 하여금 주의 은혜 베푸실 때를 사람들에게 널리 선포하게 하셨도다."

이사야 61장 1-2절의 말씀이다. 이 말씀을 읽으신 후, 예수께서는 두루마리를 다시 말아 시중드는 사환에게 돌려주시고는 자리에 앉으셨다. 그러자 회당에 모인 사람들의 시선이 모두 예수께로 쏠렸다. 성경 말씀을 낭독한 자는 그 말씀의 의미에 관해서 강연하는 것이 관례였기 때문이다. 그들은 작금에 이르러 크게 유명해진 예수께서 무슨 말을 하실 것인지 무척 궁금했던 것이다. 그때 예수께서 그들에게 밝히 말씀하신다.

"여러분, 오늘 이사야의 이 성경 말씀이 다 이루어졌습니다!"

이 말은 예수님 자신이 활동하고 있는 현재의 시기에 예수님 자신으로 말미암아 이사야 선지자의 예언이 성취되었다는 의미다. 그러니까 예수님 자신이 인류 구원의 사명을 띠고 하나님께로부터 보냄 받은 '메시아'라는 사실을 간접적으로 밝힌 셈이다. 그러자 나사렛 회당에 모인 사람들이 저마다 감탄하기도 하고 놀라기도 하면서 서로를 향해 수군거린다.

"여보게, 그런데 저 사람은 본래 이곳 목수인 요셉의 아들이 아닌가?"

"그러게! 분명 예수는 요셉과 마리아의 장남으로, 우리와 함께 쭉 지냈던 사람이 아닌가? 그런 사람이 어떻게 하나님께 보냄 받은 메시아가 될 수 있단 말이지? 거참, 이상하군."

사람들이 의아하다는 듯 수군거리자, 예수께서 그들의 생각을 아시고 그들을 향해 말씀하신다.

"여러분, 여러분은 지금 '의사야, 네 병이나 고쳐라!' 하는 속담을 내게 들이대며 '가버나움에서 행했다는 기적을 이곳 당신의 고향인 나사렛에서도 한번 해보라!' 하고, 말하고 싶을 것입니다. 그렇지만 나는 여러분에게 분명히 일러둡니다. 자기 고향에서 환영받는 선지자는 없습니다."

"의사야, 네 병이나 고쳐라!"라는 말은 예로부터 유대인들 사이에서 유행하던 속담으로, 남을 돕겠다고 하는 사람은 자신부터 돕는 것이 올바른 순서라는 의미다. 예수께서 이사야 선지자의 본문 말씀을 통해 자신의 메시아 사명을 밝히자, 고향 나사렛 사람들은 이 같은 말로써 예수님의 기적을 요청하려 했다.

그러나 예수께서는 고향에서는 아무런 기적도 베풀지 않으셨다. 그 이유는, 메시아를 배척하는 그들의 불신앙 때문이었다. 그들은 예수님을 단지 평범한 사람으로 보았기 때문에 예수님의 메시아 권능을 받아들일 준비가 전혀 되어 있지 않았다. 예수께서 기적을 베푸시는 목적은, 그 기적을 통해 신앙을 갖게 하려는 데 있었다. 하지만 당시 예수를 불신하는 고향 나사렛 사람들의 분위기로는 그런 효과를 전혀 기대할 수 없었다. 고향 사람들을 향한 예수님의 말씀은 계속 이어진다.

"여러분, 엘리야 선지자가 시돈 땅에 있는 사렙다 과부를 도운 일을 한번 생각해 보십시오. 당시 3년 6개월 동안이나 비가 오지 않아, 온 땅에 기근이 계속되어 도움이 필요한 이스라엘의 과부들이 수두룩했지만, 엘리야는 단지 이방인 과부 한 사람만 도왔을 뿐입니다. 엘리사는 또 어떠했습니까? 이스라엘 땅에는 나병환자들이 수두룩했는데도, 그는 단지 수리아 사람 나아만을 고쳐주었을 뿐입니다."

예수님은 엘리야와 엘리사 선지자의 예를 통해 자신이 고향 나사렛에서 기적을 베풀지 않는 이유를 밝히셨다. 즉, 두 선지자와 관련된 두 인물 곧 사렙다 마을의 한 과부와 수리아 사람 나아만을 통해 그런 이방인들보다도 믿음이 없는 유대인들을 책망한 것이다. 때에 예수님의 고향인 나사렛 마을의 사람들은 예수님을 순전한 믿음의 눈으로 보지 않고, 오직 육신의 눈으로 바라봄으로써 메시아이신 예수님을 얕잡아 보고 배척했던 것이다.

"아, 아니! 저 목수의 아들이란 사람이 한낱 이방인들에 비유해서 감히 우릴 꾸짖다니!"

"거 자존심 상하네! 알고 보니, 참으로 괘씸한 자가 아닌가!"

나사렛 회당에 모여 있던 사람들은 예수님의 말을 듣고 잔뜩 화가 났다. 그들은 예수에게로 우르르 몰려가 그를 동네 밖으로 쫓아냈다. 그들 중 과격한 자들은 예수님을 동네 뒷산의 벼랑으로 끌고 가서 아래로 밀쳐 떨어뜨리려고 했다. 그러나 예수께서는 그런 성난 무리들의 한가운데를 헤치고 지나가신 다음, 그곳을 유유히 떠나가셨다. 사람들은 속수무책으로 바라만 보았다. 기적 같은 일이었다. 예수님은 고향 나사렛에서도 이런 식으로나마 기적을 보여주신 것이다.

예수께서 악한 귀신 들린 사람을 고치심 (4:31-37; 막 1:21-28)

고향 나사렛을 떠나신 예수께서는 갈릴리 지방의 가버나움으로 가셨다. 거기서 예수님은 안식일을 맞아 회당에 들어가서 설교하셨다. 예수님의 설교를 들은 사람들은 너나 할 것 없이 모두가 크게 놀라고 감탄했다. 여태 들어왔던 율법학자들의 구태의연한 가르침과는 달리 워낙 독특하고 신선하며 권위가 있었기 때문이다. 예수께서 한창 설교를 베풀고 있던 그때, 악한 귀신 들린 사람 하나가 회당에 있다가 예수를 향해 큰소리로 외친다.

귀신! 귀신의 정체는 악한 영(靈)이다. 악한 영인 귀신은 어떤 사람을 사로잡아 그로 하여금 육체적, 정신적으로 병들게 하거나 피폐하게 만든다. 상식을 뛰어넘는 기이한 행동을 하게 하기도 하고, 신통력을 발휘하게 하기도 한다. 그렇게 인간성을 파괴하여 사람을 미치게 한 다음에는 하나님을 대적하게 하여 스스로 파탄지경에 이르게 한다.

귀신들의 활동은 예수님의 지상 사역 동안에 절정에 달했는데, 이는 예수님의 복음 전파 사역을 어떡하든 저지하려는 사탄(마귀)의 필사적인 방해공작 탓이다.

"아, 나사렛 예수여! 당신은 대체 우리에게 무엇을 원하십니까? 우리를 멸하려고 오셨습니까? 나는 당신이 누군지 잘 압니다. 당신은 하나님이 보내신 거룩한 분입니다."

귀신은 하늘의 영물이기에 예수님이 누구인 줄 알고 있었다. 타락하기 전, 귀신들은 본래 하늘의 천사들이었다. 그러나 하나님을 거스르고 대적한 사탄을 추종하여 함께 타락했기에 영원한 멸망의 운명을 안고 하늘에서 지상으로 쫓겨났다. 귀신이 악다구니 쓰듯 큰소리로 부르짖자, 예수께서 그 귀신을 향해 엄히 꾸짖으신다.

"이 악한 귀신아! 입 다물고, 그 사람에게서 당장 나가라!"

그러자 귀신은 벌벌 떨면서 회당 사람들이 모두 지켜보는 앞에서 그 사람(귀신 들린 사람)을 내동댕이친 후에 떠나갔다. 그러나 그 사람은 아무런 상처도 입지 않고 멀쩡했다. 그런 광경을 쭉 지켜보고는 사람들이 저마다 크게 놀라서 서로 수군거린다.

"아, 이건 대체 무슨 가르침인가? 이분의 말씀에는 무슨 능력이 있기에 귀신까지도 저리 순순히 복종하는 것인가! 참으로 경이로운 일이다."

이때 예수께서 회당에서 행하신 이 일, 곧 말씀으로 귀신을 쫓아내신 일이 사람들의 화젯거리가 되어 삽시간에 예수님에 관한 소문이 갈릴리 지방의 도처로 퍼져 나갔다. 사람들은 이제나 저제나 항상 소문에 굶주려 있게 마련이고, 소문은 소문을 낳는 법이기 때문이다.

예수께서 많은 병자들을 고치심(4:38-41; 마 8:14-17; 막 1:29-34)

가버나움 회당에서 귀신을 쫓아내신 예수님은 그곳을 떠나 자신의 제자인 시몬(베드로)의 집으로 가셨다. 그런데 그때 시몬의 장모가 심한 열병을 앓고 있었기에 사람들이 그녀를 고쳐 달라고 예수께 청원하였다.

"알았소. 어디 한번 봅시다."

예수께서 시몬의 장모를 굽어보신 후 그녀의 열병을 꾸짖으셨다. 그러자 그 즉시로 병에서 고침 받은 시몬의 장모는 누운 자리에서 벌떡 일어나 예수님 일행을 위해 시중을 들었다. 이때 예수께서 열병을 꾸짖으신 것은 시몬의 장모가 열병을 일으키는 귀신에 들렸기 때문이 아니었다. 예수님은 다만 거친 풍랑을 꾸짖으신 것처럼 열병을 의인화시켜 열병을 몰아내는 행위를 생생하게 나타내기 위해 이처럼 행하셨다.

"예수님, 제발 이 사람의 병도 고쳐주십시오. 병을 앓은 지 아주 오래 되었습니다."

날이 저물자, 마을 사람들은 온갖 종류의 병자들을 예수께로 데려와 고쳐주기를 청했다. 그런 병자들을 불쌍히 보시고, 예수께서는 각양각색의 병자들에게 일일이 손을 얹어 그들의 병을 고쳐주셨다. 특히, 귀신 들린 사람들도 빠짐없이 모두 고침 받았다. 예수께서 권능의 말씀으로 귀신을 쫓아내시자, 귀신들은 자신이 사로잡고 있던 그 사람에게서 떠나가면서 크게 외친다.

"아, 아, 당신은 정말로 하나님의 아들입니다!"

영물인 귀신들은 예수가 그리스도(메시아)인 줄 밝히 알고 있었다.

하지만 이때 예수께서는 그런 귀신들을 엄히 꾸짖어 그런 말을 하지 못하게 하셨다. 그 까닭은, 전체적인 메시아 사역의 계획표를 고려할 때 전도사역의 초기인 지금은 예수께서 자신의 메시아 됨을 밝히 드러낼 때가 아니라고 판단하셨기 때문이다.

예수께서 복음을 전하러 두루 다니심 (4:42-44; 막 1:35-39)

시몬(베드로)의 집에서 그날 밤을 묵으신 뒤 다음날 해가 뜨자, 예수께서는 아무도 모르게 홀로 한적한 곳으로 가셨다. 묵상과 기도의 시간을 갖기 위해서였다. 그런데도 이른 아침부터 사람들은 예수님을 찾아 사방으로 두루 다녔다. 그러다가 어렵사리 예수님을 찾자, 그들은 자기들을 떠나지 말아 달라고 간청했다. 예수님의 말씀도 듣고 병 고침도 계속 받기 위해서였다. 하지만 예수께서 그들에게 말씀하신다.

"성의는 고맙지만, 그럴 수는 없습니다. 나는 다른 마을에서도 하나님 나라의 복음을 전해야 합니다. 그 일을 위해 하나님께서 나를 보내셨기 때문입니다."

그렇게 말씀하신 뒤, 예수께서는 가버나움 인근에 있던 시몬의 집을 떠나 유대 땅의 여러 회당들을 두루 다니시면서 하나님 나라의 복음을 부지런히 전하셨다. 이 시기는 첫 번째 갈릴리 지역 전도여행 기간으로 대략 4~5개월 정도다. 당시 갈릴리 지역에는 1만 5천 명 이상의 주민들이 거주하는 큰 마을이 200개 정도로, 인구는 3백만 명에 달했다고 한다.

5

제자를 부르고 병자를 고치심

깊은 데에 그물 드리우고 고기를 잡아라
게네사렛 호숫가에서
그물 깁던 시몬은 예수 말씀대로
그물이 찢어질 듯 많이 잡네

예수께서 첫 번째로 부르신 제자들(5:1-11; 마 4:18-22; 막 1:16-20)

갈릴리 지방을 두루 다니시며 천국 복음을 전하시던 예수님, 하루는 게네사렛 호숫가에서 무리를 향해 설교를 하셨다. 게네사렛 호수는 '디베랴 바다'로도 일컬어지는 '갈릴리 바다'를 가리킨다. '게네세렛'이란 말은, 구약 성경의 '긴네렛'에 해당하는 지역으로, 갈릴리 호수(바다)의 북서쪽에 있는 비옥한 평야지대를 가리킨다. 이곳을 에워싸고 있는 계곡들은 비옥한 충적토(沖積土)로 덮여 있어 따듯한 날씨와 풍부한 물로 밀, 보리, 무화과, 포도, 야채 등의 농작물 재배에 아주 적합했다. 이 지역은 예수님의 초기 전도사역의 중심지였다.

그때에 많은 사람들이 몰려와 예수님을 빙 둘러 에워싼 채 말씀을 듣고 있었다. 말씀을 하시다가 예수께서 보시니, 호숫가에 작은 배 두 척이 있었고 어부들은 배에서 내려 그물을 씻고 있었다. 이에 예수께서 그 배들 중 시몬(베드로)의 배에 오르시고는 그 배를 호숫가에서 조금 떼어놓게 하신 후에 배 위에 앉으셔서 무리를 가르치셨다. 가르침을 다 베푸신 뒤에 예수께서 그 배의 주인 되는 시몬(베드로)에게 말씀하신다.

갈릴리 어부들을 제자로 부르신 예수님

"여보시오, 이제 배를 저어 깊은 데로 나가, 그물을 내려 고기를 잡아보시오."

그러자 시몬이 약간 귀찮다는 듯 시큰둥한 표정으로 대답한다.

"선생님, 저희가 밤새도록 갈릴리 바다 여기저기에 애써 그물을 내렸지만, 지금까지 한 마리도 잡지 못했습니다. 그러니…."

갈릴리 바다에는 엄청난 양의 물고기들이 번식하고 있었다. 요단강 수원지로부터 호수를 거쳐 흘러내려온 맑은 물과 갈릴리 바다 주변의 따뜻한 온천수가 고기들의 번식에 안성맞춤이었기 때문이다. 그런데도 시몬은 밤새 허탕을 친 것이다.

"허허, 밤새 고생했겠구려. 그렇지만 내 말대로 한번 해보시오."

"좋습니다. 선생님께서 그리 말씀하시니, 제가 깊은 데로 나가 다시 한 번 더 그물을 내려 보겠습니다."

예수님의 말대로, 시몬이 배를 저어 깊은 데로 나가 그물을 던졌다. 밑져도 그만이라는 식으로 그물을 휙 던진 후에 무심코 다시 건져 올리려 했다. 앗, 그런데….

"아니! 그물을 건져 올릴 수가 없다! 이게 어찌 된 일이지?"

그물이 무거워 시몬 혼자의 힘으로는 물 밖으로 건져 올릴 수가 없었다. 얼핏 보니, 그물 안에는 펄떡이는 고기들의 하얀 뱃살로 가득 찼다. 그렇다. 굵직한 고기들로 가득 차서 그물이 찢어질 정도로 엄청난 양의 고기가 잡혔던 것이다. 기적이었다!

다른 많은 기적들처럼, 이 기적도 예수께서 자신의 능력을 보여줌으로써 기적을 통해 자신을 믿도록 하기 위함이었다. 특히 이 기적은 어부들에게는 가슴에 깊숙이 와 닿는 실제적인 기적이었다. 이제 곧 예수께서 어부들에게 '이제 후로는 사람을 낚는 어부가 되리라'고 말씀하셨을 때, 차고 넘치도록 풍성하게 고기를 잡은 이 기적은, 장차 그들의 전도사역이 어떠할 것인지를 시각적으로 보여주는 장면이었다.

"여보게들! 이리 와서 나를 좀 도와주게! 그물이 무거워 건져 올릴 수가 없다네! 어서들 이리 오게!"

시몬은 크게 흥분하여 벌겋게 상기된 표정으로 다른 배에 탄 동료들에게 큰 소리를 쳐서 도움을 청했다. 그러자 동료들이 얼른 배를 저어 다가와서는 서로 힘을 합쳐 끙끙대며 그물을 물 밖으로 건져 올렸다. 그물 안에서 수많은 고기들이 펄떡거렸다. 그런 고기들을 그물 밖으로 끄집어내니, 두 배가 고기들로 가득 찼다. 고기가 너무 많아서 배가 가라앉을 지경이었다. 이 같은 놀라운 광경을 보고, 시몬이 뭔가를 번쩍 깨달은 듯 예수님 앞에 무릎을 꿇고 말한다.

"오, 주님, 제게서 떠나주십시오. 저는 너무나 죄 많은 사람입니다."

이때 시몬의 동료로서 세베대의 아들들인 야고보와 요한도 크게 놀라기는 마찬가지였다. 세 사람은 도무지 믿기지 않는 기적 앞에 어안이 벙벙해질 정도였다. 그때에 예수께서 시몬에게 말씀하신다.

"두려워하지 마시오. 이제부터 당신은 사람을 낚는 어부가 될 것이오. 그러니 나를 따르시오."

예수께서 공식적으로 시몬을 자신의 제자로 부르시는 장면이다. 그러자 시몬을 비롯하여 세베대의 아들들인 야고보와 요한, 이들 세 사람은 자신들의 배를 호숫가에 댄 뒤에 모든 것을 버려두고 즉시 예수님을 따랐다. 이후로 이들 세 사람(베드로, 야고보, 요한)은 예수님의 주요 제자들이 되어 예수께 많은 가르침을 받은 뒤 아주 유능한 사람 낚는 어부들이 된다. 천국 복음을 널리 전하여 무수한 사람들을 구원의 길로 인도하는 강력한 전도자들이 된다.

예수께서 나병환자를 고치심 (5:12-16; 마 8:1-4; 막 1:40-45)

하루는 예수께서 어느 마을에 들어가셨을 때 온몸이 나병으로 문드러진 사람을 보셨다. 그 나병환자는 예수님을 보자마자 예수님 앞에 납작 엎드려 자신의 병을 고쳐 달라고 애원한다. 유대인들에게 있어 나병은 천형(天刑)으로 여겨졌다. 그래서 나병환자는 부정한 자로 간주되어 사회 공동체에서 추방되어 격리된 곳에서 따로 살아가야 했다. 또한 스스로를 가리켜 자신은 부정한 자라고 소리침으로써 다른 사람들의 접근을 막아야 했다. 그만큼 가련한 자였다. 그러니 얼마나 자신의 병에서 벗어나고 싶었을까!

"오, 주님, 이 몸을 고쳐주십시오! 주님이 원하시기만 하면, 저를 깨끗하게 해주실 수 있습니다."

예수께서 그 나병환자를 불쌍히 여기셨다. 그래서 손을 내밀어 그를 부드럽게 만지시며 말씀하신다. 사실, 율법은 나병환자와의 접촉을 엄격히 금했다. 그러나 모든 율법의 완성자이신 메시아 예수께서는 친히 손을 내밀어 나병환자를 어루만짐으로써 병들고 연약한 자에 대한 자신의 풍성한 긍휼과 사랑을 나타내셨다.

"그러하다! 지금 내가 원하노니, 당신은 깨끗하게 되시오."

예수님의 말씀이 떨어지자마자, 나병환자의 병이 즉시 치유되었다. 나병환자는 깨끗하게 된 자신의 몸을 신기한 듯 이리저리 만지며 큰 기쁨에 겨워 어쩔 바를 모르고 있었다. 그런 자를 흐뭇하게 보시며 예수께서 당부하신다.

"이 일을 아무에게도 알리지 말고, 곧장 제사장에게로 가서 당신의 몸을 보이시오. 그런 뒤에 모세 율법에 기록된 대로 하나님께 예물을 드려 당신이 깨끗하게 된 사실을 확증하도록 하시오."

유대인 사회에서 치유받은 나병환자는 가장 먼저 제사장에게로 가서 자신의 나은 몸을 보여야 했다. 그런 까닭은, 모세 율법의 규정에 따라 제사장을 통해 부정함을 씻는 정결의식을 치르기 위해서였다. 이때 제사장은 규정된 여러 의식을 치름으로써 그 나병환자가 깨끗하게 되었음을 공식적으로 선언했고, 그런 뒤에는 치유받은 그 나병환자를 위해 모세 율법에 규정된 대로 하나님께 제사(속건제, 속죄제, 번제, 소제)를 드려야 했다.

예수께서는 자신의 치유 기적이 널리 알려지기를 원치 않으셨다. 사람들이 자신의 말씀에 주목하기보다는 병을 고치는 기적만을 요구할 수 있었기 때문이다. 하지만 어떻게들 알았는지, 그 나병환자의 치유 소식은 금세 널리 퍼져나갔고, 사람들은 예수님에 관한 소문을 전해 듣고는 자기들의 병도 고침 받기 위해 떼를 지어 예수께로 몰려들었다. 사정이 이러했기에, 예수께서는 몰려드는 사람들을 피해 때때로 한적한 곳으로 물러나셨다. 눈코 뜰 새 없이 바쁜 전도 사역 가운데서도 조용한 장소에서 하나님께 홀로 기도하시기 위해서였다.

예수께서 중풍병자를 고치심 (5:17-26; 마 9:1-8; 막 2:1-12)

이 날도 예수께서는 평소처럼 사람들에게 천국 복음을 전하며 부지런히 가르침을 베풀고 있었다. 그런데 그 날 그 자리에는 갈릴리 지방과 유대 땅의 여러 동네와 멀리 예루살렘에서부터 내려온 바리새파 사람들(바리새인들)과 율법 교사들(서기관들)이 앉아 있었다. 이들은 당시 유대의 종교 지도자들이었다.

'사람들이 열광하는 이유가 도대체 뭐지? 예수가 대체 무슨 말을 하는지 어디 한번 들어나 보자.'

예수에 관한 소문이 나날이 널리 퍼지고 예수의 대중적인 인기가 날로 높아져 가자, 유대의 종교 지도자들은 자연히 경계심이 생겼다. 그들은 예수를 문외한 취급했다. 근본을 알 수 없고 교육도 받지 못한 시골뜨기 나사렛 출신의 한 사내가 오랜 전통과 권위를 지닌 자신들의 종교적 영역에 감히 노선하고 있다고 생각한 것이다.

그 날도 하나님의 능력이 예수님과 함께 하고 있었으므로, 예수님은 힘 있게 말씀을 가르치는 동시에 뭇사람들의 병을 능히 고치셨다. 그때 몇몇 사람들이 중풍병자 한 사람을 침상에 누인 채로 데려와서는 예수께 그 사람을 보이려 했다.

"아, 사람이 너무 많아 아무래도 예수님께 가까이 갈 수 없겠다. 여보게들, 지붕으로 올라가, 거기서 아래로 내리도록 하세!"

중풍병자가 누워 있는 침상을 멘 자들은 예수님 주변에 몰린 사람들이 너무도 많아 도저히 그들을 헤치고 예수님께 나아갈 수가 없게 되었다. 그러자 그들은 지붕 위로 올라가, 지붕의 기와를 벗겨내고 그 중풍병자를 침상째로 예수님 앞에 달아 내렸다.

그런데 그들은 어떻게 지붕에서 곧바로 방안으로 침상을 달아 내릴 수 있었을까? 당시 유대인의 가옥 구조를 살펴볼 때, 지붕에 구멍을 뚫어 침상을 달아 내리는 일은 오늘날 우리가 생각하는 것처럼 그리 어려운 일은 아니었다. 고대에 팔레스타인의 가옥 지붕은 바깥쪽으로 난 계단을 통해 쉽게 오를 수 있었다. 지붕은 평평한 형태였는데, 보통 나무 들보를 골조 삼아 짚으로 엮어 그 위에 놓고 흙으로 채웠다. 또는 들보 위에 기와를 놓고 짚과 흙으로 덮기도 했다.

따라서 중풍병자를 멘 사람들은 바깥 계단을 통해 지붕에 오른 다음, 흙과 짚과 판자 등을 뜯어내어 커다란 구멍을 낸 후에 드러난 들보

지붕을 뚫고 달아 내려지는 한 중풍병자

사이로 그 중풍병자를 달아 내렸던 것이다. 놀랍게도 지붕을 통해 중풍병자가 침상에 누인 채 내려오자, 예수께서는 그런 행위를 한 자들의 믿음을 보시고, 그 중풍병자에게 말씀하신다.

"이 사람아, 당신의 죄가 용서받았소."

이 말을 듣고, 예수님 근처에 있던 바리새파 사람들과 율법 교사들이 아주 불쾌하다는 듯 서로 수군거린다.

"아니, 세상에! 하나님을 모독하는 말을 저렇게 함부로 하다니! 저 사람이 대체 누구란 말인가? 하나님 외에, 누가 사람의 죄를 감히 용서할 수 있단 말인가!"

"맞소! 저 사람이 참람한 말을 하였소. 자신이 마치 하나님인 양 행세하다니!"

바리새파 사람들과 율법 교사들이 벌겋게 상기된 표정으로 이렇게 수군대자, 예수께서 그들의 생각을 아시고 그들에게 말씀하신다.

"당신들은 왜 그런 불신의 마음을 품고 있는 것이오? '당신의 죄가 용서받았소.'하고 말하는 것과 '일어나, 걸어가시오!'하고 말하는 것 중에 어느 쪽이 말하기가 더 쉽겠소?"

과연, 어느 쪽이 더 쉬운가? 죄 용서의 능력과 병 고침의 사역 중에서 무엇이 더 쉬운가? 얼핏 보기엔 '죄 용서를 받았다'란 말이 말하기엔 더 쉽게 보일 수 있다. 그것은 외적 증거가 요구되지 않는 일이기 때문이다. 그러나 '일어나 걸어가라'는 말은 외적 증거가 분명히 요구되는 일이기 때문에 더 어렵게 여겨질 수 있다.

하지만 실제로는 죄 용서를 베푸는 일이 한층 더 어렵다. 왜냐하면 병 고침의 사역은 하나님의 선지자들도 할 수 있는 일이지만, 죄 용서를 베푸는 일은 오직 하나님만이 할 수 있기 때문이다. 그런데 여기서 예수님이 말씀하고자 하신 바는 둘 중 어느 쪽이 더 쉬운가를 가리는 데 있는 것이 아니고, 둘 다 어렵다는 사실을 전제로 한 것이다. 그럼에도 예수님은 둘 다 능히 행하실 수 있는 신적 권세가 있음을 나타내 보이신 것이다. 예수님의 말씀이 이어진다.

"보시오, 당신들은 인자가 땅 위에서 죄를 용서할 권세를 가지고 있음을 분명히 알아야 하오. 내가 그것을 보여주겠소."

그러고서 예수께서는 침상에 누워 있는 그 중풍병자를 향해 힘 있게 말씀하신다.

"내가 지금 당신에게 말하겠소. 당신은 일어나, 당신이 누워 있던 침상을 들고 당신 집으로 가시오!"

그러자 놀라운 일이 일어났다! 모든 사람들이 지켜보는 가운데 그 중풍병자가 벌떡 일어났다. 언제 아팠느냐 듯 건강한 몸이 되어 지금껏 누워 있던 자기 침상을 번쩍 들고 하나님을 찬양하며 자기 집으로 돌아갔다. 그런 광경을 보고, 사람들은 너나 할 것 없이 모두가 큰 놀라움과 두려움에 사로잡혀 하나님을 찬양하며 말한다.

"와! 오늘 우리가 정말로 굉장한 일을 보았다."

예수께서 레위를 제자로 부르심(5:27-32; 마 9:9-13; 막 2:13-17)

그 후 어느 날, 예수께서 마을을 떠나오시다가 '레위'라는 이름을 가진 한 세리가 세관에 앉아 있는 것을 보셨다. 레위는 본명이었고,

회심 이후에 예수님의 제자가 된 후로는 '마태'로 불렸다. 그는 가버나움에 있던 로마 세관의 직원이었다. 당시 가버나움은 로마 군대가 상주해 있을 정도로 중요한 도시였는데, 북쪽으로는 수리아 지방으로, 남쪽으로는 유대와 이집트 지방으로 나아갈 수 있는 교통의 요충지였다. 그런 환경으로 인해 그곳에는 오가는 상인들을 대상으로 통관세를 징수하기 위해 로마의 세관이 설치되어 있었다. 예수님은 잠시 레위를 주의 깊게 보시고는, 그를 향해 말씀하신다.

"자, 일어나 나를 따르시오!"

레위는 오랜 세월 동안 그 말씀을 기다리고 있었다는 듯 자리에서 벌떡 일어나, 모든 것을 버려둔 채 즉시 예수님을 따랐다. 이로 볼 때 레위는 평소에 예수님에 관한 소문을 듣고 그분의 제자가 될 마음의 준비를 단단히 갖추고 있었음에 틀림없다. 이때 레위는 예수님을 위해 자기 집에서 큰 잔치를 베풀었다. 말하자면, 세관 동료들과 작별하는 송별 잔치이자, 예수님의 제자가 된 것을 기뻐하는 기념 잔치였다.

레위가 베푼 잔치에는 레위의 동료들인 세리들을 비롯하여 많은 사람들이 참석했다. 그들은 다함께 한 자리에 앉아서 웃고 떠들며 즐겁게 먹고 마셨다. 그런 광경을 보고, 바리새파 사람들과 율법 교사들이 불쾌한 표정을 지으며 예수님의 제자들을 비방한다. 예수님도 들으라는 소리다.

"당신들은 부끄럽지도 않소? 어찌하여 세리들이나 죄인들과 어울려 함께 먹고 마시는 것이오?"

세리들은 당시 유대인들을 지배하던 로마 정부와 결탁하여 동족에게서 세금을 징수했기 때문에 경멸과 미움을 받던 계층이었다. 게다가 세리들 가운데는 지정된 액수의 세금만 로마 정부에 지불하고, 그 외 자신들의 주머니를 채우기 위해 종종 과잉 징수를 하던 자들이 많았다. 따라서 그런 세리들과 어울리게 되면 똑같은 부류의 사람으로 간주되어 비난과 경멸의 대상이 되었다. 그래서 바리새파 사람들과 율법 교사들의 비난을 듣고 제자들이 우물쭈물하며 제대로 답변하지 못했다. 그때, 예수께서 비난하는 자들을 향해 말씀하신다.

"모두 들으시오. 건강한 사람에겐 의사가 필요하지 않소. 그러나 병든 사람에겐 의사가 필요한 법이오. 나는 의인들을 부르러 이 땅에 온 것이 아니라, 죄인들을 불러 회개시키려고 왔소."

'건강한 사람'이란 스스로를 의인이라 여기는 바리새파 사람들과 율법 교사들 같은 어리석고 교만한 자들을 가리킨다. 반면, '병든 사람'이란 스스로를 죄인이라 여기는 비천하고 겸손한 자들을 가리킨다. 참된 영혼의 의사이신 예수님은 영혼이 병든 죄인들을 치유하기 위해 이 땅에 오신 것이다.

금식에 대해 예수께 질문함 (5:33-39; 마 9:14-17; 막 2:18-22)

레위가 베푼 잔치에서 예수님과 제자들이 먹고 마실 때, 사람들이 예수께 묻는다.

"선생님, 세례 요한의 제자들은 자주 금식하면서 기도하고, 바리새인의 제자들도 역시 그렇게 합니다. 그런데 선생님의 제자들은 왜 금식하지 않고 이렇게 먹고 마시기만 합니까?"

신약시대의 유대인들에게는 일년에 네 차례 공적인 금식일이 있었다. 예루살렘이 포위된 날(10월 10일), 예루살렘이 함락된 날(4월 9일), 예루살렘 성전이 파괴된 날(5월 7일), 그리고 유다 총독 그다랴(그달리야)가 살해된 날(7월 2일). 이 외에도 바리새인들은 일주일에 두 번 금식했다. 모세가 시내산에 올라간 날(목요일), 모세가 시내산에서 내려온 날(월요일).

그 밖에도 예수님 시대에 세례 요한의 제자들 같은 경건한 사람들은 수시로 금식했다. 이 같은 상황을 두고, 사람들이 예수님께 질문한 것이다. 그러자 예수께서 비유를 들어 대답하신다.

"허허. 나의 제자들이 먹고 마시기만 하고 금식을 하지 않는다고요? 당신들은 결혼 잔치에 참석한 신랑의 친구들에게 금식을 시킬 수 있소? 하지만 머잖아 신랑을 빼앗길 날이 올 터인데, 그때엔 그들도 기꺼이 금식할 것이오."

이 비유에서 '신랑'은 예수님이고, '신랑의 친구들'은 예수님의 제자들이며, '신랑을 빼앗길 날'은 예수께서 십자가에 매달려 죽게 될 날을 가리킨다. 그리고 '결혼 잔치'는 예수께서 살아계실 때 베푸시는 천국 복음의 향연을 가리킨다. 그러니까 예수님의 말씀인즉, 금식해야 할 때가 있는가 하면 먹고 마셔야 할 때도 있음을 가르치신 것이다. 다시 말해, 어떤 의식이나 관습에 얽매여 금식을 해서는 안 된다는 것이다. 이어 예수님은 또 다른 비유를 들어 사람들에게 말씀하신다.

"낡은 옷을 기우려고 새 옷에서 천 조각을 베어내는 사람은 없소. 그러면, 새 옷이 못 쓰게 될 뿐만 아니라 낡은 옷에도 새로운 천 조각이 전혀 어울리지 않기 때문이오. 또한 새 포도주를 낡은 가죽부대에 담는 사람도 없소. 그렇게 하면, 낡은 가죽부대가 터져 포도주가 다 쏟아지고 부대까지 버리게 될 것이기 때문이오. 새 포도주는 새 부대에 담아야 하는 법이오."

낡은 옷과 낡은 가죽부대는 유대인들(특히, 바리새인들이나 서기관들 같은 유대의 종교 지도자들)의 낡은 전통이나 율법주의를 가리키고, 새 옷과 새 포도주는 예수께서 베푸시는 천국 복음을 가리킨다. 예수님의 말씀인즉슨, 새 포도주의 강렬한 발효성처럼 힘찬 생명력 있는 복음을 마치 낡은 가죽부대 같은 유대인들의 케케묵은 전통이나 율법주의의 틀에 담아서는 안 된다는 가르침이다.

정말 그렇다. 당시 가죽부대는 액체를 담는 병이었다. 동물 가죽을 재료 삼아 기워져 유연성 있는 가방의 형태로 만들어졌다. 처음 만들어진

새 가죽부대는 부드럽고 신축성이 좋았지만, 오래되고 낡으면 신축성이 떨어져 쉽게 터졌다. 새 포도주는 발효 과정에서 가스를 내뿜고 팽창하는 성질이 있기 때문에 그것을 수용하기 위해서는 가죽부대도 늘어나야만 했다. 그러나 이때 신축성 없는 낡은 가죽부대는 새 포도주의 발효 과정을 견디지 못하고 터져버렸다. 이제 예수님은 비유의 말씀을 마무리 지으신다.

"묵은 포도주를 마신 사람은 새 포도주를 마시려 하지 않소. 그들은 으레 '묵은 것이 좋다'고 말하면서 새로운 것을 거들떠보지도 않소."

낡은(오래된) 전통이나 율법주의의 맛에 길들여진 사람들은 예수께서 베푸시는 '천국 복음'이란 아주 달고도 오묘한 새 포도주를 마시려 들지 않고, 그것을 무조건 거절하고 배척하면서 자신들의 낡은(묵은) 것, 곧 대대로 내려오는 장로들의 전통이나 관습, 율법주의나 형식주의만 좋다고 주장한다는 뜻이다. 참으로 놀랍고도 생명력 넘치는 복음을 거들떠보지도 않는 자들을 안타깝게 바라보면서 예수님이 답답한 심정을 토로하신 말씀이다.

6

안식일의 의미와 열두 사도

좋은 나무에 좋은 열매 맺고
나쁜 나무에 나쁜 열매 맺네
내 말대로 실천하는 자들은
반석 위에 집을 짓는 자와 같으리라

안식일의 주인 (6:1-5; 마 12:1-8; 막 2:23-28)

어느 안식일, 예수님과 제자들이 밀밭 사이를 지나가고 있었다. 그때 배가 고팠던 예수님의 제자들이 밀 이삭을 잘라 손으로 비벼 먹었다. 이 같은 제자들의 행위는 율법에서 허락된 정당한 행위였다. 모세 율법은 이렇게 명시해 놓고 있다. "만일 배가 고프면, 이웃의 곡식밭에 들어가 손으로 이삭을 잘라 먹어도 괜찮습니다. 그러나 낫으로 이웃의 곡식을 베어가서는 안 됩니다"(신 23:25).

때마침 제자들의 그런 모습을 보게 된 바리새파 사람들 몇 명이 아주 불쾌한 표정을 지으며 제자들에게 따져 묻는다.

"아니, 안식일에 밀 이삭을 비벼 먹다니! 당신들은 어째서 안식일에 해서는 안 되는 일을 하는 거요?"

안식일에 밀밭에서 이삭을 잘라 손으로 비벼 먹은 예수님의 제자들, 그들은 바리새인들이 만들어 놓은 안식일의 세부 규정을 어긴 것이다.

모세 율법은 안식일에 일하는 것을 금했다. 그런데 바리새인들은 그것을 사소한 율법주의로 규정해 놓았다. 그들은 안식일에 소량의 곡물을 꺾는 것과 그것을 손으로 비비는 행위를 추수와 타작의 행위로 간주하고, 안식일을 어기는 죄로 규정해 놓았다. 본래 하나님은 안식일을 복된 날로 만드셨지만, 이처럼 바리새인들은 짐으로 바꾸어 버렸다.

안식일에 예수님의 제자들이 그런 규정을 어기자, 딱 좋은 꼬투리를 잡았다는 듯 따지고 드는 바리새인들의 공격에 예수께서 대답하신다.

"당신들은 성경에서 다윗과 그의 부하들이 시장했을 때 행한 일을 읽어보지도 못하였소? 그때 다윗은 성막에 들어가서 오직 제사장들만 먹을 수 있는 진설병을 가져다가 먹고, 자신을 따르는 부하들에게도 나누어 주었소."

그랬다. 구약시대에 다윗과 그의 부하들은 사울 왕의 무고한 핍박을 피해 급히 도망하느라 몹시 배가 고팠다. 그런 때에 그들은 놉 땅의 대제사장인 아히멜렉의 도움으로 성막에 비치된 진설병을 먹었다. 진설병은 성막 내 성소에 있는 상(床) 위에 차려놓은 12개의 빵을 말하는데, 매 안식일마다 새 빵으로 교체해야 했다.

율법에 따르면, 이때 거두어들인 빵은 제사장들만 먹을 수 있었다. 하지만 그때 제사장이 아닌 다윗과 그의 부하들은 진설병을 먹고도 죽지 않았다. 이는 율법의 근본정신이 규정이나 문자 자체에 있는 것이 아니고, 사랑과 긍휼과 공의에 있음을 보여준다. 이처럼 다윗의 예를 들어 답변하신 뒤, 예수께서 덧붙여 말씀하신다.

"보시오, 인자는 안식일의 주인이라오."

앞서 마가(Mark)는 자신이 쓴 책 마가복음에서 예수님의 말씀을 좀 더 구체적으로 기록해 놓았다.

"안식일이 사람을 위해 만들어진 것이지, 사람이 안식일을 위해 만들어진 것이 아니란 말이오. 인자는 안식일의 주인이라오."

바리새인들은 자신들이 만들어 놓은 안식일의 사소한 규례에 집착하는 탓에 안식일의 더 깊고 소중한 핵심 진리를 보지 못했다. 이에 예수님은, 태초에 아버지 하나님과 함께 안식일을 제정하신 안식일의 주인 된 자의 자격과 권위로서 무엇이 안식일에 진정 소중한 것이고, 무엇이 그렇지 않은지를 분명히 일깨워주셨다.

예수께서 손 오그라든 사람을 고치심 (6:6-11; 마 12:9-14; 막 3:1-6)

또 다른 안식일, 예수께서 회당에 들어가 가르치고 계실 때였다. 그 자리에는 오른손이 오그라든 사람이 있었다. 그러니까 자랄 때에 오른손의 성장이 중지되어 근육이 위축된 자다.

호시탐탐 예수를 고발할 구실을 찾으려고 혈안이 된 바리새파 사람들(바리새인들)과 율법 교사들(서기관들), 그들은 예수가 과연 안식일에 그 사람을 고쳐주실 것인지, 아니면 그렇게 하지 않을 것인지, 가까이에서 핏발 선 눈으로 줄곧 지켜보고 있었다. 암울하고 절망적인 세월을 보냈을 동족의 고통에는 전혀 관심이 없었다. 예수께서는 그들의 불순한 의도와 생각을 이미 다 알고 계셨다. 그럼에도 불구하고 예수께서 오른손이 오그라든 그 사람에게 말씀하신다.

"자, 일어나 사람들 앞으로 나오시오."

그 사람은 기대에 가득 찬 들뜬 표정으로 자리에서 일어난 뒤, 앞으로 나와 사람들 앞에 섰다. 그러자 예수께서 바리새파 사람들과 율법 교사들에게 말씀하신다.

"당신들에게 한 가지 물어 보겠소. 안식일에 선한 일을 행하는 것이 옳소, 아니면 악한 일을 하는 것이 옳소? 사람을 살리는 것이 옳소, 아니면 사람을 죽이는 것이 옳소?"

"그, 그게…. 그러니까…."

정답은 너무나 명확했다. 그러하기에 유대의 종교 지도자들은 당혹감에 얼떨떨하여 뭐라고 얼른 답하지 못하고 우물쭈물했다.

그러자 예수께서는 회당에 모여 있는 사람들을 하나하나 찬찬히 둘러보신 뒤, 앞에 서 있는 그 사람에게 말씀하신다.

"자, 이제 당신의 손을 쭉 펴보시오."

"네. 아, 아앗, 손이… 손이… 내 손이 펴진다!"

오랜 세월 동안 오그라져있던 그 사람의 오른손이 거짓말처럼 쭉 펴졌다. 고침 받은 사내는 물론이고 회당에서 그 광경을 목격한 사람들은 온통 흥분으로 들떴다. 기적을 체험한 적이 없는 사람들에게 눈앞에서 펼쳐진 기적은 놀랍고도 신기했다.

그런데 바리새파 사람들과 율법 교사들은 그런 모습을 보고 함께 기뻐하기는커녕 크게 성을 냈다. 예수에게 시비 걸려고 작정한 자신들의 처지가 아주 초라해졌기 때문이다. 그래서 그들은 아예 예수를 죽일 방법을 서로 의논하기 시작했다.

예수께서 열두 제자를 세우심 (6:12-19; 마 10:1-4; 막 3:13-19)

어느 날 저녁 무렵, 예수께서는 제자들을 남겨두고 홀로 산에 올라가 밤새도록 열심히 기도하셨다. 날이 밝자, 제자들에게로 돌아오신 예수님은 제자들을 모두 부르신 후에 그들 가운데서 열두 명을 사도로 세우셨다. 이때 예수께서 세우신 열두 사도는 이러하다.

① '베드로'라고 이름을 새로 지어주신 시몬(일명, 게바) ② 베드로의 동생인 안드레 ③ 세베대의 아들이며 요한의 형인 야고보 ④ 역시 세베대의 아들이며 야고보의 동생인 요한 ⑤ 빌립(베드로, 안드레와 함께 갈릴리 지역의 벳새다 출신으로, 나다나엘을 예수께로 인도함) ⑥ 바돌로매(일명, 나다나엘) ⑦ 마태(일명, 레위) ⑧ 도마(일명, 디두모) ⑨ 알패오의 아들 야고보 ⑩ 열심당원(가나나인) 시몬 ⑪ 야고보의

아들 유다(일명, 다대오) ⑫ 나중에 예수님을 배반한 가룟 유다.

예수님의 12사도와 관련해서, 당시의 정치적 상황을 잠시 살펴보자. 당시 이스라엘은 로마에 의해 식민지 통치를 당하던 시절이었다. 이 시대에 이스라엘을 이끌던 주요 종교 집단으로는 바리새파, 사두개파, 에세네파 등이 있었고, 로마의 통치에 저항하는 주요 정치 집단으로는 셀롯파와 시카리파 등이 있었다.

여기서 셀롯파(Zelotes)는 '열심당'이란 뜻이고, 헬라어로는 '카나나이오스'이며, 아람어로는 '카나나'다(개정판 한글성경엔 '가나나'로 번역되었음). 시카리파(The Sicarii)는 '단검을 지닌 자'란 뜻을 지닌 라틴어 시카리우스(Sicarius)에서 유래된 명칭으로 '자객'을 의미한다.

12사도 중 10번째 소개된 시몬은 셀롯파에 속한 열심당원이었고, 12번째 소개된 유다는 시카리파에 속한 인물이었다. 유다 앞에 표기된 '가룟'이란 한글식 단어는 지역 이름이 아니라 '셀롯'처럼 정치적 당파 이름으로, '시카리'에서 비롯된 '이스카리옷(Iscariot)'이다(어떤 학자들은 '가룟'을 유다가 태어난 마을 '그리욧'을 가리킨다고 해석한다).

예수님은 자신을 따르는 많은 제자들 가운데 특별히 12명을 따로 뽑아 사도로 세우셨다. 제자와 사도는 차이가 있다. 제자는 예수님에게 가르침을 받고 따르는 자이고, 사도는 예수님의 대리인으로 특별한 사명을 위임받은 자다.

따라서 이때 제자들 중 특별히 선택받은 12명은 예수님의 대리인으로 특별히 사명을 위임받은 사도들이다. 후일 그들은 예수님의 대리자로서 초대교회를 이끈 지도자들이 되었다(단, 가룟 유다는 예수님을 배반하였기에 사도의 반열에서 탈락되었고, 제비뽑기를 통해 '맛디아'가 그 자리를 대신하게 된다).

12사도를 세우신 뒤, 예수께서 12사도와 함께 산에서 내려오시자,

예수님을 따르는 수많은 사람들이 그곳에 모여 있다가 예수님 일행을 둘러쌌다. 그들은 유대 전역과 예루살렘, 그리고 해안 지방인 두로와 시돈에서부터 예수님의 말씀을 듣기 위해 오거나, 병을 고치려고 몰려온 사람들이었다.

"자, 자, 모두 질서를 지켜주시고, 한 사람씩 앞으로 나와 주세요."

예수께서는 자신에게로 몰려든 사람들을 긍휼히 여기시고, 그들에게 치유의 은총을 베풀어 주셨다. 사람들의 질병뿐만 아니라, 귀신들린 자들까지도 말끔히 고쳐주셨다. 그렇게 되자, 사람들마다 예수님을 한번이라도 더 만지려고 야단이었다. 예수님을 만지기만 해도, 예수님에게서 치유의 능력이 흘러나와 자신들을 모두 낫게 했기 때문이다.

예수께서 복과 화의 교훈을 베푸심 (6:20-26; 마 5:1-12)

하루는 예수께서 눈을 들어 제자들을 찬찬히 둘러보시고는, 입을 열어 그들을 향해 가르침을 베푸신다. 기존의 종교 지도자들에게서는 전혀 들어보지 못한 놀라운 천국 복음의 가르침이었다.

"가난한 자들은 복이 있다. 하나님 나라가 그들의 것이기 때문이다. 굶주린 자들은 복이 있다. 그들이 배부르게 될 것이기 때문이다. 슬퍼하는 자들은 복이 있다. 그들이 기뻐하며 웃을 날이 올 것이기 때문이다."

신선하고 놀라운 가르침에 무리들은 귀를 쫑긋 기울여 주의 깊게 듣는다. 예수님의 가르침은 간단하고 명료했다. 현실적인 삶에 있어 실제로 힘과 위로가 되는 말씀이었다. 말씀은 이어진다.

"너희가 나의 제자라는 이유로 사람들에게서 미움을 받고 배척을 당하고 욕을 먹고 억울하게 누명을 쓴다면, 그런 자들은 복이 있다. 그러므로 그런 일이 너희에게 일어나거든, 슬퍼하거나 낙담하지 말고 도리어 기뻐하고 즐거워하라. 장차 하늘나라에서 큰 상을 받을 것이기 때문이다. 생각해 보라. 옛적 하나님의 선지자들도 그런 일을 모두

예수께서 복과 화에 대한 교훈을 베푸시다

당하지 않았느냐!"

예수님의 가르침은 가히 획기적이었다. 하지만 예수님은 기존의 가치 체계를 뒤엎으신 것이 아니다. 뒤틀려진 것을 올바로 세우신 것이다. 당시 사람들은 부자들이나 권력자들이 하나님께 더욱 크고 많은 복을 받았다고 생각했다. 예수님은 그와 같은 당대의 잘못된 전통적인 개념을 깨뜨린 것이다.

예수님은 물질적인 것들은 단지 일시적인 것일 뿐 영원한 것이 아님을 일깨워주셨다. 또한 현재의 빈부 상태가 하나님의 복이나 저주의 표시가 아님을 강조하셨다. 더 나아가 예수님은 가난, 슬픔, 핍박 등이 저주나 고통이 아니라 영적으로는 더욱 유익할 수도 있음을 일깨워주셨다. 그런 상태에 놓인 자들이 더욱 자신을 낮추고 하나님을 의지할 가능성이 높기 때문이다. 예수님의 가르침은 계속된다.

"그러나 부유한 자들은 화가 있다. 그들은 이 세상에서 이미 온갖 복을 다 누렸기 때문이다. 배부른 자들은 화가 있다. 머잖아 굶주리게 될 날이 올 것이기 때문이다. 웃고 있는 자들은 화가 있다. 장차 슬퍼하며 통곡할 날이 올 것이기 때문이다. 사람들에게 칭송을 받는 자들은 화가 있다. 예전부터 거짓 선지자들도 언제나 사람들에게 그렇게 칭송을 받았기 때문이다."

바로 직전에 베푸신 가르침, 곧 가난한 자들, 굶주린 자들, 슬퍼하는 자들, 미움받고 배척을 당하는 자들이 복되다고 하신 말씀에 대비되는 가르침이다. 따라서 가르침의 교훈도 같다. 영적 차원에서 고려해볼 때, 부유하고 배부르고 웃고 칭송받는 자들은 스스로 교만하여 자칫 하나님을 망각하기 쉽다. 따라서 그들의 자랑거리가 결국엔 화가 될 수 있다는 교훈이다.

부유하고 배부르고 웃고 칭송받는 것 자체가 잘못된 것이거나 화가 되는 것은 아니다. 이와 마찬가지로 가난하고 굶주리고 슬퍼하고 미움받고 배척당하는 것 자체가 옳은 것이거나 복이 되는 것도 아니다. 문제는, 자신이 처한 상태가 아니라, 그런 상태에서 하나님께 대해 어떤 자세를 취하느냐인 것이다. 결론은 이것이다. 어떤 처지에 놓여 있든, 하나님을 신뢰하는 자는 복을 받게 되고, 세상의 물질이나 권세를 신뢰하면 화(禍)를 입게 된다.

원수를 사랑하라 (6:27-36; 마 5:38-48)

"내 말을 듣고 있는 너희에게 말한다. 마음에 새겨듣도록 하여라. 너희는 너희 원수를 사랑하여라. 너희를 미워하는 사람들에게 선을 행하도록 하라. 너희를 저주하는 사람들에게 복을 빌어주고, 너희에게 해를 끼치는 사람들을 위해 기도하여라."

훗날 예수님은 십자가 위에서 자신을 못 박은 자들을 위하여 용서의 기도를 하심으로써 자신의 가르침에 대해 몸소 실천하셨다. 그래서 기독교는 사랑과 용서의 종교다. 가르침은 이어진다.

"만일 누가 네 한쪽 뺨을 치거든 다른 쪽 뺨까지도 돌려대고, 네게 겉옷을 달라 하거든 속옷까지도 주어라. 또 네게 구하는 사람들에게는 주고, 누가 네 것을 가져가거든 도로 찾으려고 애쓰지 말라. 남이 네게 해주기를 바라는 대로, 네가 먼저 남에게 그렇게 해주어라."

예수님의 가르침은 참으로 놀랍다. 기존의 종교 지도자들이나 세상 사람들의 일반적인 가르침과는 확연히 달랐다. 예수님은 하늘나라의 시민 된 백성들이 이 땅 위에서 마땅히 행해야 할 윤리를 가르치신 것이다. 그것은 비폭력이요 배려요 베풂이요 솔선수범이었다.

"너희가 만일 너희를 사랑하는 사람들만 사랑한다면 그것이 무슨 칭찬거리가 되겠느냐. 죄인들도 다들 그렇게 하지 않느냐. 너희가 너희에게 잘해주는 사람들에게만 잘해준다면 그것이 무슨 칭찬거리가 되겠느냐. 죄인들도 다들 그렇게 하지 않느냐. 또 되돌려 받을 수 있는 사람들에게만 돈을 꾸어준다면 그게 무슨 칭찬거리가 되겠느냐. 악한 사람들도 되돌려 받을 수 있는 사람들에게는 기꺼이 돈을 꾸어주지 않느냐."

하늘나라의 시민 된 백성들 곧 믿는 자들은 이 세상에 속한 백성들 곧 믿지 않는 자들의 보편적인 윤리 의식보다 한층 고상하고 탁월해야 된다는 가르침이다. 따라서 믿는 자들은 믿지 않는 자들이 통상 행하는 윤리적 선행 이상의 더욱 선하고 착한 행실을 이웃들에게 베풀어야 하는 것이다. 그렇다면 믿는 자들은 어떻게 행해야 할까? 예수님의 가르침에 계속 귀를 기울여보자.

"너희는 너희 원수를 사랑하고, 원수에게도 선한 일을 행하여라. 또 빌리고자 하는 이에게 아무것도 바라지 말고 그저 꾸어주어라. 그렇게 하면, 하늘나라에서 너희가 받을 보상이 클 것이고, 너희는 하나님의 자녀가 될 것이다. 보아라, 하나님은 은혜를 모르는 사람에게나 악한 사람들에게도 인자하신 분이 아니더냐. 이처럼 너희의 하늘 아버지께서 자비로우신 것같이 너희도 자비로운 사람이 되어야 한다."

하늘나라의 시민 된 백성들 곧 믿는 자들은 행함과 실천의 기준을 땅 위의 세상 사람들에게 두어선 안 되고, 하늘나라 아버지이신 하나님께 두어야 한다는 가르침이다. 따라서 믿는 자들은 은혜를 모르는 자들에게도 선과 자비를 베푸시는 하나님 아버지를 본받아 그렇게 선인과 악인을 구별하지 말고 모든 이들에게 선과 자비를 베푸는 자들이 되어야 한다. 세상 시민이 아니라, 천국 시민 된 높고 고상한 윤리 의식을 가져야 되는 것이다.

남을 비판하거나 정죄하지 말라 (6:37-42; 마 7:1-5)

"너희는 남을 비판하지 말아라. 그리하면, 너희도 비판받지 않을 것이다. 너희는 또 남을 정죄하지 말아라. 그리하면 너희도 정죄 받지 않을 것이다. 대신에, 너희는 남을 용서하여라. 그리하면, 너희도 용서를 받을 것이다."

여기서 '비판하지 말라'는 말은 합당하고 건전한 판단력을 행사하지 말라는 의미가 아니다. 도리어 믿는 자들은 진리와 거짓을 제대로 분별할 수 있는 건전한 판단력을 강력히 요청받는다. 그러므로 이때 예수님이 하신 말씀은, 습관적이고 냉소적인 비난의 성향을 지적하신 것으로, 누구든지 어떤 사람의 흠을 찾아내어 헐뜯고 비난하며 심판하려는 행위를 하지 말라는 뜻이다.

'정죄하지 말라'는 말은, 어떤 사람을 죄인으로 규정하여 그의 죗값을 매기고 심판하는 행위를 하지 말라는 뜻이다. 사람에 대한 이 같은 정죄는 오직 절대무오하신 하나님만이 행하실 수 있는 권한이기 때문이다. 제자들을 향한 예수님의 가르침은 이어진다.

"너희가 남에게 먼저 주면, 너희는 그것을 다시 되돌려 받을 것이다. 다시 받되, 꾹꾹 눌러 담아서 차고 넘치도록 후하게 받을 것이다. 이처럼 너희가 남에게 되어 주는 분량대로 그렇게 너희가 되돌려 받을 것이다."

다른 사람의 곤궁을 헤아려 먼저 베풀고 공급해주는 자들이 되라는 가르침이다. 또한 이웃에게 어떻게 해주는가에 따라서 그대로 되돌려 받게 될 것이라는 교훈이다. 이런 의미에서 예수님은 '주는 것이 받는 것보다 복이 있다.'라고 하셨다. 왜냐하면 다른 사람에게 서슴없이 주고 베푸는 사람은 장차 후하게 갚아주시는 하나님께로부터 차고 넘치도록 되돌려 받을 것이기 때문이다. 예수님의 가르침은 이어진다. 이번에는 하나의 비유를 들어 제자들에게 말씀하신다.

"생각해 보아라. 눈 먼 사람이 어떻게 눈 먼 사람을 인도할 수 있겠느냐. 그렇게 하면, 둘 다 구덩이에 빠지지 않겠느냐. 또 제자가 어떻게 선생보다 낫다고 할 수 있겠느냐. 기껏 제자가 온전히 다 배우고 나더라도, 선생과 같은 지경에 이를 뿐이다."

여기서 눈 먼 사람을 인도하는 눈 먼 사람은 바리새인들과 서기관들처럼 당시 사람들을 율법주의로 인도하는 자들을 가리키고, 눈 먼 사람의 인도함을 받는 눈 먼 사람은 그런 눈 먼 종교 지도자들의 가르침을 받는 일반 사람들을 가리킨다. 결국 잘못된 인도(가르침)는 둘 다 구덩이에 빠질 뿐이라는 말이다.

설령, 기껏 인도함을 받는 제자가 인도하는 선생의 가르침을 온전히 다 배우더라도(바리새인의 제자가 바리새인 선생의 가르침을 다 배우더라도) 잘못된 구덩이에서 벗어나지 못하고 거짓된 율법주의의 틀에 속박당하고 말 것이라는 교훈이다.

"어찌하여 너희는 다른 사람의 눈 속에 있는 티는 보면서, 네 눈 속에 있는 들보는 보지 못하느냐! 네 눈 속에 있는 들보를 보지 못하면서, 어떻게 다른 사람에게 '당신의 눈 속에 있는 티를 빼어주겠다.' 하고 말할 수 있겠느냐. 위선자야! 먼저 네 눈 속에 있는 들보

맹인이 맹인을 인도하면 둘 다 구덩이에 빠진다

부터 빼어라. 그래야만 네 눈이 밝아져서, 다른 사람의 눈 속에 있는 티를 빼낼 수 있을 것이다."

'티'는 큰 통나무를 썰 때 생기는 톱밥 속의 '작은 알맹이'를 가리키고, '들보'는 '큰 통나무'를 가리킨다. 이런 배경을 고려할 때, 여기서 '티'는 그다지 심각하지 않은 '사소한 흠'을 가리키고, '들보'는 대의나 진리를 손상시키는 '크나큰 허물'을 가리킨다. 따라서 들보를 가진 사람이 티가 있는 사람을 지적하고 판단하는 것은 아주 위선적인 행동이며 어불성설이라는 가르침이다.

열매를 보면 그 나무를 안다 (6:43-45; 마 7:15-20)

"보아라, 좋은 나무가 나쁜 열매를 맺는 법이 없고, 나쁜 나무가 좋은 열매를 맺는 법이란 없다. 그러므로 열매를 보면, 그 나무를 알 수 있다. 무화과를 가시나무에서 얻을 수 없고, 포도를 가시덤불에서 딸 수 없지 않느냐."

너무나 당연한 말씀이다. 제자들은 저절로 고개를 끄덕인다. 가르침은 이어진다.

"이처럼 선한 사람은 선한 마음으로부터 선한 행동을 하고, 악한 사람은 악한 것들이 마음속에 숨어 있어서 자연스레 악한 행동을 한다. 이와 같이 마음속에 들어 있는 것들이 입 밖으로 흘러나오는 법이다."

이 비유에서 '좋은 나무'는 예수님을 믿는 신자를, '좋은 열매'는 각종 선하고 은혜로운 '성령의 열매'를 가리킨다. 또한 '나쁜 나무'는 사탄과 이 세상에 속한 불신자를, '나쁜 열매'는 각종 악하고 타락한 '죄의 열매'를 가리킨다. 그렇다면 예수님을 신자들은 결코 나쁜 열매를 맺지 않는 것인가?

이 질문에 대한 일반적인 답변은 '그렇다!'이다. 하지만 예수님의 이 말씀은 세부적인 경우가 아니라 넓은 의미를 지닌 것이다. 즉, 예수님은 한 사람의 전체적인 삶을 두고 말씀하신 것이다. 그렇게 볼 때, 한 사람의 기본적이고 전체적인 인격은 그에 따라 좋거나 나쁜 열매를 산출하게 된다. 하나님을 믿지 않고 배척하는 사람들은 사탄의 본성을 좇아 그들의 악한 성품이 삶 속에서 드러나게 되고, 하나님을 믿고 따르는 신자들은 하나님의 속성을 본받아 그들의 선한 성품이 삶 속에서 드러나게 되는 것이다.

말씀을 듣고 행하라 (6:46-49; 마 7:24-27)

"너희는 입으로는 '주여, 주여!' 하면서도, 어찌하여 내가 말한 것들을 실천하지 않느냐. 누구든지 내게로 와서 내 말을 듣고 그대로 실천하는 사람은 반석 위에다 튼튼히 기초를 놓고 집을 짓는 사람과 같다. 그렇게 하면, 큰 홍수가 나서 세찬 물살이 들이치더라도 그 집은 무너질 염려가 전혀 없다. 그러나 내 말을 듣고도 그대로 실천하지 않는 사람은 기초 없이 흙 위에 집을 지은 사람과 같다. 그렇게 하면, 큰 홍수가 나서 세찬 물살이 들이치면 와르르 무너져 내려 순식간에 폭삭 가라앉고 말 것이다."

이 비유에서, 예수님의 말씀대로 실천하는 사람은 반석 위에 집을 짓는 사람이고, 그 말씀대로 행하지 않는 사람은 흙 위에 집을 짓는 사람이다(마태복음에서는 '흙' 대신에 '모래'로 기록되어 있지만, 의미상 큰 차이는 없다). 그리고 큰 홍수와 세찬 물살은 세상의 환난, 시련, 시험 등을 가리킨다. 자, 그렇다면 어떤 사람의 인생에 세상의 홍수와 풍파가 들이칠 때 누가 그것을 견디며 꿋꿋하게 버틸 수 있고, 누가 견디지 못하고 와르르 무너져 내리겠는가!

7

가버나움과 나인 성에서

옥중에 갇힌 세례 요한이
제자들을 보내어 예수님이 과연
약속된 메시아인지 묻자 예수님은
보고 들은 대로 전하라고 하시네

예수께서 백부장의 종을 고치심 (7:1-10; 마 8:5-13; 요 4:43-54)

사람들에게 여러 가르침을 모두 마치시고 예수께서는 제자들과 함께 가버나움으로 가셨다. 그런데 그곳엔 병들어 거의 죽게 된 종을 둔 어떤 백부장이 있었다. 그 백부장은 평소 병든 그 종을 무척 아꼈다.

신약시대에 백부장은 로마 군대의 간성으로, 수하에 100명의 군사들을 두고 그들을 지휘하는 중간급 장교였다. 백부장이 명령하면, 부하들은 복종해야 했다. 그런데 주목할 만한 사실은, 신약성경에 언급된 백부장들은 특이하게도 모두가 유대인들의 좋은 친구이며 하나님을 믿는 신실한 이들이라는 점이다.

"뭣이? 예수님이 우리 마을에 오셨다고? 아, 참으로 잘 되었다!"

그 백부장은 예수께서 자기 마을에 오셨다는 말을 전해 듣고 무척 기뻐했다. 그는 즉시 유대인 장로 몇 사람을 예수께 보내어 자신의 병든 종을 고쳐주시기를 간절히 청했다. 백부장에 의해 보냄 받은 유대인 장로들이 예수께 부탁한다.

“선생님, 그 백부장은 선생님께 은혜를 입기에 부족함이 없는 사람입니다. 그 사람은 유대인들을 진심으로 사랑할 뿐만 아니라, 우리를 위해 회당까지 지어 주었습니다.”

회당(會堂)은 유대인들이 이스라엘의 각 지역에 세운 예배와 교육을 위한 집회 장소다. 로마 군대의 백부장이 유대인들을 위해 회당을 지어 주었다면, 식민 지배하에 있는 유대인들에게 호의를 보임으로써 정치적 안정을 꾀하고 백성들의 불만을 잠재우기 위한 행위라고 볼 수도 있다. 그렇지만 여기 언급된 백부장의 믿음을 볼 때, 분명 그는 하나님을 경외하는 자로서 하나님께 대한 믿음과 헌신의 표시로 유대인들에게 회당 건축기금을 제공했던 것으로 보인다.

“아, 그래요? 좋은 사람인 것 같군요. 그럼, 나와 함께 그곳으로 갑시다.”

유대인 장로들의 말을 듣고, 예수께서는 장로들과 함께 백부장의 집으로 향하셨다. 예수님 일행이 백부장의 집에서 그리 멀지 않은 곳에 이르렀을 때, 백부장은 자기와 가까운 친구들을 보내어 예수께 말을 전한다.

“주님, 주님께 수고를 끼쳐드리고 싶지 않습니다. 저는 주님을 저희 집에 모실 만한 자격이 없는 사람입니다. 그러니, 주께서는 말씀만 하십시오. 그러면, 제 종이 거뜬히 나을 것입니다. 저도 상관을 모시고 있지만, 제 밑에도 부하들이 있어 제가 ‘가라!’ 하면 가고, ‘오라!’ 하면 옵니다. 또 제 종들에게 ‘이렇게 하라!’ 하고 말하면, 그대로 합니다. 주님이 그렇게 해주시는 것만으로도 제게는 영광입니다!”

당시 유대인들은 이방인과의 접촉을 꺼리는 형편이었다. 율법이 생활화되지 못한 이방인들과 접촉함으로써 부정하게 되는 일을 피하고자 한 것이다. 로마 관리들과의 접촉은 더더욱 기피했다. 백부장은 하나님을 경외하는 믿음만 아니라 타인의 형편까지 배려하는 지혜가 있었다.

예수께서는 그 백부장이 전하는 말을 들으시고 크게 놀라며 감탄하셨다. 비록 그가 이방인이었지만, 대부분의 유대인들보다도 영적으로 더욱 깨어 있다는 사실에 놀라셨던 것이다. 예수께서는 자기를 따르는 사람들을 돌아보며 말씀하신다.

"여러분, 내가 여러분에게 분명히 말하지만 나는 여태껏 이스라엘 사람들 가운데서 이만한 믿음을 가진 사람을 보지 못했습니다."

예수께서 이처럼 말씀하신 뒤, 백부장이 보낸 그의 친구들이 백부장의 집으로 돌아가 보니, 병들어 죽게 된 그 종은 언제 아팠느냐 듯 이미 말끔히 나아 있었다.

예수께서 과부의 죽은 아들을 살리심 (7:11-17)

얼마 후, 예수께서는 가버나움을 떠나 '나인'이라는 성읍으로 가셨다. 이때 제자들과 많은 무리가 예수님을 뒤따랐다. 나인 성읍은 나사렛에서 남동쪽으로 약 10km 지점이고, 가버나움에서는 남서쪽으로 약 40km쯤 되는 곳이다. 헬몬산의 비탈에 위치하고 있어, 이곳으로 올라가자면 좁은 급경사로 이루어진 지대를 통과해야 한다. 길 양편에는 무덤 같은 굴들이 있었다.

가버나움에서 나인으로

예수님 일행이 그 성읍의 문 앞에 이르렀을 때, 마침 상여를 멘 장례 행렬이 성읍 밖으로 나오고 있는 중이었다. 죽은 사람은 어떤 과부의 하나밖에 없는 아들이었다. 과부는 북받치는 슬픔을 주체하지 못한 채 슬피 울며 상여를 뒤따랐고, 같은 동네 사람들은 저마다 침통한 표정을 지으며 과부의 뒤를 따라오고 있었다. 예수님은 외아들을 잃은 그 과부를 보시고 무척 가엾게 여기셨다. 그래서 과부에게로 가까이 다가가 위로하신다.

"여자여, 울지 마세요."

"누, 누구신지요?"

심금을 울리는 것 같은 부드러운 위로의 음성에 과부는 고마워서 묻는다. 하지만 예수님은 그 말에는 대답하지 않으시고 상여에 있는 관 가까이로 걸어가셔서 그 관에 손을 대셨다. 그러자 상여꾼들이 가던 걸음을 멈추고 상여를 세웠다. 그때 예수께서 관을 바라보시며 위엄 있는 목소리로 힘 있게 말씀하신다.

"청년이여, 내가 네게 말한다. 일어나라!"

그러자 분명 죽었던 과부의 외아들이 즉시 관에서 일어나 앉는 게 아닌가! 더구나 청년은 마치 잠에서 깨어난 사람처럼 멀쩡한 모습으로 말을 하기 시작하는 것이었다. 예수께서는 당연하다는 듯 담담한 표정으로 다시 살아난 그 청년을 그의 어머니에게 돌려주셨다.

나인 성읍 과부의 죽은 외아들을 살리시다

이때 예수께서 나인 성(城) 과부의 죽은 외아들을 살려주신 까닭은 하나뿐인 아들을 잃은, 과부를 불쌍히 여겼기 때문이다. 그 과부에게 있어 그 아들은 삶의 전부였고 유일한 희망이었다. 예수님은 과부의 처절한 절망을 안타깝게 여기시고, 기적을 베푸셔서 그녀의 죽은 외아들을 살리신 것이다.

누가복음에만 기록된 이 놀라운 생명의 기적은 슬픈 자를 위로하시는 예수님의 크신 긍휼을 잘 보여주는 사건이다.

과부의 죽은 외아들이 멀쩡한 모습으로 살아나자, 사람들은 모두 큰 놀라움과 두려움에 휩싸인 채 하나님을 찬양하며 소리친다.

"보라, 위대한 예언자가 우리에게 나타나셨다!"

"아, 아, 하나님께서 자기 백성을 돌보아주셨다!"

소문은 빨랐다. 예수께서 나인 성문에서 과부의 죽은 외아들을 다시 살리셨다는 소문은 온 유대와 그 주변 지역에 두루두루 널리 퍼져나갔다.

예수께서 세례 요한의 제자들에게 답변하심 (7:18-35; 마 11:2-19)

세례 요한의 제자들도 예수님이 하신 일에 관해 소문을 들었다. 그들은 자기들의 스승인 세례 요한에게로 찾아가서 그런 사실을 알렸다. 그러자 세례 요한은 자기 제자 두 사람을 예수께로 보내어 문의한다.

"당신이 정말 오시기로 되어 있는 바로 그분입니까? 아니면, 우리가 아직도 그분을 더 기다려야 합니까?"

이때 세례 요한은 예수께 대하여 이 같은 의문을 품었는데, 그 까닭은 자신이 메시아에게서 기대했던 강권적인 능력을 예수님이 행사하지 않고 있었기 때문이다. 세례 요한조차도 조용하고 유순한 메시아가 아니라, 강력하고 위풍당당한 메시아를 기대했던 것이다. 하지만 불신으로 의심하는 자들과는 달리, 세례 요한은 자신의 의문을 솔직하게 털어놓으며 예수께 직접 그 답변을 들음으로써 의문을 해소하려 했다.

세례 요한의 제자들이 예수께 나아와 스승이 시킨 질문을 했을 때, 때마침 예수께서는 온갖 병자들을 고쳐주고 계셨다. 다리 저는 자들과 눈 먼 자들을 고치시고, 귀신 들린 자들에게서 악한 귀신들을 쫓아내고 계셨다. 세례 요한의 제자들에게서 질문을 받으신 예수께서는 잠시 손을 멈추시며 그들에게 대답하신다.

"당신들은 가서, 스승인 세례 요한에게 오늘 당신들이 본 것과 들은 것을 그대로 알려주시오. 자, 보시오! 눈 먼 자들이 눈을 뜨고, 다리 저는 자들이 똑바로 걸으며, 나병환자들이 깨끗하게 낫고, 듣지 못하는 자들이 다시 들으며, 죽은 자가 다시 살아나고, 가난한 자들에게 기쁜 소식이 전파되고 있소. 나를 믿고, 의심하지 않는 사람은 복이 있소. 그러니 당신들이 보고 들은 바를 그렇게 당신의 스승에게 전해주시오."

예수님의 답변은, 자신이야말로 구약의 선지자들이 예언한 그 메시아가 맞다는 말이었다. 일찍이 하나님의 선지자들은 장차 오실 메시아는 병든 자를 고치고 귀신을 쫓아내며 가난한 자들에게 복음을 전하는 사역을 펼치실 것이라고 예언했기 때문이다. 세례 요한의 제자들이 자신들의 두 눈으로 똑똑히 목격한 바대로 지금 예수님이 그런 사역을 펼치고 있었던 것이다. 세례 요한의 제자들이 떠나간 후, 예수께서 군중들에게 세례 요한에 대해 말씀하신다.

"여러분, 여러분은 무얼 보려고 광야에 나갔습니까? 바람에 흔들리는 갈대같이 연약한 사람입니까? 그게 아니라면, 화려한 옷을 입은 사람입니까? 모두 아닙니다! 값비싼 옷을 입은 자들은 궁궐에 있지 광야엔 없습니다. 그러면 여러분은 무얼 보려고 광야로 나갔습니까? 선지자입니까? 옳습니다! 내가 여러분에게 밝히 말합니다. 그 사람 세례 요한은 선지자보다 더 위대한 사람입니다."

모든 선지자들 가운데 세례 요한은 메시아 예수가 오시기 바로 직전에 출현하여 메시아의 길을 예비한 선구자이므로, 선지자보다 위대한 사람이라고 말할 수 있다. 예수님의 말씀은 계속된다.

"이 사람 세례 요한에 관하여 성경은 기록하기를 '보라, 내가 너보다 앞서 내 심부름꾼을 보내어 네 길을 준비하도록 하겠다.' 했습니다. 이제 내가 여러분에게 분명히 말합니다. 여자의 몸에서 태어난 사람들 가운데 세례 요한보다 더 큰 인물은 없습니다. 그러나 하나님의 나라에서는 가장 보잘것없는 사람이라도 그보다 더 큽니다."

이때 예수님은 세례 요한의 위대함을 충분히 인정하셨다. 하지만 그것은 어디까지나 천국 복음의 문 앞까지였다. 과연 세례 요한은 천국이 가까이 이르렀음을 선포한 메시아의 선구자로서, 구약의 모든 선지자들 중에 가장 가까이 천국 복음의 문턱에 다다른 위대한 인물이었다.

하지만 메시아 예수의 도래로 말미암아 그분의 시대에 살고 있는 자들은 이미 천국 복음의 문 안에 들어선 자들로 세례 요한보다 훨씬 천국 복음의 진리를 많이 누리고 있는 자들이다. 그런 관점에서 메시아 시대에 살고 있는 가장 보잘것없는 사람이라도 세례 요한보다 크다고 할 수 있다.

"오, 주님, 주님을 찬양합니다!"

진리의 말씀을 들은 사람들은 하나님을 찬양했다. 심지어 세리들까지도 하나님을 찬양했다. 그들은 세례 요한의 설교를 듣고, 그에게서 세례를 받은 자들이었다. 세례 요한이 베푼 세례는 그 세례를 받은 자들로 하여금 메시아 예수를 받아들이게끔 준비시키는 효과가 있었던 것이다.

사람들은 메시아 예수를 통한 하나님의 구원을 받아들이기 전에, 먼저 구원의 필요성을 절실히 깨달아야 했다. 그리하여 세례 요한의 세례 사역은 사람들로 하여금 삶의 변화가 필요한 죄인임을 깨닫게 했고, 회개를 통해 메시아 예수로 말미암는 죄 사함과 구원을 사모하도록 이끌었다. 그러나 세리들과는 달리 바리새파 사람들과 율법 교사들은 세례 요한에게서 세례를 받지 않음으로써 자신들에 대한 하나님의 구원 계획을 받아들이지 않았다. 예수께서 이어 말씀하신다.

"이 세대의 사람들을 무엇에 비유하면 좋을까요? 누구와 같다고 해야 할까요? 그렇습니다. 아이들이 장터에 앉아 편을 갈라 놀이를 하면서 다른 편 아이들에게 외치기를 '우리가 피리를 부는데도 너희는 왜 춤을 추지 않느냐? 우리가 곡을 하는데도 왜 너희는 가슴을 치며 슬퍼하지 않느냐?' 하는 것과 같습니다."

당시 아이들은 때때로 장터에 모여 편을 갈라 결혼식 놀이와 장례식 놀이를 하곤 했다. 결혼식 놀이를 할 때는 한 편에서 피리를 불면 다른 편에선 춤을 추며 흥을 돋우었고, 장례식 놀이를 할 때는 한 편에서 곡을 하면 다른 편에선 가슴을 치며 슬퍼하는 흉내를 냄으로써 분위기를 살렸다. 그런데 다른 편에서 장단을 맞추어주지 않으면 놀이가 깨져 두 편 간에 말다툼이 벌어지곤 했다. 이 같은 비유를 드신 뒤 예수님이 이어 말씀하신다.

"이처럼 사람들은, 세례 요한이 와서 빵을 먹지 않고 포도주도 마시지 않자 그를 향해 말하기를 '보라, 저 사람이 귀신 들려 미쳤다!' 하더니, 이제 인자가 와서 잔칫집에 가서 먹고 마시는 것을 보고는 또 말하기를 '보라, 저 사람은 욕심껏 먹고 마시기를 즐겨하면서 세리들과 죄인들하고만 어울린다!' 합니다."

당시 유대인들은 자기 의를 내세우며 어느 편에도 장단을 맞추지 않고 세례 요한을 비난하고 예수님을 경멸하였다. 세례 요한이 와서 회개의 세례를 베풀며 공의의 메시지를 선포하니, 그들은 회개하고 올바로 살아가기는커녕 세례 요한을 '귀신 들려 미친 자'라고 매도했다. 또 이번에는 메시아 예수가 와서 천국 복음을 전하니, 그들은 감사와 기쁨으로 받아들이지 않고 예수님을 '죄인들과 어울려 먹기를 탐하는 자'라고 경멸했다. 이제 예수님은 말씀을 맺으신다.

"그러나 지혜는 그것을 받아들이는 자녀들로 인해 결국 옳다는 것이 입증되는 법입니다."

여기서 '지혜'는 메시아 예수 자체 또는 메시아 예수가 전하는 모든 말씀을 가리킨다. 그 지혜가 그것을 불신하는 세상 사람들에게서는 경멸당하고 배척당한다고 해도, 그것을 믿고 따르는 신실한 신자들에게는 구원과 영생이 되어, 그들에 의해 그 지혜가 옳다고 인정받고 또 입증되어 만방에 널리 선포된다는 뜻이다.

예수께 향유를 부은 죄 많은 여자 (7:36-50)

하루는 '시몬'이라 하는 바리새파 사람들 가운데 하나가 예수님을 식사에 초대하였다. 시몬의 초대에 응해 예수께서는 그의 집에 가셔서 식탁 앞에 기대어 앉으셨다. 비스듬히 기대어 앉는 자세는 유대인들의 전통적인 식사 자세다. 그런데 그 마을에 죄 많은 삶을 살아온 한 여자가 있었다.

그녀는 예수께서 바리새인 시몬의 집에 계신다는 말을 듣고, 향유를 담은 옥합을 가지고 들어왔다. 향유 그릇의 옥합은 손잡이가 없었다. 기름을 사용하려면 어쩔 수 없이 목 부분을 깨뜨려야 했다. 이런 종류의 고급 향류는 귀부인들이 주로 사용했으며, 구하기도 쉽지 않았다. 그 여인은 아주 어렵게 구해서 소중하게 보관 중이었을 것이다. 그때 예수님은 식사 중이셨다.

죄 많은 그 여자는 조심스레 방 안으로 들어와, 예수님의 뒤쪽으로 다가가더니 무릎을 꿇고 앉아 흐느껴 울었다. 그러자 그녀의 눈물이 예수님의 발을 적셨다. 그녀는 자신의 머리털로 예수님의 발 위에 떨어진 자기 눈물을 닦으며, 그 발에 입을 맞추고는 향유를 부었다. 유대인의 관습에 여자가 사람들 앞에서 머리를 풀어 내리는 것은 수치스러운 행동이었다. 그러나 여인은 여성의 왕관이라고 할 수 있는 머리털로써 먼지 묻은 예수님의 발을 닦아 내었다. 올리브유에 여러 가지 향료를 섞어 만든 향유의 향기로운 냄새가 방안을 가득 채웠다.

죄 많은 한 여인이 예수께 향유를 붓다

이때 죄 많은 이 여인이 예수님의 발에 향유를 부은 것은 예수님에게서 죄 사함의 은총을 바라는 깊은 영적 갈망을 가졌기 때문이다. 당시 이 여인은 마을 사람들에게서 '죄 많은 여자'라는 손가락질을 받고 있었기 때문에, 그녀가 예수님을 찾아 종교 지도자인 바리새인 시몬의 집으로 왔다는 것은 문전박대의 위험을 감수한 용기 있는 행동이었다.

과연 이 같은 그녀의 진심어린 회개와 헌신은 응답을 받아, 그녀는 예수님에게서 죄 사함의 은총을 누릴 수 있었다. 그러나 진즉부터 그녀를 못마땅한 눈초리로 바라보던 바리새인 시몬은 혼자 중얼거린다.

'이 사람이 참 선지자라면, 자기를 만지는 이 여자가 어떤 여자인지를 알았어야 할 것이 아닌가? 저 여자는 상종하지 못할 죄 많은 여자가 아니던가!'

예수께서는 시몬의 생각을 꿰뚫어 보시고는 그를 향해 말씀하신다.

"시몬이여, 내가 당신에게 할 말이 있소."

"네, 선생님. 말씀하십시오."

예수께서는 하나의 비유를 들어 시몬에게 말씀하신다.

"돈놀이하는 사람에게 빚진 사람 둘이 있었소. 한 사람은 500데나리온을 빚졌고, 다른 한 사람은 50데나리온을 빚졌소."

'데나리온'은 신약시대에 쓰이던 로마제국의 은화(銀貨)를 가리킨다. 이 은화는 예수님 당시에 가장 널리 유통되던 동전으로, 당시 노동자의 하루치 품삯에 해당되는 가치를 지녔다. 예수님의 말씀은 이어진다.

"그런데 두 사람 다 빚을 갚을 수 없게 되자, 돈놀이하는 사람이 크게 인심을 베풀어 두 사람의 빚을 전부 탕감해 주었소. 이런 일이 있게 되면, 두 사람 중에 누가 더 빚을 탕감해준 그 사람을 사랑하겠소?"

"제 생각에는… 그야 물론, 더 많은 빚을 탕감 받은 사람입니다."

시몬이 선뜻 대답하자, 예수께서 말씀하신다.

"맞소, 당신 생각이 옳소."

그런 뒤, 예수께서는 자기 발에 향유를 부은 그 여자를 돌아보시며 시몬에게 또 말씀하신다.

"여기 이 여자를 보시오. 내가 당신 집에 들어왔을 때, 당신은 내 발을 씻을 물조차도 내게 내어주지 않았소. 하지만 이 여자는 눈물로 내 발을 적시고, 자기 머리털로 내 발을 닦아주기까지 했소. 당신은 내 얼굴에도 입을 맞추지 않았지만, 이 여자는 들어오면서부터 내 발에 거듭 입을 맞추었소. 또 당신은 내 머리에 기름을 발라주지 않았지만, 이 여자는 값진 향유를 내 발에 부어주었소."

예수님의 말씀에 비추어 보면, 바리새인 시몬은 예수님을 존중하고 사랑해서 식사에 초대한 것이 아니었던 것이 분명하다. 이어, 예수님이 시몬에게 말씀하신다.

"그러므로 내가 당신에게 말하겠소. 이 여자는 더 많은 죄를 용서받았소. 그것은, 이 여자가 나에게 더 많은 사랑을 보여주었기 때문이오. 용서받은 것이 적은 사람은 사랑도 적게 나타내는 법이오."

그런 다음, 예수께서는 그 죄 많은 여자를 향해 말씀하신다.

"여자여, 당신의 죄는 다 용서받았소."

예수님은 죄 많은 여자의 죄를 용서해 주었다. 비록 과거엔 그녀가 죄 많은 삶을 살았을지라도, 이제 그녀는 기꺼이 회개하면서 예수님의 도움을 갈망했다. 이에 예수님은 그녀가 죄 사함을 받았다고 공개적으로 선언하신 것이다.

죄 사함의 필요성을 느끼지 못한 바리새인은 예수님께 사랑과 감사를 바칠 것이 아무것도 없었던 반면, 죄 사함을 갈망한 죄 많은 여자는 예수님께 많은 죄를 용서받음으로써 더욱 예수님을 사랑하게 되었다. 이처럼 죄 많은 곳에 은혜가 더욱 넘쳐나는 법이다. 예수께서 죄 많은 여자의 죄를 용서하시자, 식탁에 앉아 있던 사람들이 의아하다는 듯 수군거리기 시작한다.

"대체 예수란 사람이 누구이기에 사람의 죄까지도 용서한단 말인가?"

"글쎄, 아무래도 그건 신성모독의 죄를 범하는 게 아닌가 싶은데…."

사람들은 이해하지 못했지만, 예수님에게는 능히 죄를 사하실 수 있는 권세가 있었다. 비록 성육신하셔서 사람의 모양을 취했어도, 그분은 본질상 하나님이시기 때문이다. 보다 정확하게 말하면, 예수님은 제2위 되시는 '성자 하나님'이시기 때문이다. 그래서 사람들의 수군거림에 아랑곳하지 않으시고 예수님은 방금 죄 사함을 베푼 그 여자를 향해 의연하게 말씀하신다.

"여자여, 당신의 믿음이 당신을 구원하였소. 이제 평안히 돌아가시오."

결국 죄 많은 여인이 예수께 보인 여러 행동들은 예수님을 향한 믿음에서 비롯된 것임을 알 수 있다. 예수님을 메시아로 받아들였기에 자신의 죄 문제를 안고 예수께 나아왔던 것이다. 이로 볼 때 예수님께 대한 사랑과 예수님께 대한 믿음은 유기적으로 상호 밀접하게 연결되어 있음을 알 수 있다.

예수님에게 죄 사함과 구원을 선물로 받은 여인, 사람들이 무어라 하건 말건 감격에 벅찬 가슴과 감동에 젖은 눈으로 예수님의 얼굴을 바라보며 하염없이 눈물을 흘린다. 어디선가 시원한 바람이 불어왔다. 바람 속에 향기가 깃들어 있다. 무슨 향기일까.

8

각종 비유와 이적

예수님은 갈릴리 호수에서
풍랑을 꾸짖어 잔잔케 하시네
거라사의 귀신 들린 자에게서
군대 귀신도 쫓아내시네

예수님을 따르는 여인들 (8:1-3)

서른 살쯤(주전 27년경) 고향 나사렛을 떠나 공생애 사역을 시작하신 예수님, 갈릴리 지방의 여러 도시들과 마을들을 두루 다니시면서 부지런히 천국 복음을 전파하셨다. 사역 초장기에 예수께서 따로 세우신 열두 제자(사도)도 예수님과 함께 기숙하며 늘 동행했다.

예수님과 늘 동행한 자들은 열두 제자들뿐만이 아니었다. 악령과 각종 질병으로부터 고침 받은 몇몇 여인들도 예수님 일행을 줄곧 따라다녔는데, 그중에서 대표적인 여인들은 이러하다.

일곱 귀신이 들었다가 떨어져 나간 막달라 마리아, 헤롯 궁전의 살림살이를 맡은 청지기 구사의 아내인 요안나, 갈릴리 출신의 여신도인 수산나, 이들 외에도 여러 여자들이 있었다.

이런 여인들은 자신들의 재물과 봉사의 손길로 예수님과 제자들의 전도 사역을 성심껏 도왔다. 예수님과 제자들의 전도 여행에는 의식주를 비롯하여 기타 경비가 필요했고, 또한 몰려드는 군중들을 상대하다보면 많은 봉사의 손길도 필요했다. 그러했기에 예수님 일행과 동행한 신실한 여인들의 도움과 손길은 참으로 요긴했다.

씨 뿌리는 자의 비유 (8:4-8; 마 13:1-9; 막 4:1-9)

그 날도 예수께서는 평소처럼 천국 복음을 전파하셨다. 인근의 여러 동네에서 많은 사람들이 모여들자 종종 그렇게 하셨듯이 비유를 들어 말씀하신다. 이른바 '씨 뿌리는 자의 비유'다.

"여러분, 바람 부는 날에 한 농부가 밭에 나가 씨를 뿌렸습니다. 그런데 어떤 씨들은 길바닥에 떨어져 사람들의 발에 밟히기도 하고 새들에게 쪼아 먹히기도 했습니다. 어떤 씨들은 흙이 얕은 돌밭에 떨어져 싹은 돋아났지만 물기가 없어 곧 말라 버렸습니다. 또 어떤 씨들은 가시덤불 속에 떨어졌는데, 씨앗이 자라나자 가시나무들도 함께 자라 곧 그 숨을 막아 버렸습니다. 그러나 어떤 씨들은 좋은 땅에 떨어져서 잘 자라나 100배의 열매를 맺었습니다."

이 이야기의 배경은 너무나 익숙한 풍경이다. 이스라엘 땅에서 농사짓는 사람이나 농사짓는 광경을 보아온 사람들은 일상 속에서 흔히 접하는 일이기 때문이다. 그러나 이 이야기는 어디까지나 비유다. 비유 속에는 영적 교훈이 내포되어 있다.

예수님은 자주 비유로써 천국 복음을 선포하셨다. 비유를 사용하신 데는 이중의 목적이 있었다. 하나는 진리를 쉽게 드러내기 위함이었고, 또 하나는 진리를 감추기 위해서였다. 순전한 마음을 지닌 자들은 천국 복음이 너무나 쉽게 다가온 반면, 천국 복음을 거부하고 배척하는 완악한 자들에게는 알쏭달쏭 이해하기가 쉽지 않았다.

예수님의 가르침을 듣는 군중 속에는 꼬투리를 잡고자 하는 관찰자와 적대자들이 섞여 있었다. 이런 자들에게 천국의 소중한 진리가 함부로 짓밟히지 않도록 하기 위해 비유의 포장을 씌워 보호할 필요가 있었다. 그러했기에 씨 뿌리는 자의 비유를 다 들려주고 나서, 예수께서는 사람들에게 이렇게 말씀하신다.

"들을 귀가 있는 사람은 알아들으시기 바랍니다."

마음 문이 열린 자들 곧 영적 귀가 뜨인 사람들은 비유의 가르침을 알아들을 수 있었다. 그러나 마음 문이 닫힌 자들 곧 영적 귀가 막힌 사람들은 비유를 듣긴 들어도 그 속에 내포된 교훈을 전혀 알아들을 수 없었다.

씨 뿌리는 자의 비유를 설명하심 (8:9-15; 마 13:10-23; 막 4:13-20)

군중들에 대한 가르침이 다 끝나고 예수님이 홀로 계셨을 때, 제자들이 따로 예수께 조용히 나아와 씨 뿌리는 자의 비유가 무얼 뜻하는지 물었다. 그러자 예수께서 말씀하신다.

"하나님이 너희에게는 하나님 나라의 비밀을 알게 해주셨지만, 다른 사람들에게는 허락하지 않으셨다. 그래서 다른 사람들에게는 이처럼 비유로 말함으로써 저들이 보아도 보지 못하고, 들어도 알아듣지 못하게 하려는 것이다."

이렇게 말씀하신 뒤, 예수께서는 씨 뿌리는 자의 비유가 무얼 뜻하는지 제자들에게 알려주신다.

"내가 말한 그 비유의 뜻은 이러하다. 여기서 씨는 '하나님의 말씀'이다. 그 씨가 길바닥에 떨어졌다는 것은, 말씀을 듣기는 하지만 마귀가 와서 그 말씀을 빼앗아가기 때문에 말씀을 믿지 못하여 구원에 이르지 못하는 사람들을 두고 하는 말이다."

"그렇군요. 그렇다면 씨가 돌밭에 떨어졌다는 것은 무슨 말입니까?"

"씨가 돌밭에 떨어졌다는 것은, 처음에는 말씀을 기쁘게 듣지만 믿음이 뿌리를 박고 자라지 못하여 잠시 동안 믿기는 해도 시험을 받으면 곧 떨어져나가는 사람들을 두고 하는 말이다. 그리고 씨가 가시덤불 속에 떨어졌다는 것은, 말씀을 듣기는 하지만 살아가면서 생활에 대한 걱정에 빠지고 재물과 세상 쾌락에 사로잡혀 열매를 제대로 맺지 못하는 사람들을 두고 하는 말이다."

예수님의 설명은 더 이상의 질문이 필요 없을 만큼 아주 쉽다. 제자들의 귀에 쏙쏙 들어왔다. 예수님은 계속 비유의 뜻을 설명해 주신다.

"끝으로 씨가 좋은 땅에 떨어졌다는 것은, 착하고 선한 마음으로 말씀을 듣고서 그 말씀을 굳게 간직하여 마침내 인내로 열매를 맺는 사람을 두고 하는 말이다."

여기서 씨의 결실인 열매는 곧 '성령의 열매'를 가리킨다. 그것은 마음 밭에 떨어진 하나님의 말씀이 성령의 사역으로 활성화되어, 믿는 자가 하나님과 이웃과의 좋은 관계 속에서 자연스럽게 산출되는 각종 거룩하고 선한 삶의 성품들이다. 후일 사도 바울은 갈라디아 교회에 보내는 편지에서 성령의 열매 아홉 가지를 소개했다. 그것들은 사랑, 기쁨(희락), 평강(화평), 인내(오래 참음), 친절(자비), 선함(양선), 신실함(충성), 온유, 절제다.

등불의 비유 (8:16-18; 막 4:21-25)

예수께서는 또 다른 비유로 천국 복음의 진리를 사람들에게 가르치신다. 이번에는 '등불의 비유'다.

"여러분, 누구든지 등불을 켜서 그 등불을 항아리 속에 감추어두거나 침대 밑에 두는 사람은 아무도 없습니다. 누구든지 그 등불을 등잔대 위에 올려놓아 들어오는 사람마다 그 빛을 볼 수 있게 합니다. 그렇습니다. 숨긴 것들은 다 드러나게 마련이고, 감추어진 것들은 전부 세상에 알려지게 마련입니다. 그러므로 내 말을 마음에 새겨들으시기 바랍니다. 누구든지 가진 사람은 더 받게 될 것이고, 가지지 못한 사람은 가졌다고 생각하고 있는 것마저도 빼앗길 것입니다."

세상의 어둠을 밝히는 등불의 빛 같은 복음, 그 복음을 받아들인 신자들은 세상의 빛 된 자들로서 천국 복음의 빛을 널리, 그리고 멀리 비추어 모든 어둠을 물리치는 자들이 되어야 한다는 가르침이다. 그래서 그런 진리의 빛이 비추고 있는 한, 세상에서 숨겨지거나 감추어질 어둠(모든 불법이나 불의 등)은 사라지게 될 것이라는 말씀이다.

그렇다면 가진 사람은 더 받게 되고, 가지지 못한 사람은 가진 것도 빼앗기게 된다는 말씀은 무슨 뜻인가?

이 말씀은 경제적 차원의 말씀이 아니라 영적 차원의 말씀이다. 천국 복음의 진리에 귀를 기울여 겸손하게 새겨듣는 자는 이미 받은 진리 위에 더욱 많은 진리를 얻게 되어 풍성하게 열매 맺는 생명의 삶을 살아갈 수 있지만, 이와 반대로 그 진리를 거부하고 배척하는 완악한 마음의 소유자는 자신이 가지고 있다고 생각하는 진리마저 전부 빼앗기고 없어지게 될 것이란 말씀이다. 그러니까 영적 차원에서의 '빈익빈부익부' 현상이다.

예수님의 어머니와 형제들(8:19-21; 마 12:46-50; 막 3:31-35)

예수께서 천국 복음의 진리를 가르치고 계실 때, 예수님의 어머니와 형제자매들이 예수님을 만나러 왔다. 육신적으로 예수님은 요셉과 마리아의 장남이며 다른 형제자매들의 맏이였다. 그렇지만 이때 예수님의 어머니와 형제자매들은 모여든 많은 사람들 때문에 예수께로 가까이 나아갈 수 없었다. 그런 모습을 보고, 어떤 사람이 예수께 소식을 전한다.

"선생님, 선생님의 어머니와 형제자매들이 선생님을 만나려고 밖에서 기다리고 있습니다."

그 말을 듣고 예수님은 아주 의외의 말씀을 하신다.

"누가 나의 어머니이며 나의 형제자매들인가요? 나의 어머니와 나의 형제자매들은 바로 여기에 있소. 하나님의 말씀을 듣고 그 말씀대로 살아가는 사람들이 나의 어머니요 나의 형제자매들이라오."

이게 무슨 말씀인가? 예수님은 자신의 가족 관계를 부인하신 것인가?

그렇지 않다. 여기서 예수님은 단지 자신의 육적인 가족을 통해 더욱 중요한 영적인 가족도 있음을 교훈하시고자 했을 뿐이다. 하늘 아버지의 아들이신 예수님은 '하나님 아버지의 말씀을 듣고 그 말씀대로 실천하는 자'를 자신의 영적 가족으로 인정하셨던 것이다. 실제로 예수님은 십자가 위에 매달려 있는 지극한 고통 가운데서도 자신이 죽은 뒤에 모친의 노후를 걱정하셔서 제자 요한에게 모친의 봉양을 특별히 부탁하실 정도로 효성이 지극한 분이시다.

예수께서 풍랑을 잔잔케 하심 (8:22-25; 마 8:23-27; 막 4:35-41)

어느 날, 예수께서 제자들과 함께 배에 오르시며 말씀하신다.

"자, 호수 건너편으로 건너가도록 가자."

여기 호수는 '갈릴리 호수'다. 예루살렘에서 북쪽으로 대략 96km 지점의 갈릴리 지방 동편에 있는 팔레스타인 최대의 담수호! 헤르몬산과 레바논산의 만년설이 녹아내린 깨끗한 물로 가득한 갈릴리 호수는 투명한 감청색을 띠고 있다. 남북의 길이 21km 정도, 동서의 가장 넓은 폭은 13km 정도이며, 해면은 지중해 해면보다 210m가량 낮고, 얕은 곳의 수심은 25m 정도, 깊은 곳의 수심은 228m 정도까지 이른다. 워낙 큰 호수이기에 종종 '갈릴리 바다'로도 불린다.

예수님 일행이 배를 타고 갈릴리 바다를 건너가는 동안, 육신이 피곤하셨던 예수께서는 잠이 드셨다. 그런데 갑자기 바람이 점차 일기 시작하더니, 이내 큰 폭풍으로 변했다. 갈릴리 바다에서의 폭풍은 드문 일이 아니었다. 주변의 높은 산들의 협곡에서 생기는 차가운 바람이 불어 닥치면, 때 아닌 광풍이 갑자기 생겨날 때가 종종 있곤 했다.

큰 광풍으로 인해 배에 물이 들이닥치고, 점차 차오르기 시작했다.

"큰일났다! 이러다 배가 가라앉겠다! 이를 어째…!"

제자들은 크게 놀라고 당황하여 곧장 예수께로 달려갔다. 그들은 고이 주무시고 계신 예수님을 흔들어 깨우며 다급하게 외친다.

"주님! 주님! 배가 곧 가라앉아 우리가 다 죽게 생겼습니다! 어떻게 좀 해보십시오!"

예수께서 잠에서 깨어나신 뒤 자리에서 일어나셨다. 그러고선 의연한 표정으로 세찬 바람과 성난 파도를 꾸짖으며 명령하신다.

"그만! 이제 잠잠하라!"

그러자 놀랍게도 바람이 뚝 그치고 파도가 가라앉더니, 즉시 바다가 고요해졌다. 주인의 말에 깜짝 놀라 순순히 복종하는 충견의 모습과 같았다. 바다가 잔잔해지자, 예수께서 제자들을 바라보며 말씀하신다.

"너희는 왜 그리 믿음이 없는 것이냐?"

제자들은 민망한 표정으로 예수님의 얼굴을 피했다. 그러면서 저마다 두려움과 놀라움으로 가득 차서 서로를 향해 수군거린다.

"도대체 우리 스승님은 어떤 분이시기에, 성난 바람과 파도조차도 순순히 복종한단 말인가?"

귀신과 돼지 떼(8:26-39; 마 8:28-34; 막 5:1-20)

갈릴리 호수를 건넌 예수님 일행은 호수 맞은편에 있는 거라사 지방에 닿았다. 이곳은 갈릴리 호수의 동쪽 해안에 있는 마을로, 다른 복음서에는 '가다라 지방'으로도 표기되었다. 예수께서 배에서 내리실 때, 그곳에 사는 귀신 들린 사람과 딱 마주쳤다.

이 사람은 오랫동안 귀신에게 사로잡혀 옷도 입지 않고 집도 없이 무덤 사이에서 미치광이처럼 살고 있었다. 사람들이 쇠사슬과 쇠고랑으로 그 사람을 단단히 묶어 놓아도, 그것들을 모두 끊어버리고 수시로 광야로 뛰쳐나가곤 했다. 그런데 그 사람이 예수님을 보자마자 갑자기 비명을 꽥꽥 지르며 예수님 앞에 납작 엎드리더니 큰 소리로 외친다.

"아, 아, 지극히 높으신 하나님의 아들 예수여, 저를 어찌 하시렵니까? 제발, 저를 좀 괴롭히지 말아 주십시오."

그 사람이 이렇게 말한 것은, 예수께서 이미 그 사람 안에 있는 악한 귀신들더러 밖으로 나오라고 명령하셨기 때문이다. 그래서 귀신들은 예수님에게 자신들을 괴롭히지 말아 달라고 간청한 것인데, 이는 최후 심판의 때가 이르기도 전에 예수께서 자신들의 일에 개입하여 자기들이 거처로 삼은 인간의 몸에서 내쫓으려 하셨기 때문이다. 이때 예수께서 그 사람에게 물으신다.

"네 이름이 무엇이냐?"

그러자 그 사람 속에 있는 귀신들이 대답한다.

"저희들의 이름은 '군대'입니다."

딱 맞는 이름이다. 마치 군대처럼, 수많은 귀신들이 그 사람 안에 거처를 잡고 달라붙어 있었기 때문이다. 이로 볼 때 귀신들에게도 이름이 있다. 영적 피조물인 귀신도 타락하기 전에는 본래 천사였다. 그래서 천사에게 이름이 있듯, 귀신에게도 이름이 있는 것이다. 여기 거라사 광인에게 들린 귀신의 이름은 '군대' 곧 헬라어로 '레기온'이었는데, 그 뜻은 당시 6천 명으로 구성된 로마군대의 1개 군단을 가리키는 말이었다.

"하나님의 아들 예수여, 아직은… 아직은 우리 때가 남아 있지 않습니까? 그러니 제발 우리를 무저갱에 던져 넣지 말아 주십시오!"

귀신들은 지금 당장은 자기들을 무저갱에 던져 넣지 말아달라고 예수께 싹싹 빌었다. 무저갱(無底坑)은 '바닥이 없는 깊은 구덩이'를 뜻한다. 이곳은 최후 심판을 위해 사탄(마귀)과 그의 추종 세력들(귀신들)을 임시로 가두어 두는 처소였다. 마침, 그곳과 가까운 산기슭에 놓아기르는 돼지 떼가 있었다. 귀신들이 그 돼지 떼를 보더니, 자기들을 그 돼지들 속으로 들어가게 해달라고 간청했다.

"좋다, 그리 하라!"

예수께서 허락하시자, 귀신들은 그 사람에게서 우르르 몰려나와 돼지들 속으로 들어갔다. 그러자 돼지들이 뭔가에 크게 홀린 듯 비명을 지르며 산비탈을 우르르 내리달리더니, 갈릴리 호수에 풍덩풍덩 다 빠져죽고 말았다.

"아, 아니! 저럴 수가! 어째서 돼지들이 갑자기?"

그런 광경을 보고, 돼지 치던 자들이 가까운 읍내와 마을을 다니면서 그 사실을 알리고 다녔다. 그러자 소식을 전해들은 사람들이 대체 무슨 일이 일어났는지 보려고 여기저기서 우르르 몰려 나왔다.

몰려나온 사람들은 귀신 들려 미치광이처럼 행동하던 그 사람이 옷을 입은 상태로 아주 멀쩡하게 예수님의 발 앞에 조용히 앉아 있는 것을 보고는 모두가 크게 놀라고 겁에 질렸다. 그런 그들에게 그동안의 일을 처음부터 계속 지켜보고 있었던 사람들이 나서서 그 미치광이가 어떻게 치유받게 되었는지를 자초지종 이야기해 주었다.

이야기를 전해들은 거라사 인근의 모든 사람들은 크게 두려워했다. 하나님을 경외하지 않는 그들에게 예수님의 초자연적인 능력은 어떤 미신적인 두려움을 가져다주었기 때문이다. 그들은 예수께 자신들의 마을을 떠나 달라고 간청했다. 예수님으로 인해 또 다른 물질적인 손해를 입을까 염려했기 때문이다.

"그리 간청하니… 알겠소. 여기를 떠나겠소."

예수께서 거라사 마을을 떠나시려고 다시 갈릴리 바닷가로 가서 배에 오르셨다. 그때 귀신 들렸다가 고침 받은 그 사람이 예수님을 뒤따라와 자신도 함께 따라가게 해 달라고 부탁했다. 그러나 예수께서 허락하지 않으시고는 그를 돌려보내시며 말씀하신다.

"당신은 집으로 돌아가는 게 좋겠소. 그런 뒤 하나님께서 당신에게 얼마나 놀라운 일을 베푸셨는지, 주위 사람들에게 알려주도록 하시오."

그 사람은 아쉬운 듯 발길을 돌려 집으로 돌아갔다. 그런 뒤, 예수님의 말씀대로 온 마을을 돌아다니면서 예수께서 자신에게 베푸신 크고 놀라운 일을 모든 사람들에게 낱낱이 알렸다. 거친 풍랑 이는 갈릴리 바다를 잔잔하게 하신 예수님은 그 남자의 미친 마음, 거친 정신도 잔잔하게 해주었다. 예수님은 진실로 하나님의 아들이었다.

회당장의 딸과 혈루병 걸린 여자(8:40-56; 마 9:18-26; 막 5:21-43)

예수님과 제자들은 거라사 마을을 떠나 배를 타고 갈릴리 바다를 건너 가버나움으로 다시 돌아왔다. 기다리고 있던 군중들이 예수님을 반갑게 맞았다. 그때 '야이로'란 이름을 가진 가버나움 회당장이 앞으로 나와 예수께 오더니, 예수님의 발 앞에 엎드려 간청한다. 회당장은 유대인들의 예배 처소인 회당에서 예배, 교육, 관리 등 회당에 관한 모든 업무를 총괄하는 책임자를 가리킨다.

"선생님, 지금 하나밖에 없는 어린 딸이 몹쓸 병으로 죽어가고 있습니다. 고작 열두 살 난 딸이 너무나 가엽습니다. 부디 저와 함께 제 집으로 가셔서 병든 제 딸을 고쳐주십시오."

예수께서는 흔쾌히 허락하시고 회당장 야이로와 함께 그의 집을 향해 가셨다. 이때 예수님을 에워싼 군중들이 서로 밀고 밀리면서 예수님을 우르르 뒤따라갔다. 그런 군중들 속에는 열두 해 동안이나 혈루병을 앓아온 한 여인이 섞여 있었다. 혈루병(血漏病)은 여성의 자궁에 이상이 생겨 피가 그치지 않고 계속해서 흐르는 만성 출혈병을 가리킨다. 레위기의 정결 율법은 이를 부정한 것으로 규정하였다. 12년째 고통을 겪고 있던 그녀는 자기 병을 고치기 위해 유명하다는 의사들을 찾아가 자기 재산을 전부 썼지만, 아무도 그 여인의 병을 고쳐주지 못했다. 돈만

탕진하고 몸만 축났을 뿐이다.

'이젠 예수님… 예수님이 나의 마지막 희망이다. 예수님은 어떤 병도 능히 고쳐주실 수 있는 분이야. 어떡하든지 그분을 꼭 만나야 한다.'

예수님의 옷자락을 만진 혈루병 앓아온 여인

이런 간절한 생각을 가지고 그녀는 예수께로 나아왔다. 줄곧 뒤따르며 기회를 노리던 그녀는 무리들을 비집고 예수님 뒤로 바짝 다가가 손을 쭉 뻗어 예수님의 옷자락을 만졌다. 몰래 만진 것이다. 대놓고 예수님께 나아갔다가는 사람들에 의해 거절당할 것이 분명하고, 그로 인해 사방의 사람들이 자기로 인해 부정하게 되어 성전 출입이 금지될 것이기 때문이다. 그래서 아무도 모르게 다가가 몰래 만진 것이다.

그러자 놀라운 일이 일어났다! 그녀가 예수님의 옷자락을 만지는 그 순간, 12년 동안 그치지 않던 하혈이 뚝 그치는 게 아닌가! 기적이었다. 그때 예수께서 뒤를 돌아보며 물으신다.

"누가 내 옷을 만졌소?"

아무도 나서는 사람이 없었다. 그러자 베드로가 말한다.

"스승님, 지금 수많은 군중이 스승님을 에워싼 채 밀어대고 있지 않습니까? 그러니 누군가의 몸이 무심코 옷자락에 대였겠지요."

"그렇지 않다. 누군가 일부러 내게 손을 댔고, 내게서 능력이 빠져나갔다. 내가 분명 그걸 안다."

혈루병 앓는 여인의 치유는 예수님 몰래 된 일이 아니다. 하나님의 아들이신 예수님은 전지하신 분으로 자신의 능력이 자신의 동의 없이 몰래 새나가는 것을 모르실 분이 결코 아니다. 그런데도 왜 예수님은 자기 옷에 손을 댄 자가 누구냐고 물으셨을까?

그 이유는, 혈루병 앓은 여인에게 일어난 내밀한 기적을 다른 사람들에게 공개적으로 알려 복음 전파의 기회로 삼기 위해서였다. 또한 치유받은 그 여인과 인격적인 관계를 맺어, 그녀에게 참된 마음의 평강과 위로를 주시기 위해서였다.

"오- 주님, 저… 접니다. 제, 제가 주님의 옷자락을 만졌습니다."

그 여자는 더는 숨길 수 없다는 것을 알고는, 두려워 벌벌 떨리는 목소리로 실토하면서 예수님 앞에 나아가 바짝 엎드렸다. 그런 뒤, 자신이 예수님의 옷을 만진 까닭과 그로 인해 자신의 오랜 병이 즉시 치유된 사실을 아뢰었다. 그러자 예수께서 그 여자를 향해 따스한 미소를 지으며 부드러운 목소리로 말씀하신다.

"딸이여, 당신의 믿음이 당신을 낫게 하였소. 두려워 말고 안심하시오. 자, 이제 평안히 돌아가시오. 그리고…."

예수께서 그 여자에게 말씀하고 계실 때, 회당장의 집에서 보낸 한 심부름꾼이 달려와서 회당장에게 울먹이는 목소리로 말한다.

"아, 회당장님! 그만… 그만 따님이 숨을 거두고 말았습니다. 이제 선생님께 더 이상 심려를 끼쳐드리지 마십시오. 늦었습니다."

그 말을 듣고 야이로의 안색이 돌연 창백하게 변했다. 예수께서 그런 야이로를 향해 위로하듯 말씀하신다.

"회당장은 두려워하지 말고, 그저 믿기만 하시오. 그러면, 그대의 딸이 나을 것이오."

"아, 딸아. 아, 제 어린 딸이 그만…. 흑흑."

예수님의 말씀은 그저 위로하는 말이라 생각했기에 슬픔이 북받쳐 회당장이라는 체면도 무릅쓰고 계속 흐느꼈다. 그러는 사이에 예수님 일행은 회당장 야이로의 집에 도착했다. 이때 예수께서는 베드로와 요한과 야고보, 그리고 병든 어린 딸의 부모 외에는 아무도 방안에 들어오지 못하게 하셨다. 세 제자와 어린 딸의 부모와 함께 병든 딸이 누워 있는 방안으로 들어가신 예수님은 죽은 소녀 곁에서 크게 슬퍼하며 곡하고 있는 사람들에게 말씀하신다.

"모두 울지 마십시오! 이 아이는 죽은 게 아니라, 다만 잠자고 있을 뿐입니다."

그러자 방안에 있던 사람들은 아이가 분명 죽은 것을 알고 있었기 때문에 속으로 예수님의 말을 비웃었다.

'저런! 저분이 상황을 전혀 모르고 여기 오신 것 같네. 쯧….'

그러나 예수께서는 사람들의 비웃음에 아랑곳없이 반듯이 누워 있는 그 아이의 손을 잡고서, 마치 잠에서 일으켜 세우듯 아이를 향해 힘차게 말씀하신다.

"아이야, 이제 일어나라!"

그 순간, 그 아이에게서 빠져나갔던 영혼이 아이에게로 다시 돌아왔다. 그러자 아이가 잠에서 깨어난 듯 자리에서 즉시 일어나 다소곳이 앉았다. 예수께서는 그 아이에게 먹을 것을 가져다주라고 이르셨다.

"오, 어떻게 이런 일이! 딸이… 내 딸이 살아나다니…!"

아이의 부모는 크게 놀라고 기뻐하면서 어쩔 줄 몰랐다. 예수께서는 그런 모습을 흡족한 표정으로 지켜보시고는, 이 일을 아무에게도 말하지 말라고 아이의 부모에게 당부하셨다. 예수님 자신이 '메시아'임을 사람들에게 공개적으로 드러낼 때가 아직 이르지 않았기 때문이다.

예수님은 회당장의 집을 나오셨다. 회당장이 급히 뒤따라 나오며 잠시 기다리면 음식을 대접하겠다고 거듭 강권한다. 고맙고 감사해서 어쩔 줄 모르는 표정이다. 뒤에선 깔깔거리며 웃는 열두 살 소녀의 웃음이 해맑다. 슬픔이 언제 그 집에 있었냐는 듯 회당장의 가정엔 다시 행복의 웃음꽃이 활짝 피었다.

9

열두 제자 파송과 변화산 사건

예수님이 세 제자를 데리고
산에 오르자 그 모습이 변하네
온통 영광스런 빛에 감싸여
모세, 엘리야와 이야기하시네

예수께서 열두 제자를 파송하심 (9:1-6; 마 10:5-15; 막 6:7-13)

하루는 예수께서 열두 제자를 한 자리에 불러 모으셨다. 그런 뒤 모든 제자들에게 귀신 쫓는 권세와 병 고치는 능력을 주셨다. 그러고는, 세상으로 나아가 하나님의 나라를 선포하고 병든 사람들을 고치라고 하셨다. 제자들을 내보내시며 예수께서 당부하신다.

"너희는 아무것도 가지고 가지 말아라. 지팡이도, 돈주머니도, 양식도, 돈도, 여벌의 옷도 가지고 가지 말아라."

최소한의 단출한 복장으로 가볍게 떠나라는 것이다. 예수께서 이렇게 당부하신 것은, 제자들이 자신들의 먹고 입고 쓸 것에 대해 전적으로 하나님을 의지하기를 바라셨기 때문이다. 하나님이 그들을 위해 준비해 놓으시고 공급해 주시는 놀라운 은혜를 제자들이 몸소 체험하기를 원하셨다. 하지만 이것은 당시의 특수한 경우다. 오늘날 모든 복음 전도자들이 이를 전도 사역의 전례로 삼을 수는 없다. 후일 사도 바울은 자신이 먹고 쓸 것을 스스로 준비하는, 이른바 자비량하면서 복음을 전했다. 예수님의 당부는 계속된다.

"어느 동네에 들어가든, 너희는 한 집에서만 계속 머물다 떠나라. 만일 사람들이 너희를 환영하지 않거든, 그곳을 떠나라. 떠날 때는, 그들에게 경고의 표시로 너희 신발의 먼지를 탈탈 털어버려라."

한 집에만 머물라고 당부하신 것은, 어떠한 곳이든 주어진 처소에 만족하라는 말이다. 처음 주어진 처소가 만족스럽지 않다고 더 좋은 데를 찾아 여기저기 옮겨 다니지 말라는 뜻이다. 그리고 배척하는 곳을 떠날 땐 신발의 먼지를 털어버리라고 하셨다. 예로부터 유대인은 이방 땅에서 돌아올 때 자신들의 거룩한 땅이 더럽혀지지 않도록 옷과 신발의 먼지를 털어냈다. 이에 근거하여, 예수님은 복음을 배척하는 사람들에게 경고를 주셨다. 만일 누구든지 복음을 거부한다면, 그들 역시 믿지 않는 이방 사람들처럼 하나님의 심판을 면치 못할 것임을 경고했던 것이다.

"네, 잘 알겠습니다. 그럼, 길을 떠나겠습니다."

제자들은 예수님의 당부를 마음에 새긴 뒤, 전도의 사명을 가슴에 품고 각자 길을 떠났다. 예수님과 동행하지 않고 처음으로 해보는 독자적인 전도 여행에 불안한 마음이 드는 것도 사실이었다. 그러나 제자들은 사명감을 갖고 이스라엘의 여러 마을을 두루 돌아다니며 하나님 나라의 복음을 담대하게 전하고 병든 사람들을 고쳤다. 그리하여 하나님의 나라는 누룩처럼 점점 번져나가고 겨자씨처럼 눈에 보이지는 않지만 점점 세를 불리고 있었다.

분봉왕 헤롯의 근심과 불안 (9:7-9; 마 14:1-12; 막 6:14-29)

"아니, 세상에 그런 자가 다 있다고? 그게 사실이렷다?"

그 무렵, 분봉왕 헤롯은 예수에 관한 모든 소문을 전해 듣고 불안하여 어쩔 줄 몰랐다. 분봉왕 헤롯은 예수님 탄생 시에 유대 땅을 통치했던 헤롯 대왕의 아들로 '헤롯 안티파스'를 가리킨다. 후일 공생애 마무리 시점에 예수님은 이 헤롯 앞에서 재판을 받으셨다. '분봉왕'이란 용어는 로마 황제로부터 국가의 사분의 일(1/4)을 다스리도록 임명받은 왕이란 뜻인데, 당시 헤롯 안티파스는 갈릴리 지역과 요단 동편의 베레아 지역을 다스렸다.

'대체 예수… 그자는 누구란 말인가? 어떤 사람은 세례 요한이 죽었다가 다시 살아난 인물이라 말하고, 어떤 사람은 엘리야가 다시 나타난 것이라 말하고, 더러는 옛날 선지자들 가운데 한 명이 다시 살아서 돌아온 것이라고 말하니…. 이거야 원, 대체 누구 말이 맞는 거야. 가만… 그런데 세례 요한은 내가 목 베어 죽인 자가 아니던가? 그런데 그자가 살아났다는 기이한 소문이 대체 왜 나돈단 말인가? 참으로 이상한 일이로다.'

분봉왕 헤롯 안티파스는 불안하고 초조한 마음으로 어떻게든 예수를 만나고 싶어 했다. 예수를 직접 만나, 자신이 들은 소문들이 진짜인지 확인하고 싶어서였다. 예수를 직접 앞에 두고 몇 가지를 심문한다면 그자가 어떤 생각을 갖고 있는지 금방 알아차릴 수 있을 것이다. 그러나 예수를 호출할 명분을 쉽게 만들어낼 수가 없었다.

오병이어의 기적 (9:10-17; 마 14:13-21; 막 6:30-44; 요 6:1-14)

"그래, 모두들 수고 많았다. 이제 벳새다 마을로 가보자."

전도 여행을 떠났던 제자들이 돌아와, 자신들이 행한 일을 예수께 모두 보고했다. 그러자 예수께서는 제자들을 격려하신 뒤 그들을 데리고 '벳새다' 마을로 향하셨다. 그러나 어떻게들 알았는지, 군중들이 그런 사실을 알아내고는 이내 예수님을 뒤따라왔다.

예수께서는 따로 조용히 벳새다 마을로 가려 하셨지만, 기왕 자신을 뒤따르는 무리를 따뜻이 맞아주시며, 그들에게 하나님 나라에 대해 가르쳐 주시고 병든 사람들을 고쳐주셨다. 그러던 중 어느새 뉘엿뉘엿 저녁 무렵이 되자, 열두 제자가 예수께로 와서 말한다.

"스승님, 여긴 너무 외진 곳입니다. 그러니 이제 사람들을 가까운 마을이나 농가로 내려가게 해서, 각자 잠잘 곳과 먹을 것을 알아보게 해야겠습니다."

현재 있는 곳은 빈 들판이므로, 해가 지기 전에 얼른 사람들을 돌려보내 각자 숙식을 해결하도록 조처해야 한다는 말이다. 제자들로서는 당연한 말이다. 그러나 예수께서는 제자들에게 의외의 말씀을 하신다.

"아니다, 그럴 것 없다. 너희가 저들에게 먹을 것을 갖다 주어라."

"아니, 저희가 손에 가진 것이라곤, 빵 다섯 덩이와 물고기 두 마리뿐입니다. 그런데 지금 어디로 가서 이 많은 사람들이 전부 먹을 음식을 사온단 말입니까?"

제자들이 크게 의아해하며 반문했다. 거기에 모인 사람들은 어른 남자들만 얼추 헤아려도 5천 명 정도였다. 그러니 제자들은 말도 안 된다는 듯 고개를 가로 저었다. 그동안 예수님이 행한 수많은 기적들을 매번 목도했으면서도 어떤 상황에 부딪히면 제자들은 여전히 이성적인 생각으로 판단할 뿐이었다. 그런 제자들을 향해 예수께서 말씀하신다.

"자, 사람들을 대략 50명씩 무리를 지어 둘러앉게 하여라."

제자들이 그대로 행하니, 사람들이 모두 벳새다 빈 들판에 무리를 지어 앉았다. 그런 모습을 보신 뒤, 예수께서는 빵 다섯 덩이와 물고기 두 마리를 손 위에 올려놓고 하늘을 우러러 감사기도를 하셨다. 그런 다음, 그 음식물을 친히 떼어 제자들에게 주시면서 무리 지어 둘러앉은 군중들에게 나누어주게 하셨다.

놀랍게도, 예수님의 손에서는 끊임없이 음식물이 계속 떼어져 나왔다. 그런 음식물을 제자들은 계속 받아서 군중들에게 골고루 나눠주었다.

오병이어(빵 다섯, 물고기 둘)의 기적

그렇게 해서 그 자리에 모인 사람들은 한 사람도 빠짐없이 모두가 배불리 먹었다. 그러니까 먹은 사람들을 얼추 계산해보면, 어른 남자들만 5천 명 정도였으므로, 여자들과 아이들까지 전부 합하면 2만 명은 족히 되었으리라.

뿐이랴! 사람들이 먹고 남은 음식물 부스러기를 주워 모으니, 무려 열두 광주리나 되었다. 이른바 벳새다 들판에서 일어난 '오병이어(五餠二魚) 기적'이다. 빵 다섯 덩이와 물고기 두 마리로 2만 명 넘는 사람들이 배불리 먹은 이 기적이 얼마나 놀랍고 인상적이었는지, 사복음서(마태복음, 마가복음, 누가복음, 요한복음)의 저자들이 한 명도 빠짐없이 전부 그 사실을 기록하였다. 그건 한두 사람에게 해당된 이적이 아니라, 모두가 골고루 혜택을 받은 생활 이적이기에 그만큼 마음에 와 닿았다.

베드로의 신앙고백 (9:18-20; 마 16:13-20; 막 8:27-30)

어느 날, 예수께서 혼자 기도하시다가 잠시 틈을 내어 함께 있는 제자들에게 질문을 던지신다.

"제자들아, 사람들이 나를 누구라 하더냐?"

그러자 제자들이 저마다 자신들이 들은 대로 대답한다.

"어떤 사람들은 스승님을 가리켜 '세례 요한'이라 하던데요."

"제가 듣기로는 스승님이 바로 '엘리야'라고 했습니다."

"저는 '옛 선지자들 가운데 한 명이 다시 살아났다'라고 하는 말을 들었어요."

"허허, 그래? 사람들이 그러더냐? 자, 그러면 너희는 나를 누구라고 생각하느냐?"

예수께서 이번에는 제자들의 생각을 직접 물으셨다. 예수께서는 사람들이 자신을 누구라고 생각하고 있는지에 대해 제자들에게 물었지만, 제자들이 그 문제에 대해 스스로 어떻게 생각하는지를 물으신 것이다. 예수님은 그로써 제자들로 하여금 예수님에 대한 신앙을 고백할 수 있는 기회를 제공하셨다. 이때 열두 제자 가운데 수석 제자요 맏형 역할을 하고 있는 베드로가 선뜻 앞으로 나서서 당차게 대답한다.

"네, 스승님은 하나님께서 보내신 '그리스도'이십니다!"

순간, 정적이 흘렀다. 베드로의 이 답변은 지금까지 의문시 되어 왔던 스승님의 정체를 공식적으로 천명한 것이었다. 과연 베드로의 답변이 맞는 것일까? 제자들은 스승님의 반응을 기다린다.

베드로의 신앙고백: "주님은 그리스도이십니다!"

수난에 대한 첫 번째 예고(9:21-27; 마 16:21-28; 막 8:31-9:1)

예수님의 입가에 흐뭇한 미소가 감돌았다. 수석 제자요 맏형답게 제대로 알고 있다는 만족의 표시였다. 하지만 예수께서는 제자들에게 그 말을 누구에게도 하지 말라고 엄중하게 이르셨다. 전도 사역의 스케줄상 자신이 그리스도(메시아)임을 공개적으로 드러낼 때가 아직 이르지 않았기 때문이다. 그러면서 예수께서 제자들에게 말씀하신다.

"내 말을 새겨듣도록 하여라. 머잖아 인자는 많은 고난을 겪은 뒤, 장로들과 대제사장들과 율법 교사들에게 배척을 받아 마침내 죽임을 당할 것이다. 그러나 죽은 뒤, 사흘 만에 무덤에서 다시 살아날 것이다."

예수께서 제자들에게 알려주신바 자신의 십자가 수난에 대한 제1차 예고다. 하지만 이때 제자들은 예수님이 무슨 말씀을 하고 계신지 누구도 제대로 이해하지 못했다. 이어 예수님은 무리에게로 가시더니 그들을 향해 말씀하신다.

"여러분, 누구든지 나를 따르려거든 자기를 부인하고 날마다 자기 십자가를 지고 나를 따라야 합니다."

'자기를 부인하는 삶'은 하나님과 그분의 나라를 위해 자신의 생각이나 욕심을 포기하는 소극적인 태도를, '십자가를 지는 삶'은 하나님과 그분의 나라를 위해 고난을 견디고 죽음까지도 각오하는 적극적인 태도를 가리킨다. 예수님의 말씀은 이어진다.

"누구든지 나를 위해 자기 목숨을 버리는 자는 구원을 받을 것이지만, 자기 목숨을 보존하려고 나를 버리는 사람은 그 목숨을 잃고 말 것입니다. 사람이 온 세상을 다 얻는다고 해도, 자기 목숨을 잃어버리거나 망친다면 무슨 유익이 있겠습니까."

목숨(생명)에 대한 역설적인 진리다. 자기 육신의 목숨을 보존하려고 참되고 영원한 생명이신 그리스도(메시아) 예수를 버리는 자는 영생을 잃게 될 것이고, 참되고 영원한 생명이신 그리스도 예수를 위해 자기 육신의 목숨을 포기하는 자는 영생을 얻게 될 것이라는 가르침이다.

"여러분, 누구든지 나와 내 말을 부끄럽게 여기면, 인자도 장차 아버지와 거룩한 천사들과 함께 큰 영광에 휩싸여 이 땅에 다시 올 때 그 사람을 부끄럽게 여길 것입니다."

예수님은 자신의 재림에 관해 이야기하신다. 초림은 이미 이루어졌고 장차 재림의 때가 올 터인데, 그때에 누구든지 그리스도 예수에 관해 어떤 자세를 취했느냐에 따라 그대로 똑같이 취급받을 것이라는 가르침이다. 이어 아주 놀라운 말씀을 하신다.

"내가 여러분에게 분명히 말합니다. 여기 있는 사람들 중에서도 죽기 전에 하나님의 나라가 임하는 것을 볼 사람이 있을 것입니다."

이 말은 예수님의 재림을 가리키는 말이 아니다. 예수님의 죽음과 부활 이후 오순절에 성령이 이 땅에 강림하시고, 이어 제자들이 도처에 그리스도의 복음을 전파하여 온 땅에 교회가 세워짐으로써 영적 차원에서 하나님의 나라가 건설되고 확장되는 현상을 가리키는 말이다. 그런 과정에서 예수님의 제자들은 생전에 정말로 하나님의 나라가 임하고 있다는 사실을 생생하게 체험했으리라.

영광스럽게 변모하신 예수님 (9:28-36; 마 17:1-8; 막 9:2-8)

그로부터 여드레 후, 예수께서는 베드로, 야고보, 요한만을 데리고 기도하러 높은 산으로 올라가셨다. 예수님은 따로 떨어져 기도하셨고, 세 제자는 조금 떨어진 곳에 함께 모여 있었다. 그런데 이게 웬일인가! 예수께서 기도하시는 동안, 예수님의 얼굴 모습이 갑자기 환하게 변했다. 또한 예수님의 옷도 순백의 눈처럼 완전히 희어져서 눈부시게 빛났다. 예수님의 모습이 영광스럽게 변모한 것이다. 그와 동시에 갑자기 두 사람이 나타났다. 구약시대의 유명한 두 인물, 모세와 엘리야였다.

모세와 엘리야! 이들은 오래전에 죽은 자들이 아닌가! 그런데 어떻게 그들이 죽음의 세계로부터 다시 살아서 돌아올 수 있었을까? 이때 하나님은 그들을 영적 세계로부터 잠시 데려오셔서 예수님과 함께 이 특별한 때에 나타날 수 있게 하셨던 듯하다.

하지만 이를 영매(靈媒)들의 거짓되고 악한 행습과 혼동해선 안 된다. 또한 강신(降神)도 아니고 환생도 아니다. 이는 예수님을 유대인들의 종교적인 유산과 연계시킨 사건임이 분명하다. 여기서 모세는 율법의 대표자로, 엘리야는 예언의 대표자로 참예하였다. 그들은 예수님이 가르치신 새 언약의 보증인이 됨으로써 그 새로운 언약의 우월성을 입증한 것이다.

가운데 계신 예수님과 그분 좌우의 모세와 엘리야, 그들은 눈부시게 빛나는 영광스러운 광채에 휩싸여 이야기를 주고받고 있었다. 무슨 이야기를 나누었을까? 그들은 장차 예루살렘에서 일어날 일, 곧 예수님의 십자가 수난과 죽음에 대해서 이야기를 나누고 있었다.

"아앗! 저, 저, 저분들은?"

그때 베드로와 다른 두 제자(야고보, 요한)는 깜빡 잠들어 있다가 부스스 깨어났는데, 큰 광채와 영광에 휩싸여 있는 예수님의 모습을 보았고, 또 그런 예수님과 함께 서 있는 두 사람(모세, 엘리야)을 보았다. 경이로운 광경에 세 제자의 눈이 휘둥그레졌다. 그 순간, 두 사람이 예수님을 떠나가려고 했다. 그러자 베드로가 두 사람을 말리듯 다급한 목소리로 불쑥 말한다.

"스승님, 저희가 여기서 이대로 지낸다면 얼마나 좋겠습니까. 그래서 이곳에 초막 세 채를 지으면 어떨까요? 한 채는 스승님을 위해, 또 한 채는 모세를 위해, 또 한 채는 엘리야를 위해 짓는 것입니다. 제 생각이 어떻습니까?"

베드로가 이런 말을 하는 동안, 어디선가 빽빽한 구름이 몰려오더니 그 세 사람(예수님, 모세, 엘리야)을 뒤덮었다. 그들의 모습이 구름에 뒤덮여 자취를 감추자 제자들이 몹시 두려워했다. 바로 그때, 빽빽한 구름 속에서 장엄한 음성이 들려온다. 하나님의 목소리다.

"보라, 이는 내 아들이요 내가 택한 자니라. 너희는 그의 말을 들어라!"

하나님의 장엄한 목소리에 제자들이 두려워 벌벌 떨며 그 자리에 납작 엎드러졌다. 그리고 하나님의 음성이 들린 후에 제자들이 겨우 몸을 수습하여 바라보니 그곳에는 오직 예수님만 계셨다. 두 사람(모세, 엘리야)은 어디론가 사라지고 없었다. 어안이 벙벙해진 제자들은 입을 다물고 자기들이 본 것을 얼마 동안 누구에게도 말하지 않았다. 섣불리 말하기엔 너무나 놀랍고 영광스럽고 기묘하며 엄중한 광경이었기 때문이다. 다른 제자들이 그 상황을 듣게 된 것은 그 일이 있고 나서 한참 후였다.

귀신 들린 소년을 고치심(9:37-43; 마 17:14-18; 막 9:14-27)

다음 날, 예수님이 세 제자와 함께 산에서 내려오자 수많은 사람들이 예수님을 반갑게 맞았다. 그때 무리 가운데 한 사람이 다급하게 외친다.

"선생님, 제발 제 아들을 좀 봐주십시오. 이 아이는 하나밖에 없는 제 외아들입니다. 귀신이 그 아이를 사로잡으면, 아이가 비명을 지르고 경련을 일으켜 입에서 거품을 흘리고 온몸에 상처 나도록 마구 뒹굽니다. 그래서 제가 선생님의 제자들에게 귀신을 쫓아 달라고 청했지만, 그들은 귀신을 쫓아내지 못했습니다."

앞서 예수님은 제자들에게 귀신 내쫓는 권세와 능력을 주셨다. 그런데도 제자들은 왜 귀신을 쫓아내지 못했을까?

다른 복음서(마태복음, 마가복음)를 보면, 귀신을 쫓아내는 데 실패하고 크게 당황한 예수님의 제자들이 자신들은 왜 귀신을 내쫓지 못했는지 예수님께 질문하는 장면이 나온다. 그때 예수님은 악령(귀신)의 세력을 이기기 위해서는 믿음과 기도가 필요하다고 답변하셨다. 그러니까 산

아래에 있던 제자들은 믿음과 기도가 부족하여 귀신을 쫓아내지 못했던 것이다. 귀신들린 아이의 아버지가 하는 말을 듣고, 예수께서 무척 답답하고 안타까운 어조로 말씀하신다.

"아, 믿음이 없고 비뚤어진 세대여! 내가 언제까지 당신들과 함께 있어야 하며, 언제까지 당신들을 보고 참아야 하겠소. 그 아이를 당장 이리로 데려오시오."

스스로의 믿음과 기도 없이, 하나부터 열까지 모두 예수님이 다 해주어야 하고, 모두가 손을 놓고 예수님만 바라보는 상황이 무척 답답했던 것이다. 어쨌든 예수님의 말을 듣고, 아이 아버지는 기대에 부푼 발걸음으로 부리나케 아이를 데리고 예수께로 왔다. 그런데 아이가 예수께로 오는 도중, 귀신은 그 아이를 땅에다 거꾸러뜨리고 심한 경련을 일으키게 했다.

여기 등장하는 소년의 경우처럼, 때로 귀신들림은 경련과 발작 같은 눈에 보이는 뚜렷한 육체적 증상으로 나타나기도 한다. 하지만 그런 현상들이 모두 귀신들림 때문만은 아니다. 많은 경우, 귀신들림과는 상관없이 신경쇠약 같은 허약한 정신과 육체 상태가 그 원인일 수도 있다.

"너 더럽고 악한 귀신아! 당장 그 아이에게서 나오라!"

예수께서 소년을 사로잡고 있던 악한 귀신을 꾸짖자, 귀신은 단말마 같은 격한 비명을 내지르며 그 소년의 몸에서 나와 어디론가 달아났다. 그렇게 아이를 고치신 후, 예수님은 멀쩡해진 그 소년을 그의 아버지에게 돌려주셨다. 그러자 사람들은 예수님을 통해 나타난 하나님의 위대한 능력을 보고, 모두 놀라며 크게 두려워했다. 그 소년은 아직도 뭐가 뭔지 모르는 눈치다. 오직 소년의 아버지만이 아들을 붙들고 감동의 눈물을 흘린다.

수난에 대한 두 번째 예고(9:44-45; 마 17:22-23; 막 9:30-32)

예수께서 준엄하게 귀신을 꾸짖어 즉시 내쫓는 것을 보고 사람들이 크게 놀라며 감탄하고 있을 때, 예수께서 제자들에게 따로 말씀하신다. 상당히 의외의 말씀이다.

"너희는 내 말을 마음에 새겨듣도록 하여라. 장차 인자는 사람들에게 배반당하여, 나를 죽이려는 자들의 손에 넘겨지게 될 것이다."

이른바 예수님의 십자가 수난에 대한 제2차 예고다. 이렇게 예수님은 일정한 기간을 두고 자신의 십자가 수난에 대해 예고하심으로써 제자들의 마음자세를 점차적으로 준비시키셨다. 그런데 이때까지만 해도 제자들은 예수님이 하신 이 같은 말씀의 뜻을 제대로 깨닫지 못했다.

가장 높은 사람은 누구인가(9:46-48; 마 18:1-5; 막 9:33-37)

"장차 예수님이 왕국을 세우면 나의 공로가 가장 크게 인정받을 거야!"

"무슨 엉뚱한 소리야? 당연히 내가 가장 높은 자리에 앉아야 마땅하지!"

하루는 제자들 사이에서 누가 자기들 가운데 가장 크고 높은지를 두고 말다툼이 벌어졌다. 예수께서 제자들의 그런 철딱서니 없는 모습을 보시고, 가까이에 있던 어린아이 하나를 자기 곁에 세우신 뒤 제자들에게 말씀하신다.

"보아라, 누구든지 내 이름으로 이런 어린아이를 영접하면 곧 나를 영접하는 것이다. 또 누구든지 나를 영접하면 곧 나를 보내신 하나님을 영접하는 것이다. 진실로 너희에게 말한다. 너희 가운데 가장 낮은 사람이 실상은 가장 높은 사람이다."

오늘날에도 사람들은 눈에 보이는 가치만을 중요시한다. 서로 자리다툼을 하고, 서로 누가 높은지 논쟁한다. 여기에서는 예수님을 따른다고 하는 제자들마저도, 자신들의 공로를 인정받고 자신들의 필요를 채우기 위해 주를 따르고 있음을 단적으로 보여준다. 이들을 향해 예수님은 자기 자신을 스스로 한껏 낮추는 겸손의 자세를 가지라고 요구하신다. 이러한 겸손의 일례로 예수님은 당시에 세상에서 하찮은 존재로 가볍게 취급받던 어린아이를 따뜻한 가슴으로 영접하는 것이라고 소개하셨다.

이처럼 사람들에게 존경받는 위대한 사람이란 자신을 스스로 낮춰 어린아이처럼 겸손함을 지닌 자라는 예수님의 역설적인 가르침은 당시 스스로를 높여 위엄을 갖추는 사람이 인정을 받던 사회에서 실로 놀랍고도 혁명적인 가르침이었다.

반대하지 않는 사람은 우리 편 (9:49-50; 막 9:38-40)

그때 제자들 가운데 요한이 예수께 와서 씩씩하게 아뢴다.

"스승님, 세상에 이런 일도 있습니까? 글쎄 말입니다. 우리를 따르지도 않는 어떤 사람이 스승님의 이름으로 귀신을 쫓아내는 걸 보았습니다. 그래서 저희가 그렇게 하지 못하도록 그 사람을 막았습니다."

이때 요한은 예수께서 잘했다고 칭찬해주실 줄 기대했다. 그러나 예수님의 답변은 의외였다.

"아니다, 그냥 놔두어라. 누구든지 너희를 반대하지 않는 사람은 너희를 위하는 사람이니라."

이때 예수님은 제자들에게 관용과 포용의 자세를 가르치셨다. 이처럼 믿는 자들의 모임은 되도록이면 다른 이들을 거부하고 물리치는 배타적 감정을 지닌 폐쇄적 공동체가 되어선 안 된다. 대신에, 큰 틀에서 생각하고 열린 마음으로 되도록이면 다른 이들을 용서하고 포용하는 개방적인 공동체가 되어야 한다.

사마리아 동네의 사람들이 예수님을 냉대하고 배척함 (9:51-56)

때는 주후 29년경 늦가을 혹은 초겨울쯤, 예수께서는 갈릴리 지역을 떠나 이스라엘의 도성인 예루살렘으로 올라가기로 결심하셨다.

예수님은 갈릴리를 떠나 도중에 있는 사마리아를 거쳐 가시려고 심부름꾼들을 앞서 보내 사마리아 동네에 들어가서 일행이 묵을 방을 구하라고 하셨다. 그런데 그들이 방을 구하지 못한 채 그냥 돌아왔다. 그 까닭은, 예수께서 예루살렘으로 올라가신다는 말을 듣고 사마리아 동네 사람들이 예수님 일행을 맞아들이지 않겠다고 거절했기 때문이다. 왜 그랬을까?

사마리아 사람들은 누구든지 예루살렘으로 올라가 그곳에서 예배드리는 자를 싫어하고 배척했다. 왜냐하면 그들은 조상의 전통에 따라 하나님과 만날 수 있는 유일한 예배 장소는 예루살렘이 아니라 '그리심 산'이라고 믿었기 때문이다. 이 같은 종교적 이유에 더하여 인종적인 차이 때문에 오랜 세월 동안 사마리아인과 유대인 사이에는 깊은 적대감이 존재하고 있었다.

"뭣이? 사마리아 사람들이 우리를 배척한다고? 저런 괘씸한 자들!"

심부름꾼들의 말을 전해 듣고, 세베대의 두 아들인 야고보와 요한이 화를 벌컥 내며 예수님께 강력하게 건의한다.

"주님, 저희가 하나님께 요청하여 하늘에서 불벼락을 내리게 해서 저들을 모조리 태워버리게끔 할까요?"

그러자 예수께서 어이없다는 듯 뒤돌아서서 그들을 꾸짖으신다.

"안 된다, 어찌 그런 못된 생각을 하는 것이냐!"

야고보와 요한은 머쓱해졌다. 예수님은 제자들을 데리고 사마리아 동네를 피해 다른 마을로 가셨다.

누구든지 예수님을 따르려면 (9:57-62; 마 8:19-22)

예수님 일행이 예루살렘을 향해 길을 가고 있을 때, 어디선가 한 사람이 예수님께 불쑥 나와서 말한다.

"선생님, 선생님이 가시는 곳이면 저도 어디든지 따라 가겠습니다. 저를 제자로 삼아 주십시오."

예수께서 그 사람에게 대답하신다.

"보시오, 여우도 굴이 있고 공중의 새도 보금자리가 있소. 하지만 보다시피 인자는 머리 누일 곳조차 없소."

예수님은 그 사람을 제자로 받아들이지 않았다. 사내는 민망한 얼굴로 돌아섰다. 예수님께서는 매사에 이렇게 돌려보내는 것은 아니다. 한번은 예수께서 먼저 어떤 사람에게 말한 적이 있었다. "당신은 나를 따르도록 하시오."

그러자 그 사람은 예수님께 이렇게 대답했다. "네, 알겠습니다. 그렇지만 먼저 해야 할 일이 있습니다. 가서, 제 아버지의 장례를 치른 다음에 다시 와서 따르겠습니다."

그때 예수께서 그 사람에게 말씀하셨다. "안 되오. 죽은 자들은 죽은 자들로 하여금 장사지내게 하고, 당신은 먼저 하나님의 나라를 온 세상에 전파해야 하오."

여기서 앞의 '죽은 자들'은 실제 육체적으로 죽은 자들을, 뒤의 '죽은 자들'은 복음을 받아들이지 못하여 영적으로 죽은 자들을 가리킨다. 예수님은, 육신의 일은 육(肉)에 속한 자들에게 맡기고, 주님의 제자가 되려는 자들은 무엇보다 주님의 일에 우선해야 하고 그 일에 전념해야 한다는 것을 가르친 것이다.

한번은 또 다른 사람이 예수께 나아와 말했다. "주님, 저는 주님을 따르겠습니다. 하지만 먼저 집안사람들과 작별인사를 하고 오겠습니다."

이 사람의 의도는 단순히 가족, 친지들과 작별인사만 나누겠다는 것이 아니다. 예수님의 제자가 되는 문제를 놓고 가족, 친지들과 논의를 해서 결정하겠다는 말이다. 그래서 예수님은 그 사람에게 이렇게 말씀하셨다.

"누구든지 손에 쟁기를 잡고 뒤를 돌아보는 사람은 하나님의 나라에 적합하지 않소."

농부가 손에 쟁기를 잡은 채 뒤를 돌아보면 밭이랑이 삐뚤빼뚤하게 되는 결과를 초래한다. 농사가 엉망이 되는 것이다. 마찬가지로 하나님 나라의 농사를 그런 자들에게 맡길 수는 없는 법이다.

이처럼 예수님의 참된 제자가 된다는 것은 결코 쉬운 일이 아니다. 그래서 예수님은 자신의 제자가 되려는 자들을 선뜻 받아들이지 아니하시고, 그들에게 먼저 제자의 자세를 일러주셨다. 요약하면 이러하다.

첫째, 제자는 세상의 부귀영광을 기대해선 안 되고, 도리어 고난과 역경을 기꺼이 감수해야 한다.

둘째, 제자는 세상의 모든 일에 앞서 하나님 나라의 일을 가장 우선시해야 한다.

셋째, 하나님의 일을 하려는 제자는 세상적인 집착과 인간적인 미련을 모두 떨쳐버려야 한다.

물론, 가장 기본적인 조건은 예수님께서 그 사람을 자신의 제자로 받아주어야 한다는 것이다.

10

70인 파송과 선한 사마리아인

한 율법 교사가 영생의 길을 묻자
예수님은 하나님과 이웃 사랑을 말하며
강도 만난 사람을 보살핀
선한 사마리아인 비유를 드시네

예수께서 칠십 명의 제자들을 파견하심 (10:1-16; 마 11:20-24)

예수님 일행은 갈릴리 지역을 떠나 예루살렘으로 올라가고 있었다(주후 29년경 초겨울쯤). 하루는 예수께서 자신을 따르는 제자들 가운데서 70명을 가려 뽑아 세우신 뒤, 자신이 가시려고 계획한 동네와 마을로 둘씩 짝지어 보내셨다. 서로 돕고 격려함으로써 효력 있는 증인들이 되기 위함이다. 이때 예수님은 그들을 보내시면서 격려하고 당부하신다.

"아, 추수할 것들은 참으로 많지만 추수할 일꾼들이 너무나 적구나. 그러니 너희는 추수하는 주인에게 청하여 보다 많은 일꾼들을 보내 달라고 하여라."

비유적인 표현이다. '추수할 것들'은 전도의 대상인 세상 사람들을, '추수할 일꾼들'은 천국 복음을 전할 하나님 나라의 사역자들을, '추수하는 주인'은 하나님을 가리킨다.

"자, 이제 가거라! 내가 너희를 세상에 보내는 것이 마치 어린 양을 이리 떼 가운데로 보내는 것 같구나."

'이리 떼 가운데의 어린 양'은 생명을 잃을 수도 있는 극히 위험한 상태를 뜻한다. 예수님은, 70명의 제자들이 지금 자신들이 어떤 상황 속으로 들어가는지 알기를 원했다. 천국 복음을 전할 때 그들은 세상 사람들에게서 배척당할 수도 있고, 심지어 목숨까지 잃을 수 있다는 사실을 각오해야 했다.

예수께서 일흔 제자들을 각 마을로 파송하심

"너희는 갈 때, 돈이나 양식 자루나 여벌 신을 가지고 가지 말아라. 또 길에서 인사하느라고 시간을 허비하지 말아라."

예수님은 오직 하나님만 의지하는 심정으로 복음 전도의 현장에 담대히 나아가기를 권했고, 또한 길에서 사람을 만나 문안하는 데 시간을 소비하지 않기를 원했다. 유대인들은 길손들끼리 길에서 만나면 길고 요란한 인사를 나눈다. 제자들이 관례를 좇아 이런 문안인사를 다 챙기다 보면 시급한 주님의 일을 하는 데 많은 지장이 있을 것이기 때문에 자제하라고 당부하신 것이다.

"너희가 어느 집에 들어가든지 '이 집에 평화가 있기를!'하고 빌어라. 평화를 받을 만한 사람이라면 그에게 평화가 임할 것이고, 그렇지 못한 사람이라면 너희에게로 그 평안이 되돌아올 것이다. 또 너희가 어느 마을에 들어가면, 오직 한 집에서만 계속 머물도록 하여라."

복음 전도자가 처음 초대받은 그 집에서만 계속 머물러야 하는 까닭이 있다. 더 좋은 조건의 집을 찾아 이리저리 옮겨 다니지 말아야 하기 때문이다. 만일 조건이 더 좋다고 해서 제자들이 이 집, 저 집으로 처소를 옮기면 결코 덕이 되지 않는다. 70명의 제자들을 향한 예수님의 당부는 이어진다.

"또 집주인이 주는 음식은 사양하지 말고 먹고 마셔라. 일꾼이 제 품삯을 받는 것은 당연한 일이다. 그렇다. 너희가 어느 마을에 들어가든지 사람들이 너희를 환영하거든, 너희에게 차려주는 음식을 무엇이든 까다롭게 굴지 말고 즐겁게 먹어라. 그리고 그 마을에 있는 병자들을 고쳐주면서 '하나님의 나라가 가까이 이르렀다!' 하고, 선포하여라."

제자들을 영접하는 곳에서는 그곳 사람들과 즐겁게 먹고 마시며 친교를 나누는 가운데 복음을 선포하고 기적의 능력을 베풀라는 말씀이다. 유대인들은 가리는 음식들이 많았다. 때로는 그들이 부정하게 여기는 음식이 제공될 수도 있다. 그런 때에 유대 관습에 매여 음식을 거절함으로써 상대방의 기분을 상하게 만들면 그 일로 복음 전파에 방해를 받는다. 그런 일들을 삼가라는 것이다.

"그러나 어느 마을에 들어가든지 그곳 사람들이 너희를 환영하지 않거든, 그 마을의 큰길로 나와서 말하기를 '우리는 우리 신발에 묻은 너희 마을의 먼지조차도 붙이고 가지 않을 것이다. 그러나 하나님의 나라가 가까이 왔다는 사실을 명심하라!' 하고, 외쳐라. 내가 너희에게 말한다. 장차 심판의 날에, 그 마을에 내릴 벌이 옛날 소돔 성읍이 받은 벌보다 더 가혹할 것이다."

신발에 묻은 먼지를 탈탈 털어낸다는 것! 유대인들에게 있어 그 행위는 어떤 사람 혹은 어떤 마을과 더는 아무런 관계가 없고 상종조차 하지 않겠다는 준엄한 경고의 표시였다. 이어서 예수님은 복음을 배척한 마을들과 성읍들을 향해 저주를 선포하신다.

"화를 입으리라, 고라신아! 화를 입으리라, 벳새다야! 내가 너희에게 베푼 기적들을 두로와 시돈에서 베풀었더라면, 그 성읍 사람들은 벌써 오래전에 베옷을 입고 재를 뒤집어쓰고 앉아 깊이 회개했을 것이다. 그러므로 장차 최후의 심판 날에 두로와 시돈이 너희보다 오히려 가벼운 벌을 받을 것이다. 그리고 너 가버나움아, 내가 네 죄를 어찌 이루 다 말하랴! 네가 하늘에까지 높아질 듯싶으냐? 어림도 없다! 저 땅 아래의 지옥에까지 떨어지리라."

여기 언급된 고라신, 벳새다, 가버나움 등은 이스라엘 북부의 갈릴리 지역, 그중에서도 갈릴리 바다 주변에 위치한 성읍들로, 예수께서 숱한 기적을 베푸신 곳들이다. 그러나 그곳 사람들은 예수님을 불신하고 천국 복음을 배척했다. 많이 보고 듣고 겪고서도 믿지 않은 것이다. 그래서 조금 보고 듣고 겪어서 믿지 않은 두로, 시돈 등에 비해 더 큰 징벌을 받을 운명에 처했다. 이처럼 알고서 지은 죄는 모르고 지은 죄보다 더욱 무거운 징벌을 받는다.

이제 일흔 명의 제자들을 향한 예수님의 당부는 마무리된다.

"너희를 환영하는 사람은 나를 환영하는 것이고, 너희를 박대하는 사람은 나를 박대하는 것이다. 그리고 나를 박대하는 사람은 나를 보내신 하나님을 박대하는 것이다."

예수님의 당부가 마무리되자, 제자들은 스승님의 당부를 가슴에 새긴 채 전도 대상자들을 찾아 힘차게 발걸음을 옮긴다.

일흔 제자들의 귀환 보고 (10:17-20)

며칠이 지난 후, 전도 여행을 떠났던 70명의 제자들이 기쁨에 가득 찬 모습으로 속속 돌아왔다. 그들은 예수님께 힘 있게 보고한다.

"주님, 글쎄 말입니다. 저희가 주님의 이름으로 명령하니까, 귀신들이 벌벌 떨며 저희에게 다 복종했습니다. 정말 놀라운 경험을 했습니다."

"정말 그렇다! 나는 사탄이 번갯불처럼 하늘나라에서 땅으로 떨어지는 것을 보았다."

이 말은, 사탄이 큰 타격을 입고 패배했다는 뜻이다. 제자들은 예수님의 능력을 힘입어 천국 복음을 전파했고 병든 자를 고쳤으며 귀신들을 쫓아냈다. 이 같은 제자들의 전도 사역은 사탄의 권세보다 예수님의 능력이 훨씬 크다는 것을 입증하기에 충분했다. 이처럼 예수께서 제자들과 더불어 하나님의 왕국을 땅 위에 세우기 시작했을 때 사탄의 처절한 패배는 이미 시작된 것이다. 예수님은 계속 말씀하신다.

"내가 너희에게 원수의 모든 세력을 꺾는 권세를 주었으니, 이제 너희는 뱀과 전갈을 짓밟을 수 있을 것이고, 아무것도 너희를 해치지 못할 것이다."

여기서 '뱀'이나 '전갈'은 사탄의 악한 세력을 상징하는 말이다. 따라서 이 말은, 예수님의 제자들이 복음 전파를 통해 사탄의 악한 세력을 짓밟고 깨뜨릴 것이라는 뜻이다. 사탄은 태초에 에덴동산에서 '뱀'을 이용하여 인류의 조상을 유혹하여 타락시켰다. 그러나 그때 하나님은 장차 '여자의 후손'이 뱀의 머리를 짓밟고 상하게 할 것이라고 말씀하셨다. 과연 이제 동정녀의 몸에서 태어난 메시아 예수와 그분의 능력을 힘입은 제자들이 뱀(사탄)의 머리를 짓밟고 상하게 한 것이다.

제자들은 스승님의 말씀에 신이 났고 힘이 났다. 그래서 더욱 자신감이 생겼고 자신들이 대단한 인물이 되었다는 생각에 사로잡혔다. 이때 예수님은 그들의 우쭐한 마음에 살짝 찬물을 끼얹는다.

"그러나 너희는 귀신들이 너희에게 복종한 사실로 인해 기뻐하지 말고, 너희 이름이 하늘나라에 기록된 사실로 인해 더욱 기뻐하여라."

이때 제자들은 사탄을 짓밟고 귀신을 내쫓은 기적의 수행만을 기뻐할 것이 아니었다. 왜냐하면 그런 능력을 행사한 제자들도 언젠가는 죽음을 맞이할 것이기 때문이다. 따라서 정말로 기뻐해야 할 것은 죽음 이후에 영생을 얻는 것, 곧 하늘나라의 생명책에 자신들의 이름이 기록된 사실로 인해 더욱 기뻐해야 하는 것이다.

예수님의 기쁨과 감사의 기도(10:21-24; 마 11:25-27; 13:16-17)

제자들의 성공적인 전도 사역에 관한 보고를 받고, 예수님은 성령으로 기쁨이 충만하여 하늘 아버지께 감사기도를 드린다.

"하늘과 땅의 주인이신 아버지, 아버지께 찬양을 드립니다. 아버지께서는 이 모든 것을 똑똑하고 지식이 많은 자들에게는 감추시고, 어린아이들에게는 밝히 나타내 보이셨습니다. 진실로 그렇습니다, 아버지! 감사합니다. 바로 이것이 아버지께서 기뻐하시는 바요, 아버지의 은혜로운 뜻입니다. 아버지께서는 모든 것을 내게 맡겨 주셨습니다. 아버지 외에는 아들을 참으로 아는 자가 없고, 또한 아들과 그 아들이 아버지를 나타내 보이려고 선택한 사람들 외에는 참으로 아버지를 아는 자가 없습니다."

죄인을 구원의 길로 인도하는 천국 복음, 그 복음이 당대에 똑똑하고 지식이 많다고 자부한 자들 곧 유대의 종교 지도자들에게는 감추어진 것이 되고, 반면에 어린아이처럼 순수하고 겸손한 자들에게는 밝히 드러나게 된 것을 감사하는 기도다. 그리고 그렇게 천국 복음의 비밀을 깨달은 자들은, 하나님의 아들이신 예수 그리스도에 의해 선택받은 자들임을 밝히는 기도다. 이 같은 감사기도를 드린 후, 예수께서는 열두 제자를 향해 따로 조용히 말씀하신다.

"제자들아, 너희가 지금 보고 있는 것을 보는 눈은 참으로 복이 있다. 옛적에 많은 선지자들과 왕들이 너희가 지금 보고 있는 것을 보고자 했지만 보지 못하였고, 너희가 지금 듣고 있는 것을 듣고자 했지만 듣지 못하였다."

제자들이 지금 보고 있고 듣고 있는 것! 그것은 인류의 참된 소망이신 메시아 예수와 또한 그분의 천국 복음으로 인해 힘차게 건설되고 있는 하나님의 나라다. 옛적 구약시대에 이스라엘의 위대한 선지자들과 훌륭한 왕들은 이 같은 메시아 왕국 보기를 심히 갈망했지만 직접 보지는 못했다. 그러나 메시아 예수의 시대에 살고 있는 사람들은 그런 현상을 두 눈으로 직접 보고 두 귀로 직접 들으니, 참으로 복 받은 자들이라 할 수 있다.

선한 사마리아 사람의 비유 (10:25-37)

하루는 어떤 율법 교사가 예수님을 떠보려고 이렇게 물었다.

"선생님, 사람이 영원한 생명을 얻으려면 어떻게 해야 합니까?"

그러자 예수께서 그 율법 교사에게 되물으신다.

"모세의 율법에는 어떻게 하라고 되어 있소?"

"모세의 율법이요? 그야 거기엔 '네 마음을 다하고 목숨을 다하고 힘을 다하고 뜻을 다하여 주 너의 하나님을 사랑하라!' 기록되었고, 또한 '네 이웃을 네 몸 같이 사랑하라!' 하였습니다."

모세의 율법이라면 누구보다 자신 있다는 듯, 그 율법 교사는 한 순간의 머뭇거림도 없이 즉각 대답한다. 그러자 예수께서 말씀하신다.

"옳소. 그렇게 행하시오. 그리하면, 영원한 생명을 얻을 것이오."

이 말씀을 의역하면, '당신이 진정 영생을 얻으려면, 당신이 말한 율법을 외우지만 말고 율법에 적힌 대로 실행에 옮기도록 하라'는 뜻이다. 이처럼 예수님은 율법을 부정하거나 무시하지 않으셨다. 사람이 율법대로 살아가려고 애쓸수록 결국에는 메시아 예수의 천국 복음을 갈망하고, 결국에는 그 길로 들어설 것이기 때문이다.

훗날 사도 바울은 율법에 대해 정의하기를, 율법은 우리를 그리스도(메시아)에게로 인도하는 몽학선생(蒙學先生)이라 하였다. 몽학선생은 그리스 시대에 아이가 자라서 16세가 될 때까지 그 아이의 시중을 들며 공부를 가르쳐주기도 하고 학교에까지 데려다 주기도 하는 임무를 맡은 노예 신분의 선생이다. 예수님의 답변을 듣고, 그 율법 교사는 짐짓 자기가 의롭다는 것을 드러내려고 예수님께 다시 묻는다.

"그러면 선생님, 내 이웃은 대체 누구입니까?"

"당신의 이웃이 누구인지 궁금하오? 그렇다면 내 얘기를 잘 들어보시오."

이 율법 교사는 스스로를 의롭게 여기면서 십일조나 금식 등 하나님 사랑에 관한 율법에는 자신하고 있었다. 그래서 그는 하나님 사랑에 관해서는 제쳐두고, 이웃 사랑에 대해 재차 질문한 것이다. 이에 예수께서 비유를 들어 대답하신다. 성경에서 아주 유명한 '선한 사마리아 사람'의 비유다.

"어떤 사람이 예루살렘에서 여리고로 내려가던 도중에 강도를 만났소. 강도는 그 사람이 가진 것들을 몽땅 빼앗은 다음에 그를 마구 때려서 거의 죽게 만들어놓고 달아났소."

예루살렘에서 여리고까지 거리는 대략 30km인데, 고지대인 예루살렘과 저지대인 여리고 간의 고도 차이가 매우 커서 거의 1km 정도나 되었다. 따라서 두 성읍 사이의 길은 곳곳에 급경사로 이루어져 있었고 주변의 산세 또한 험악하여 강도들이 자주 출몰하였다. 예수님의 이야기는 계속된다.

"그때 마침 한 유대인 제사장이 그 길로 내려가게 되었소. 그 제사장은 어떤 사람이 피투성이가 된 채 길 옆에 쓰러져 있는 것을 보자 '어이쿠!' 하면서 얼른 그 자리를 피해서 지나갔소. 조금 있다가 이번에는 한 레위 사람이 그 길을 지나가게 되었소. 그 사람 역시 강도 만나 피투성이가 된 사람이 길가에 쓰러져 있는 것을 보았지만, 그도 역시 제 몸이 다칠까봐 '쯧쯧, 안됐네.' 하고는 총총걸음으로 얼른 그 자리를 피해 지나가 버렸소."

예수님의 이야기에 그 율법 교사는 괜히 헛기침을 하며 묵묵히 듣고 있었고, 일반 청중들은 무척 안타까운 듯 한숨을 내쉬고 있었다.

"그런데 이번에는 어떤 사마리아 사람이 그곳을 지나가게 되었소. 그 사람 역시 강도를 만나 피투성이가 된 그 사람을 보았는데, 보자마자 측은한 마음을 품었소. 그 사마리아 사람은 강도 만난 사람에게 얼른 다가가 '아, 이를 어째. 많이 상했구나.' 하면서 그 사람의 피를 정성껏 닦아내고 상처에 기름과 포도주를 붓고 천으로 싸매 주었소."

그제야 사람들은 한시름 놓았다는 듯 얼굴이 펴지며 입가에 미소를 짓는다.

"그런 다음, 그 사마리아 사람은 자기가 타고 온 나귀에 그 다친 사람을 태워 가장 가까운 여관으로 그를 데려가 밤새도록 정성껏 보살펴 주었소. 다음 날, 사마리아 사람은 두 데나리온(노동자의 이틀 치 품삯)을 꺼내 여관 주인에게 주면서 부탁하기를 '이 사람을 잘 돌봐주시오. 혹 비용이 더 들면, 내가 돌아오는 길에 다 갚아드리겠소.' 하고는, 자기 길을 떠났소."

누가복음에만 기록된 비유다. 이 비유에서 예수님은 세 종류의 사람(유대인, 레위인, 사마리아인)을 등장시킴으로써 이야기를 듣는 청중들에게 세 종류의 기대를 불러일으켰다. 청중들은 먼저, 하나님의 일을 하는 제사장과 레위 사람이 강도 만난 자에게 도움을 베풀 것이라고 응당 기대했다. 반면, 당시에 인종적으로나 종교적으로 불경건한 자들로 천대받았던 사마리아 사람은 그냥 지나칠 것이라고 생각했다.

강도 만난 사람을 정성껏 돌봐주는 선한 사마리아 사람

하지만 결과는 청중들의 기대와는 완전히 달랐다. 이 같은 극적인 반전을 통해, 예수님은 누가 진정 강도 만난 자의 이웃인지를 생생하게 일깨워주셨다. 예수님은 이야기를 다 마친 다음, '내 이웃이 누구입니까?'라고 질문한 율법 교사에게 묻는다.

"당신은 세 사람 가운데 누가 강도 만난 자의 이웃이라고 생각하시오?"

율법 교사는 '내 이웃이 누굽니까?' 하고 물었지만, 예수님은 '누가 이웃이오?' 하고 되물었다. 이는 '내 이웃이 누구냐?' 하고 묻기 전에, 자신이 먼저 '누구의 이웃이 되어 주어야 한다'는 뜻이다. 예수님의 물음에 율법 교사는 선뜻 대답한다.

"그야… 물론 자비를 베푼 사람입니다."

"맞소. 그러니 당신도 가서, 그와 같이 행하시오."

이웃 사랑은 율법 조항이나 이론이 아니라, 자신의 손발로 몸소 실천해야 하는 행위인 것이다.

마르다와 마리아 자매 (10:38-42)

하루는 예수께서 제자들과 함께 전도 여행을 다니시던 중에 한 마을에 들어가셨다. 그 마을은 예루살렘에서 남동쪽으로 3.5km 떨어진 지점에 있는 '베다니' 마을이었다. 그 마을에는 '마르다'라 하는 여인이 살고 있었는데, 그녀가 예수님을 자기 집에 모셔 들였다. 그 여자에겐 또 '마리아'라 하는 동생이 있었는데, 마리아는 예수님의 발 앞에 앉아 예수님이 베푸시는 말씀을 열심히 듣고 있었다. 그때, 언니 마르다는 예수님 일행에게 대접할 음식을 이것저것 준비하느라 정신없이 분주하게 움직이고 있었다.

'아, 난 이렇게 바쁜데 동생은 방 안에서 예수님의 말씀만 듣고 있네. 좀 나와서 내 일손을 거들어주면 좋으련만….'

결국 마르다가 참지 못하고 예수님께로 나와서 부탁한다.

"주님, 저 혼자 일하느라 아주 바쁜데도 동생은 저를 도와주지 않습니다. 주님께서는 어찌 보고만 계십니까? 어서 나가 저를 도와주라고 동생에게 말씀해 주십시오."

마르다의 부탁은 아주 당연한 것처럼 보였다. 마르다는 의심할 바 없이 예수님이 자신의 부탁대로 즉시 들어주실 것이라고 생각했다. 그러나 예수님의 답변은 마르다의 기대와는 완전히 달랐다.

"마르다야, 마르다야! 너는 많은 일들로 마음을 쓰느라 너무 염려하고 걱정하는구나. 하지만 참으로 관심을 가져야 할 중요한 일은 한 가지뿐이란다. 네 동생 마리아는 그 좋은 편을 택하였다. 그러니 마리아에게서 그것을 빼앗고 싶지 않구나."

"네엣? 그게 무슨 말씀이신지…?"

마르다는 어안이 벙벙했다. 만일 마리아처럼 모두가 예수님의 말씀만 들으려 한다면, 예수님 일행을 접대하는 일은 대체 누가 할 것인가?

여기서 생각해 볼 게 있다. 그때에 음식물을 더 준비하는 것보다 한층 귀하고 가치 있는 일이 있었다. 그것은 예수님의 주옥같은 말씀을 한 마디라도 더 듣는 것이었다. 구원과 영생으로 인도하는 예수님의 말씀 한 마디가 육신의 한 끼니를 풍성히 채우는 것보다 훨씬 가치 있고 중요했다. 그런데 마르다는 한층 덜 중요한 편을 택했고, 마리아는 더 좋은 편을 선택했다. 사정이 그러했기에, 예수님은 마리아를 두둔하고 마르다를 훈계하셨던 것이다.

그렇다고 해서 예수님은 마르다의 봉사를 과소평가한 것은 아니다. "마르다야! 마르다야!" 하고 두 번을 반복해서 그녀의 이름을 불러주심으로써 마르다에 대한 인정과 고마움을 보여주셨다. 마리아는 주님께로부터 생명의 양식을 받아먹음으로써 영적으로 자신의 배를 채웠고, 마르다는 음식을 제공함으로써 타인들의 육신의 배를 채워주었다. 모두 소중한 자세이고 나름대로 주님을 섬기는 방식이기에 옳고 그름의 문제가 아니다. 예수님께서는 다만 그 가치에 따른 우선순위를 말씀하신 것이다.

11

기도와 귀신

표적을 요구하는 사람들을 두고
예수님은 말씀하시네
니느웨 사람들에게 요나가 표적이 되었듯이
인자도 이 세대에게 표적이 되리라

예수께서 가르쳐 주신 기도 (11:1-4; 마 6:9-13)

어느 날, 예수께서는 평소처럼 틈을 내어 하늘 아버지께 기도하고 계셨다. 예수께서 기도를 다 마치자, 제자들 가운데 한 사람이 예수께로 가까이 나아와 요청한다.

“주님, 세례 요한이 자기 제자들에게 기도를 가르친 것같이, 주님께서도 저희에게 기도하는 법을 가르쳐 주십시오.”

당시 위대한 랍비(스승)의 문하에 있던 제자들은 스승이 가르쳐준 기도문을 즐겨 암송하는 관습이 있었다. 그래서 예수님께 그런 기도문을 부탁한 것이다.

제자의 요청에 기꺼이 응하여, 예수님은 제자들에게 기도문을 가르쳐 주신다. 이른바 ‘주기도문’이다.

“아버지, 아버지의 이름이 거룩히 여김을 받게 하시고, 아버지의 나라가 속히 임하게 하소서. 날마다 우리에게 필요한 양식을 내려주시고, 우리가 우리에게 죄 지은 사람들을 용서하오니, 아버지께서도 우리의 죄를 용서해 주시고, 우리를 유혹에 빠지지 않도록 지켜주소서."

누가가 기록한 주기도문이다. 마태가 기록한 주기도문(마 6:9-13)에 비해 다소 차이가 있지만, 그 의미는 유사하다. 주님께서 제자들에게 가르쳐주신 모범적인 기도문의 내용을 요약하자면 이렇다.

하나님께 기도드릴 때

첫째, 우리는 먼저 하나님을 '아버지'로 부르면서 시작한다. 그리고 이어 하나님을 찬양하고 하나님께 영광 돌리면서 감사드리는 말을 한다.

둘째, 그런 다음, 우리의 삶에 필요한 것들에 대해 하나님께 솔직히 아뢴다.

셋째, 마지막으로 하나님께 우리의 죄를 용서해 달라고 청하면서, 또한 앞으로 죄 짓지 않도록 모든 세상의 유혹에서 우리를 지켜주시고 보살펴 달라고 빈다.

예수님이 가르치신 기도를 보면 "너희는 이렇게 기도하라."는 말로 시작했지만, 사실은 "너희는 이렇게 살라."라는 주문이 포함되어 있다. 기도한 대로 사는 것이 진정한 기도인 것이다.

기도에 대한 예수님의 가르침 (11:5-13; 마 7:7-11)

주기도문에 이어 예수님은 기도에 관해 또 다른 가르침을 제자들에게 베푸신다. 기도할 때 쉽게 포기하지 말고 끈질기게 매달려 기도할 것과, 하나님 아버지의 응답을 조금도 의심치 말고 굳센 믿음을 갖고 부지런히 기도할 것에 대해 가르치신다.

"너희 가운데 누구에게 친구가 있다고 해보자. 한밤중에 그가 자기 친구에게로 가서 말하기를 '여보게, 빵 세 덩이만 꾸어주게. 내 벗이 여행하던 중에 우리 집을 찾아왔는데, 내가 그 벗에게 내놓을 것이 없다네.' 한다면, 친구는 분명 침실에서 큰 소리로 대답하기를 '아, 친구여! 제발 나를 귀찮게 하지 말게. 지금은 캄캄한 한밤중이라 문단속을 하고 식구들 모두가 잠자리에 들었다네. 그러니 날이 밝으면 얘기하세. 지금은 어떻게 해줄 수가 없다네.' 할 것이다."

'그야 그렇게 말하겠지. 너무 늦은 시간대에 찾아왔으니….'

제자들은 속으로 그리 생각한다.

"그러나 내가 너희에게 말한다. 그가 단지 친구라는 이유만으로는 부탁을 들어주지 않을는지 모르지만, 아주 끈질기게 계속 졸라대면 결국 그 친구는 잠자리에서 일어나 그 부탁을 들어줄 것이다."

고대 이스라엘의 일반적인 서민 주택은 오직 한 개의 큰 방만을 갖고 있었다. 그래서 전체 식구가 바닥에 넓게 펴진 매트 위에서 한 이불을 덮고 잠을 자야 했다. 이런 상황에서, 무슨 일로 식구 중 한 사람이 잠에서 깨어나면 나머지 식구들도 모두 잠을 깨게 마련이었다. 이런 상황이고 보니, 한밤중에 찾아온 친구의 부탁이라고 해서 쉽사리 들어줄 수가 없다. 그러나 그 친구가 염치 불구하고 계속해서 끈질기게 졸라댄다면, 어차피 모든 식구들이 잠을 깰 터이고, 그렇게 기왕 잠을 깬 김에 친구의 부탁을 들어주어 되도록 빨리 되돌려 보내야만 식구들 모두가 도로 잠을 청할 수 있게 될 것이다. 이 비유 속에 담긴 교훈의 핵심은 쉽게 포기하지 않는 인내심이다.

"그렇다. 기도란 이와 같으니, 너희는 인내심을 갖고 구하라, 그러면 너희에게 주실 것이다. 찾으라, 그러면 너희가 얻을 것이다. 문을 두드려라, 그러면 너희에게 열어주실 것이다. 그렇다! 누구든지 구하면 받고, 찾으면 얻고, 문을 두드리면 열릴 것이다."

구하라! → 찾으라! → 문을 두드려라! 이는 점진적이고 단계적으로 더욱더 끈질기게 매달리는 행위를 보여주는 단어들이다. 누구든지 힘써 구하면 받을 것이지만, 만일 그렇게 구했는데도 받지 못하면 이번에는 발 벗고 나서 부지런히 찾아보라는 말이다. 그렇게 찾으면 웬만하면 얻게 될 것이지만, 그래도 얻지 못하는 경우가 있다면 그래도 포기하지 말고 아예 문을 쾅쾅 두드리라는 말이다. 그렇게 밤새도록 문을 쾅쾅 두드리는데 누군들 문을 열어주지 않겠는가!

"생각해 보아라. 너희 가운데 아들이 생선을 달라고 하는데, 뱀을 줄 아버지가 어디 있겠느냐! 아들이 달걀을 달라고 하는데, 전갈을 줄 아버지가 어디 있겠느냐!"

맞다. 그런 아버지는 세상에 없다. 생선과 달걀은 먹을 수 있는 음식이지만, 뱀과 전갈은 자녀에게 치명상을 입히는 해로운 동물이기 때문이다. 여기서 특히 달걀과 전갈이 대비된 점에 주목하라. 그것은, 전갈이 꼬리로 머리를 감싸고 발을 몸통 쪽으로 집어넣으면, 그 모양이 흡사 둥근 달걀 같은 모양이 되기 때문이다. 그래서 당시 사람들이 간혹 그런 모양을 한 전갈을 알로 착각하고 손으로 집으면, 전갈의 독에 찔려 치명상을 입기도 했다.

"그렇다. 비록 악한 아버지라 할지라도 자기 자녀에게는 자녀가 원하는 좋은 것으로 줄 줄 알거든, 하물며 하늘에 계신 너희 아버지께서야 구하는 자기 자녀에게 성령을 주시지 않겠느냐?"

세상의 악한 아버지와 하늘의 자애로우신 하나님 아버지가 극명하게 대비되었다. 그만큼, 기도함으로써 구하는 자녀에게 하나님은 반드시 좋은 것으로 응답해 주신다는 사실을 강조하기 위해서다. 하나님 아버지께서 구하는 자녀에게 주시는 '좋은 것'은 곧 '성령'인데, 자녀를 구원과 평강과 영생의 길로 인도하는 성령이야말로 모든 좋은 것들의 근원이라 할 수 있다.

예수님과 바알세불 (11:14-23; 마 12:22-30; 막 3:20-27)

"악하고 더러운 귀신아, 그 사람에게서 당장 나오라!"

하루는 예수께서 벙어리 된 사람에게서 귀신을 쫓아내셨다. 그러자 그가 즉시 말을 하게 되었고, 그 광경을 본 사람들은 너나 할 것 없이 입을 다물지 못하고 크게 놀랐다. 그러나 그들 가운데 몇몇 종교 지도자들은 경멸하는 어투로 예수님을 비난한다.

"저 사람이 귀신을 쫓아내는 것은 귀신의 왕인 '바알세불'의 힘을 빌어서 그렇게 하는 것이야! 그건 결코 용납할 수 없는 악한 짓이야!"

바알세불은 곧 사탄을 가리킨다. '마귀' 또는 '악마'로도 불리는 사탄은 '악령'으로도 불리는 모든 귀신들의 왕이다. 이때 또 어떤 이들은 예수님을 비난하는 사람들의 말에 맞장구치며, 예수님을 시험하려고 하늘에서부터 오는 표적을 예수님께 요구한다.

"맞아! 저 사람이 진짜로 하나님에게서 비롯된 능력과 권세가 있다면 다른 기적도 능히 행사할 수 있을 테지. 그러니 우리를 깜짝 놀라게 할 만한 다른 기적도 어디 한번 보여주시지! 어디 한번 보자구."

예수께서는 그런 악한 마음을 품고 있는 종교 지도자들의 생각을 아시고, 약간 언성을 높여 그들에게 말씀하신다.

"거, 보시오! 어느 가정이든 불화가 생기면 기울고, 어느 나라든 분란이 생기면 망하는 법이라오. 사탄이 자기 왕국에서 분란을 일으키면, 그 나라가 어떻게 제대로 서 있을 수 있겠소? 지금 당신들은 내가 바알세불의 힘을 빌려 귀신을 쫓아낸다고 하는데, 당신들 말대로 바알세불이 자기 부하인 귀신을 쫓아낸다면, 바알세불 스스로가 제 나라를 허무는 아주 우스운 꼴이 되지 않겠소?"

아주 당연한 말씀이다. 바알세불 곧 사탄은 '대적자'란 뜻이다. 놀랍게도 사탄은 본래 하늘나라의 천사장이었다. 하지만 교만한 생각으로 하나님처럼 되고 싶어서 하나님을 거슬러 대적하는 자가 되었다. 그

징벌로 사탄은 하늘에서 쫓겨나 이 세상에 내려와 세상 권세를 잡았다. 그래서 사탄은 하나님의 나라를 훼방하고 무너뜨리려고 거짓말로 믿는 자들을 유혹하여 타락시키려고 애쓴다.

이처럼 사탄이 기를 쓰고 대적하는 대상은 하나님과 그의 왕국, 그리고 그 왕국의 사람들 곧 믿는 자들이다. 그러니 예수께서 사탄(바알세불)의 힘을 빌려 귀신을 쫓아냈다는 말은 어불성설이다. 수하들(귀신들)을 데리고 하나님의 왕국과 믿는 자들을 대적해야 하는 사탄이 미치지 않고서야 제 힘으로 제 수하들을 스스로 쫓아낼 리 있겠는가!

"이제 내가 당신들에게 묻겠소. 당신들의 제자들 중에서도 더러는 귀신을 쫓아낸다고 하는데, 그렇다면 그들은 과연 누구의 힘으로 귀신을 쫓아내고 있는 것이오?"

예수님을 비난했던 종교 지도자들은 뜻밖의 질문에 답하지 못하고 크게 당황해한다. 그런 그들을 향해 예수님은 쐐기를 박듯 말씀하신다.

"당신들의 제자들이야말로 나를 비난하는 당신들의 생각이 틀렸음을 판결하는 재판관들이 될 것이오. 보시오! 내가 분명히 말하지만, 나는 하나님의 능력으로 귀신을 쫓아내고 있소. 그러하기 때문에 나의 사역으로 말미암아 하나님의 나라가 이미 당신들에게 임한 것이오."

'하나님의 나라'란 개념은 하나님의 주권이 미치는 영역을 가리킨다. 따라서 하나님의 능력으로 말미암아 귀신이 축출된 곳에는 하나님의 주권이 미치기 때문에, 그곳엔 이미 하나님의 나라

예수님과 유대 종교 지도자들 간의 '바알세불 논쟁'

가 임했다고 볼 수 있다.

“내가 비유를 들어 말하겠소. 힘센 자가 완전무장을 하고 자기 집을 지키고 있으면, 그의 소유물은 안전하다오. 그러나 그 힘센 자보다 더 강한 자가 그자를 공격하여 굴복시킨다면, 더 강한 자는 그자가 의지하던 무기를 빼앗고 또 그가 가진 소유물도 빼앗아 자기를 따르는 자들에게 나누어줄 것이오.”

여기서 ‘힘센 자’는 바알세불, 곧 사탄을 가리키고, 힘센 자가 가진 소유물은 사탄의 지배 아래 있는 사람들을 가리킨다. 그리고 ‘힘센 자보다 더 강한 자’는 메시아(그리스도) 예수를 가리킨다. 따라서 예수님의 이 말씀은, 결국 메시아 예수가 사탄보다 더 강한 능력으로 사탄을 굴복시킨 뒤에 사탄의 지배 아래 있던 사람들을 그 얽매임에서 건져낸다는 뜻이다. 이제 예수님은 결론적으로 말씀하신다.

“명심하시오. 누구든지 나를 지지하지 않는 사람은 나를 반대하는 사람이고, 나와 함께 모으지 않는 사람은 내 세력을 흩트리는 사람이오.”

그렇다. 메시아(그리스도) 예수와 사탄(바알세불)은 서로의 영역을 확장하기 위해 치열한 영적 전쟁을 벌이고 있다. 이 같은 영적 전쟁에서 결코 중립지대는 있을 수 없다. 누구든지 예수님 편에 서지 않으면, 그자는 사탄의 편에 속한 자다. 이쪽 편도 아니고, 저쪽 편도 아닌 자는 세상에 아무도 없다. 자, 그렇다면 그대는 누구 편인가?

다시 되돌아오는 귀신 (11:24-26; 마 12:43-45)

귀신의 왕인 사탄(바알세불)에 대해 말씀하신 뒤, 이제 예수님은 사탄의 졸개인 귀신과 관련해서 계속 말씀을 이으신다.

“내 말에 귀 기울여 보시오. 한 더러운 귀신이 있는데, 그 귀신이 자신이 머물고 있던 사람에게서 나왔다오. 그런 뒤 그 귀신은 물 없는 거친 땅을 헤매며 쉴 곳을 두로 찾아다녔다오. 그런데 아무리 찾아도 쉴 곳을 결국 찾지 못한 그 귀신은 말하기를 '에이, 안 되겠다. 내가 나온 곳으로 다시 돌아가야겠다.' 했다오."

사람들은 무척 궁금해 하며 귀를 기울인다.

"그리하여 그 더러운 귀신이 다시금 자신이 이전에 머물렀던 그 사람의 심령(집) 속으로 돌아와 보니, 집이 깨끗이 청소되고 잘 정돈되어 있는 것을 보았다오. 그렇게 되면 그 귀신은 '얼씨구, 좋아졌구나!' 하면서, 자기보다 더 악하고 더러운 다른 일곱 귀신을 데리고 와서 그 사람에게로 들어가 자리를 잡고 산다오. 자, 그러면 그 사람은 어찌 되겠소? 이전보다 훨씬 더 비참한 신세가 되지 않겠소."

이 같은 예수님의 이야기 속에서 몇 가지 교훈을 깨달을 수 있다.

첫째, 귀신은 물 없는 거친 땅 곧 건조한 광야지대 같은 곳에서는 쉴 곳을 쉽사리 찾지 못한다는 점이다. 이는 귀신의 특성을 보여주는데, 귀신은 광야처럼 황폐하고 척박한 곳에 거주하는 것보다 사람의 몸(심령) 안에 거주하기를 좋아한다는 것을 보여준다.

둘째, 귀신 중에서도 더 악하고 더러운 귀신이 있다는 점이다. 말하자면 귀신의 세계도 인간의 군대 조직과 같은 서열과 체계를 갖추고 있음을 알 수 있다. 그래서 귀신의 세계에서 서열상 더 높은 귀신이 있는데, 그들은 더 강하고 거친 존재들임에 분명하다.

한편, 예수님의 이야기 속에서 귀신이 떠난 뒤 깨끗이 청소되고 잘 정돈되어 있는 집이란, 귀신 들린 상태는 아니지만 아직까지 하나님을 모시지 않은 불신자들의 심령 상태를 가리킨다. 귀신은 그런 곳에 머물기를 아주 좋아한다.

참으로 복 받은 사람들은 누구인가 (11:27-28)

사탄과 귀신에 관해 예수께서 한창 말씀하고 계실 때, 별안간 군중 속에서 한 여자가 큰 소리로 외친다.

"오, 선생님, 선생님을 낳아 젖 먹여 기르신 분은 참으로 복 받은 여인입니다!"

그 여인은 예수님처럼 위대하고 현명하신 분을 낳으신 모친, 곧 요셉의 아내인 마리아가 참으로 복된 여인이라고 무척 부러운 마음으로 칭송한 것이다. 하지만 이때 예수님은 조금 의외의 대답을 하신다.

"그렇소. 나의 모친은 복 받은 여인이오. 그렇지만 그보다 더욱 복 받은 자들은 하나님의 말씀을 듣고 순종하는 사람들이라오."

일전에 예수님의 모친과 형제자매들이 예수님을 방문했을 때 예수께서 군중들에게 말씀하시기를, 하나님의 말씀을 듣고 그 말씀대로 살아가는 사람들이 나의 어머니요 나의 형제자매들이라고 말씀하신 것과 비슷한 맥락이다.

예수님은 혈육으로 인연을 맺은 육신의 가족도 복 받은 것임에는 틀림없지만, 그보다 더욱 복 받은 자들은 하나님의 말씀에 순종함으로써 영적으로 예수님과 가족이 된 자들임을 분명히 밝히신 것이다. 그 복은 현세의 복으로 그치는 것이 아닌, 영원토록 누리는 구원과 생명의 복이기 때문이다.

기적을 요구하는 세대 (11:29-32; 마 12:38-42; 막 8:12)

예수님의 가르침은 계속되었고, 시간이 흐를수록 사람들이 점점 더 많이 모여들었다. 대부분이 삶에 지친 얼굴들이었다. 세금 징수는 갈수록 과했고, 지친 삶을 위로해 주어야 할 종교는 도리어 더 삶을 조였다. 그러니 세상이 달라지는 상황이 벌어지기를 기대하는 마음으로 예수 랍비를 찾아 나선 사람들이 갈수록 늘어났다. 그렇게 모여든 많은 군중을 향해 예수님이 말씀하신다.

"여러분, 이 세대가 참으로 악합니다! 이 세대가 내게 표적을 보여 달라고 요구하지만, 나는 요나의 표적 밖에는 보여줄 것이 없습니다.

선지자 요나가 니느웨 사람들에게 표적이 되었던 것처럼, 장차 인자도 이 세대에게 표적이 될 것입니다."

'표적(表蹟)'에 해당하는 헬라어 '세메이온'은 '증거' 또는 '기적'이란 뜻으로, 초자연적인 방법 곧 기적으로써 진리를 증거하는 것을 말한다. 이때 사람들이 예수께 요구한 표적은 예수님의 메시아 되심을 입증할 수 있는 초자연적인 사건을 가리킨다.

이 같은 표적을 요구한 그 자체가 잘못된 것은 아니다. 문제는 마음의 동기였다. 사람들은 나타난 표적을 보고 예수님을 메시아로 인정하기 위해서가 아니라, 어쨌든지 꼬투리를 잡고 시비를 걸어 예수님의 메시아 되심을 부정하기 위해 계속적으로 또 다른 표적들을 요구했다.

그렇다면 '요나의 표적'은 무엇인가? 이는 구약시대에 요나 선지자가 큰 물고기 뱃속에서 사흘 동안 갇혔다가 기적적으로 살아난 사건을 말한다. 그것은 머잖아 죽은 지 사흘 만에 무덤에서 다시 살아나실 예수님의 부활을 미리 보여주는 표적이었다. 예수님의 말씀은 이어진다.

"여러분, 장차 최후 심판 때에는 남쪽 나라의 여왕이 이 세대 사람들과 함께 일어나서 이 세대 사람들을 정죄할 것입니다. 그 여왕은 솔로몬 왕의 지혜를 듣기 위해 머나먼 땅 끝에서부터 왔기 때문입니다. 그러나 보십시오! 솔로몬 왕보다 훨씬 더 위대한 이가 이제 여기 있습니다."

남쪽 나라의 여왕은 오늘날 아라비아 남부 지방에 위치한 '예멘'으로 추정되는 '스바의 여왕'을 가리킨다. 그녀는 솔로몬의 지혜를 듣고 싶은 열망으로 무려 2,400km(6천 리)가량을 여행하여 아주 먼 예루살렘까지 기꺼이 찾아왔다. 그렇지만 예수님 세대의 이스라엘 사람들은 솔로몬보다 훨씬 위대하신 메시아 예수께서 직접 찾아와서 구원과 생명의 참된 지혜를 가르쳐도 들으려 하지 않았다.

"또 장차 심판 때에는, 니느웨 사람들이 이 세대 사람들과 함께 일어나서 이 세대 사람들을 정죄할 것입니다. 그들은 선지자 요나의 설교를 듣고 회개했기 때문입니다. 그러나 보십시오! 요나 선지자보다 훨씬 더 위대한 이가 이제 여기에 있습니다."

마찬가지로 주전 8세기의 니느웨 사람들은 요나 선지자의 설교를 듣고 회개했다. 그러나 예수님 세대의 이스라엘 사람들은 요나보다 훨씬 위대하신 메시아 예수님의 설교를 듣고도 회개하지 않았다. 그러니 예수님 세대의 불신자들은 필연적으로 장차 심판 때에 정죄를 받을 수밖에 없다.

눈은 몸의 등불이다 (11:33-36; 마 5:15; 6:22-23)

"여러분, 등불을 켜서 지하 골방이나 말 아래에 숨겨두는 사람은 아무도 없습니다. 누구나 그것을 등잔대 위에 두어, 방 안에 들어오는 모든 사람들로 하여금 그 빛을 보게 합니다."

당연한 말씀이다. 등불을 켜는 이유가 어두운 방 안을 환히 밝히기 위함이기 때문이다. 여기서 '말'은 곡식을 담는 용기(容器)를 가리키는데, 당시 유대인들에게 익숙한 물품이다. 예수님의 교훈은 이어진다.

"여러분의 눈은 몸의 등불입니다. 여러분의 눈이 좋으면, 여러분의 온몸이 빛으로 가득 찰 것입니다. 하지만 여러분의 눈이 나쁘면, 여러분의 온몸도 어둡게 될 것입니다. 그러므로 여러분 속에 있는 빛이 흐려지지 않도록 잘 살펴보십시오. 만일 여러분 속에 빛이 가득 차 어두운 구석이 없으면, 빛이 환하게 비출 때와 같이 여러분의 온몸도 온전히 밝게 빛날 것입니다."

당시 사람들은 눈이 창문과 같아서 눈을 통해 빛이 몸 안으로 들어온다고 생각했다. 그런데 눈은 성할 수도 있고 나쁠 수도 있다. 만일 재물을 바라보는 눈이 성한 상태라면, 청렴한 빛이 몸속으로 들어와 몸을 건강한 도덕적 상태로 만들 수 있다. 반면, 재물을 바라보는 눈이 나쁜 상태라면 탐욕적인 빛이 들어와 몸을 부패하고 타락한 상태로 만드는 것이다.

사람을 정말로 더럽히는 것들(11:37-54; 마 23:1-36; 막 12:38-40)

"선생님, 선생님의 가르침은 참으로 놀랍고 새롭습니다. 제 집에 오셔서 식사를 하신 후에 계속해서 들려주십시오."

예수께서 말씀을 마치셨을 때, 바리새파 사람 하나가 짐짓 예수께 음식을 대접하겠다며 자기 집에 예수님을 적극적으로 초청했다. 예수께서는 초청에 응해 그 바리새파 사람의 집으로 가셔서 식탁에 앉으셨다.

'어? 왜 손도 씻지 않고 식탁에 앉는 거지?'

예수님을 초청한 바리새파 사람은 예수께서 손도 씻지 않은 채 음식을 먹으려고 식탁에 앉는 것을 보고는 매우 의아하게 여기며 놀랐다. 이때 예수님은 식사 전에 손을 씻는 유대인의 전통을 모르셨던 게 아니었다. 충분히 알고 계셨지만, 속은 더러운 채로 놔두고 겉만 깨끗케 하는 유대인들의 형식적이고 외식적인 행태를 질책하기 위한 의도에서 예수님은 일부러 식사 전에 손을 씻지 않으셨던 것이다. 예수님이 손을 씻지 않으신 것은 사람이 만든 유대인의 전통을 따르지 않은 것일 뿐, 하나님의 율법을 어긴 행위는 아니었다.

여기서 '씻다'에 해당하는 헬라어 '밥티조'란 말은 '적시다(담그다)'란 뜻으로, 물그릇에 손을 살짝 적시는(담그는) 정결례(淨潔禮)를 말한다. 예수께서는 그 바리새인의 속마음을 다 아시고서 그에게 말씀하신다.

"보시오, 당신들 바리새파 사람들은 접시와 잔 같은 외부의 것들은 깨끗하게 씻으면서 정작 속은 탐욕과 사악함으로 가득 차 있소. 참으로 어리석소! 겉을 만드신 분이 속도 만드셨다는 것을 어찌 깨닫지 못하는 것이오? 그러므로 정결한 마음으로 가난한 사람들에게 구제를 베푸시오. 그러면, 모든 것들이 당신들에게 깨끗해질 것이오."

겉(몸)을 정결케 하는 일에 힘쓰는 것보다 더욱 중요한 것은 속(마음)을 정결케 하는 것이라는 교훈이다. 당시 유대의 종교 지도자들인 바리새인, 사두개인, 서기관(율법 교사), 제사장, 장로 같은 사람들은 손발과 몸을 깨끗케 하는 외적 정결례는 철저하게 지키면서도, 정작 마음을 깨끗케 하는 내적 정결례는 도외시했다. 예수님은 이런 점을 지적하신 것이다. 그리하여 이제 예수님은 더욱 엄중한 어조로 종교 지도자들의 외식주의, 형식주의, 의식주의를 탄식하듯 질타하시면서, 여섯 번의 화(禍)를 선포하신다.

1. "당신들 바리새파 사람들이여, 당신들에게 화가 있을 것이오! 당신들은 박하와 운향과 온갖 채소들의 십일조는 주님께 꼬박꼬박 바치면서, 정작 이웃에 대한 정의와 하나님께 대한 사랑에 대해서는 태만하기 이를 데 없소! 물론 십일조도 마땅히 바쳐야 하지만, 그보다는 더욱 힘써 정의와 사랑을 먼저 행해야 하오."

율법의 완성자이신 예수님은 결코 율법을 무시하거나 파괴하지 않으셨다. 하나님께서 주신 본래의 율법 정신을 강조하신 것이다. 바리새인들은 그런 율법 정신을 무시한 채 사람들이 율법에 덧붙여 만든 사소한 규정들에 집착했다. 십일조 같은 세미한 규정들보다 더욱 중요한 것은, 이웃에 대한 정의와 하나님께 대한 사랑인 것이다. 여기서 박하는 감기약으로도 사용되는 달콤한 맛을 내는 식물을 가리키고, 운향은 회녹색의 잎과 노란 꽃을 가진 식물로 향료로 쓰인다.

2. "당신들 바리새파 사람들이여, 당신들에게 화가 있을 것이오! 당신들은 회당에서는 높은 자리에 앉기를 좋아하고, 시장에서는 인사받기를 즐겨하기 때문이오!"

바리새인들로 대표되는 유대 종교 지도자들의 교만과 허영, 세속적인 명예욕을 질타하신 말씀이다. 여기서 '회당의 높은 자리'는 당시 랍비가 사람들에게 율법을 가르치던 회당의 상석을 가리키는데, 일면 '모세의 자리'로도 불렸다. 또한 바리새인들이 '시장에서 인사받기'를 좋아한다는 것은, 자신들의 내면을 점검하기보다는 자신들의 특별한 존재성을 확인받는 데에 몰두하는 것을 단적으로 나타내는 것이다.

3. "당신들 바리새파 사람들이여, 당신들에게 화가 있을 것이오! 당신들은 마치 평평하게 만든 무덤 같은 자들이오. 그래서 사람들이 그 위를 밟고 지나가면서도 그것이 무덤인 줄 전혀 알지 못하는 것이오. 위선자들이여! 장차 무서운 심판이 당신들을 기다리고 있는 줄 아시오!"

평평하게 만든 무덤은 '보이지 않는 무덤'이란 뜻으로 봉분을 만들지 않은 무덤을 가리킨다. 따라서 사람들은 그곳이 무덤인 줄 알지 못한다. 그런데 이것이 문제가 되는 이유는, 모세 율법에 따르면 시체가 묻혀 있는 무덤과 모르고 접촉했더라도 7일 동안 부정한 자로 규정되었기 때문이다. 결국 예수님의 말씀은, 경건하고 의로운 체하는 바리새인들이야말로 시체처럼 썩은 존재들이어서 사람을 부정하게 만드는 악한 존재라는 뜻이다.

그때 어떤 율법 교사가 무척 불쾌한 어조로 예수께 말한다.

"선생님, 우리에게 그런 심한 말씀을 하시다니, 지금 우리를 무시하고 모욕하시는 겁니까?"

그러자 예수께서 그 율법 교사를 바라보며 엄중하게 대답하신다.

4. "율법을 가르친다는 자들이여, 당신들에게 화가 있을 것이오! 당신들은 다른 사람들에게는 지기에 어려운 무거운 짐을 반드시 지라고 강요하면서, 정작 당신들은 그들을 돕기 위해 손가락 하나 까딱하려 하지 않고 있소."

지기에 어려운 무거운 짐은 무엇일까? 그것은 하나님의 말씀 곧 율법이 아니다. 그 율법에다 '율법 선생'이라 불리는 자들이 자신들의 생각으로 해석해놓은 각양각종의 규범들을 가리킨다. 모세 율법의 규정

외에 율법 선생들은 무려 613조에 달하는 온갖 규범들을 만들어 놓았다. 이 같은 규범들은 지나치게 세분화되고 복잡했으므로, 일반 백성들이 일일이 기억하여 지키기엔 여간 힘든 일이 아니었다. 예수님 당시에 율법 선생들은 이런 규범들을 지키도록 백성들에게는 강요하면서도 정작 자신들은 도외시하고 지키지 않았다.

5. "당신들 율법 선생들에게는 화가 있을 것이오! 당신들은 당신들의 조상들이 죽인 선지자들의 무덤을 세우며 그것을 꾸미고 있소. 이처럼 당신들의 조상들은 선지자들을 죽였고, 이제 당신들은 그런 선지자들의 죽음을 확인하듯 무덤이나 꾸미고 있으니, 이처럼 당신들은 당신들의 조상들이 행한 악한 짓에 동참하고 있음을 스스로 입증하고 있소. 이 때문에, 지혜로우신 하나님께서 말씀하시기를 '내가 선지자들과 사도들을 그 백성들에게 보낼 터인데, 그들은 선지자들과 사도들을 죽이기도 하고 박해하기도 할 것이다.' 하셨소."

이스라엘의 조상들은 하나님이 보내신 선지자들을 죽였고, 그들의 후손들은 그 죽음을 인정하고 확인하듯 선지자들의 무덤을 만들고 꾸몄다. 조상이나 후손이나 선지자들이 외친 메시지에는 전혀 관심 없었다. 아니, 적극적으로 무시하고 조롱하고 배척했다. 일찍이 하나님께서 예언하신바 그대로였다. 그러니 어찌 하나님의 심판과 화(저주)를 피할 수 있으랴! 예수님의 질타는 이어진다.

"그러므로 이 세대는 태초에 세상이 시작되던 때로부터 흘린 모든 하나님의 종들의 피에 대해 책임을 져야 할 것이오. 아벨의 피로부터 제단과 성소 사이에서 죽임당한 사가랴의 피에 이르기까지, 그 모든 책임을 당신들이 온전히 져야 할 것이오!"

'아벨의 피'와 '사가랴의 피'는 무고하게 죽임당한 의로운 자들의 순교를 가리킨다. 하나님께 의로운 제사를 드린 '아벨'은 형 가인의 시기로 죽임을 당한 성경 최초의 순교자이고, 사가랴 선지자는 왕과 백성들에게 우상숭배의 죄를 지적하다가 죽임당한 인물이다.

구약성경에서 아벨의 죽음은 창세기 초반부에, 스가랴의 죽음은 역대기 후반부에 등장한다(히브리인들의 성경 분류법에 따르면, 역대기는 구약성경의 마지막 책이다). 그래서 '아벨에서 스가랴까지'란 표현은 구약성경의 모든 의로운 자들을 총칭하는 말이다.

6. "당신들 율법 교사들에게 화가 있을 것이오! 당신들은 지식의 열쇠를 가로채서, 당신들도 들어가려 하지 않고 또 들어가려고 하는 자들까지도 막았기 때문이오."

'지식의 열쇠'란 율법을 해석하고 가르치는 책임을 지닌 '율법 선생'이란 직무를 가리킨다. 예수님 당시에 율법 선생들은 그런 직무를 가로채듯 독점해서 율법의 본래 뜻에서 벗어나 자신들의 생각과 판단에 따라 마음대로 덧붙이고 해석하고 가르쳤다. 율법의 내적 정신이 아니라 외적 의식만 가르쳤다. 그런 식으로 그들은 천국으로 들어갈 수 있는 진리의 문을 단단히 걸어 잠갔다. 그 결과, 자신들은 물론이고 다른 사람들까지 못 들어가게 했다. 그러니 하나님의 심판을 피할 수 없었다.

"아니, 선생님. 잠깐만요! 방금 우리를 향해 선포한 화들은 대체 무슨 의도로 그리 심하게…. 우리에게 대체 무슨 잘못이 있다고!"

바리새인들과 율법 선생들을 향해 여섯 가지 화를 선포하신 예수님은 이제 식탁에서 일어나셔서 그 바리새인 집을 떠나가려 하셨다. 그러자 바리새인들과 율법 선생들은 잔뜩 화가 나서 갖가지 이런저런 질문을 던져 예수님을 격렬하게 몰아붙였다. 그렇게 해서 그들은 예수님의 말에서 어쨌든지 꼬투리와 트집을 찾으려고 무진 애썼다.

12

위선과 탐욕

의식주 위해 염려하지 마라
공중의 새, 들의 백합화를 보아라
하나님께서 먹이고 입히시니
하물며 너희야 더욱 그러하리라

예수께서 위선에 대해 경고하심 (12:1-3; 마 10:26-27)

예수께서 바리새인의 집을 나서 길을 가는데, 사람들이 예수께로 몰려들기 시작했다. 어찌나 많이 몰려드는지, 서로 밀고 밀리며 밟고 밟힐 지경이 되었다. 이때 예수께서는 무리를 안타깝게 보시면서 제자들에게 먼저 말씀하기 시작하신다.

"바리새파 사람들의 누룩을 조심하여라. 그들은 위선자들이다."

누룩은 술이나 빵을 만들 때 쓰이는 발효제이다. 누룩은 그것의 일부가 전체를 부풀게 만드는 파급성의 효과로 인해 성경에서 종종 '부패'와 '악'의 상징으로 사용되었다. 그러니까 바리새인들의 위선과 외식은, 그것이 비록 작은 것일지라도 사람들에게 널리 퍼지고 영향을 끼쳐 사람들의 영적 순결을 오염시키므로 극도로 조심하지 않으면 안 된다.

"보아라, 감추어놓은 것들은 다 드러나게 마련이고, 숨겨놓은 것들도 전부 알려지게 마련이다. 그러므로 너희가 어두운 데서 말한 것이 밝은 데서 들릴 것이고, 골방에서 귀에 대고 속삭인 말이 지붕 위에서 널리 선포될 것이다."

바리새인들의 위선과 외식은 결국엔 전부 드러나게 될 것이라는 말씀이다. 겉에다 번쩍번쩍 회칠한 아름다운 무덤일지라도 그 안에 있는 부패한 시체에서 썩은 냄새가 풍기듯, 바리새인들의 경건하고 의로운 체하는 위선 행위는 일시적인 눈가림일 뿐이고, 언젠가는 그 부패함과 가증함이 밝히 드러나고 말 것이다. 이처럼 영원한 속임과 비밀은 없고, 언젠가는 모든 것이 전부 공개적으로 알려지고 드러나기에 항상 말과 행동이 똑같고 겉과 속이 일치하는 삶을 살아야 한다.

참으로 두려워해야 할 분 (12:4-7; 마 10:28-31)

예수님은 제자들을 한층 부드럽고 다정한 눈길로 바라보시며 말씀을 계속 이으신다.

"사랑하는 내 친구들아, 내가 너희에게 진정으로 말한다. 비록 몸은 죽여도, 더는 어떻게 하지 못하는 사람들을 두려워하지 말라. 너희가 참으로 두려워해야 할 분은 딱 한 분뿐이다. 그분은 너희 몸을 죽일 뿐만 아니라, 그 후에 너희를 지옥에도 던질 수 있는 권세를 지닌 분이시다."

그 분은 누구신가? 전능자 하나님이시다. 하나님은 모든 사람의 생사와 화복을 주관하신다. 살아생전의 이 세상뿐만 아니라 죽음 이후의 영원한 세상도 역시 주관하신다. 그러므로 사람이 진실로 경외하고 두려워할 대상은 오직 하나님뿐이다. 세상에서 잠깐 동안 몸만 어찌할 수 있는 사람은 결코 두려움의 대상이 아니다. 말씀은 계속된다.

"참새 다섯 마리의 값이 얼마더냐. 고작 두 앗사리온이 아니냐. 그러나 그처럼 하찮은 참새 한 마리조차도 하나님은 절대 잊지 않으신다. 그렇다. 하나님은 너희 머리카락 수효까지도 다 헤아리고 계신다. 그러므로 두려워하지 마라. 진실로 너희는 많은 참새 떼보다 훨씬 더 귀하지 아니하냐."

'앗사리온'은 예수님 당시에 통용된 로마의 화폐 단위다. 한 데나리온의 16분의 일(1/16)의 가치에 해당되는데, 당시 한 데나리온은 노동자의 하루치 품삯이었다(오늘날 노동자의 하루치 품삯을 통상 10만원으로 계산하면, 한 앗사리온은 대략 6,250원 꼴이다).

값싼 참새 한 마리조차도 하나님께서 소중하게 여기셔서 일일이 다 기억하고 계시는데, 하물며 하나님의 자녀 된 자들을 어찌 더더욱 보살피지 않겠느냐 말씀이다. 단순히 보살피는 정도를 넘어, 심지어 머리카락 수효까지 하나하나 다 헤아리고 계실 정도로 세밀하게 돌보신다는 말씀이다. 이처럼 전능자의 세밀한 보살핌 아래 있으니, 믿는 자들은 세상에서 그 무엇을 두려워할 필요가 전혀 없는 것이다.

사람들 앞에서 예수님을 시인하라(12:8-12; 마 10:32-33; 10:18-20)

"제자들아, 내가 너희에게 분명히 말한다. 누구든지 사람들 앞에서 나를 시인하면, 인자도 하나님의 천사들 앞에서 그 사람을 시인할 것이다. 그러나 누구든지 사람들 앞에서 나를 모른다고 부인하면, 인자도 하나님의 천사들 앞에서 그 사람을 모른다고 부인할 것이다."

머잖아 닥쳐올 환란과 핍박을 예상하면서 제자들의 믿음을 각성시켜 주시는 말씀이다. 그때에 믿음을 포기하지 않고 예수께 대한 충성이 변하지 않으면 참된 제자로 인정을 받아 천국 보상을 받게 될 것이지만, 그렇지 아니하면 예수께 외면을 당해 내쳐질 것이다. 자연의 법칙에 따라 뿌린 대로 그 열매를 거두듯, 시인은 시인을 낳고 부인은 부인을 낳는다. 이제 예수님은 성령님과 관련해서 중요한 말씀을 하신다.

"자, 모두 귀담아 듣도록 하여라. 누구든지 인자를 대적하여 거슬러 말하는 사람은 용서를 받을 수 있어도, 성령을 대적하여 거슬러 말하는 사람은 절대로 용서받지 못할 것이다."

이른바 '성령 모독죄'는 영원히 죄 사함을 받지 못한다는 무시무시한 말씀이다.

'아, 영원히 죄 사함을 받지 못하는 죄가 있다니! 대체 그 죄에 해당하는 성령 모독죄란 무엇이란 말인가? 혹시…? 난 그 죄를 지은 적은 없는가?'

걱정할 필요 없다. 먼저 성령께서 하시는 일에 주목하라. 성령은 그리스도의 구속(救贖) 사역을 각 사람에게 구체적으로 적용시키는 일을 하신다. 즉, 성령은 죄인으로 하여금 죄를 깨닫게 하여 회개에 이르게 함으로써 거듭나게 하는 일을 하신다.

그런데 그런 성령의 사역을 거슬러 거부하고 배척한다면, 그리스도의 구속 공로가 자신에게 적용되는 것을 차단시키는 죄를 짓는 것과 같다. 그런 자들은 예수님을 자신의 구주로 영접해 들일 가능성이 전혀 없기 때문에 사실상 죄 사함의 가능성이 전혀 없는 영원한 죄를 범하고 있는 것이다. 말씀을 계속 들어보자.

"제자들아, 너희가 회당이나 위정자들이나 권력자들 앞에 끌려가게 되면, 그때 무슨 말로 자신을 변호할까 염려하지 마라. 그때는 성령께서 너희가 그 자리에서 마땅히 해야 할 말을 일러주실 것이다."

재판을 받는 자리에서 예수님을 굳게 의지하는 가운데 기도하고 묵상하면, 성령의 감화를 받고 인도를 받아 하나님의 뜻에 합당한 올바른 말로 스스로를 담대하게 변호할 수 있다는 말씀이다. 훗날 베드로와 요한이 복음을 전파한다는 이유로 붙잡혀 공회 앞에 섰을 때, 공회원들은 더는 복음을 전하지 말라고 협박했다. 이때 두 제자는 성령의 인도함을 받아 담대하게 대답한다. 진실로 하나님의 뜻에 합당한 올바른 말이다.

"하나님 앞에서 우리가 당신들의 말을 듣는 게 옳겠습니까, 아니면, 하나님의 말씀을 듣는 게 옳겠습니까. 우리는 보고 들은 것을 말하지 않을 수 없습니다!"

어리석은 부자의 비유 (12:13-21)

제자들을 향한 예수님의 말씀이 일단락되자, 그동안 쭉 기다리고 있었다는 듯 무리들 가운데 한 사람이 얼른 나아오더니 예수님께 말한다.

"선생님, 저… 부탁이 하나 있습니다. 제 형더러 집안 유산을 저와 나누어가지라고 말씀해 주십시오."

당시 집안의 유산 분배와 관련하여 이해 당사자들끼리 분쟁이 발생하면, 당사자는 랍비(율법 선생)에게로 가서 그 문제를 해결하곤 했다. 그래서 여기 이 사람도 예수님께 그런 부탁을 했는데, 그는 예수님을 단지 저명한 랍비 정도로만 생각했다. 이때 예수께서 그를 딱하다는 듯 바라보며 대답하신다.

"이 사람아, 누가 나를 당신들의 재판관이나 재산 나누는 사람으로 세웠단 말이오? 난 당신 집안의 유산 분배에 대해 관여하지 않겠소."

예수께서 그 집안의 문제를 해결해 줄 권위나 능력이 없어서가 아니었다. 단지 예수님은 영혼 구원의 사명을 지니신 분으로, 사람들이 물질 자체보다 물질에 대한 태도에 관심을 가지길 원하셨다. 그것이야말로 물질을 공정하게 분배하는 차원을 넘어 물질에 대한 탐욕으로부터 근본적으로 자유롭게 되는 길이기 때문이다. 만일 자기 몫의 유산 분배를 요구하는 이 사람이 자기 심성 속에 있는 물질에 대한 탐욕에서 해방되지 않으면 어떤 식으로 자기 몫을 분배받더라도 만족하지 못할 것은 뻔한 이치였다. 그래서 예수님은 이와 관련하여 사람들을 향해 교훈하신다.

"여러분, 모두 정신을 바짝 차리십시오. 탐욕이 여러분을 좀먹지 않도록 항상 경계하십시오. 사람의 참 생명은 그가 지닌 재산의 많고 적음에 결코 달려 있지 않습니다."

이렇게 가르치신 뒤, 예수님은 한 가지 비유를 들어 계속 말씀하신다.

"내 얘기를 잘 들어보십시오. 어느 곳에 기름진 농토를 가지고 있는 한 부자가 있었습니다. 그 해에도 큰 풍년이 들어, 그 부자는 자기 곳간을 가득 채우고도 곡식이 남아돌아 더는 쌓아둘 데가 없었습니다."

'좋겠다. 그 부자는 얼마나 행복할까….'

사람들은 저마다 속으로 그리 생각했다. 예수님의 비유는 이어진다.

"그래서 그 부자는 어떻게 할까 행복한 궁리를 하다가 속으로 생각하기를 '하하, 좋구나! 그래, 지금 있는 곳간을 헐고 더 크게 지어야겠군. 그러면, 내 곡식을 충분히 쌓아둘 수 있을 거야. 그렇게 한 다음, 나는 흡족한 마음으로 내 영혼에게 말하리라. 내 영혼아, 나는 여러 해 동안 충분히 쓰고도 남을 만큼 많은 곡식을 쌓아 놓았다. 그러니 이제부터 인생을 맘껏 즐기자꾸나. 이제 편히 쉬면서 마음껏 먹고 마시고 흥청거리면서 즐겁게 살아가자.' 했습니다."

'흠, 그 부자가 부럽군! 이제부턴 아무런 걱정근심 없이 남은 인생을 행복하고 즐겁게 살아가면 되니깐…. 참으로 복 받은 사람이로군.'

예수님의 이야기를 듣고 있던 사람들은 저마다 속으로 그렇게 생각하고 있었다. 하지만 이어지는 예수님의 이야기는 충격이었고 반전이었다.

"그러나 여러분, 하나님께서 그 부자에게 어떻게 말씀하셨는지 아십니까? '이 어리석은 자야! 오늘 밤, 내가 네 영혼을 도로 거두어가겠노라. 그러면, 너를 위해 그렇게 곳간마다 가득가득 장만해놓은

어리석은 부자 (루도비코 포초세라토 작, 16세기)

것들은 누구 차지가 되겠느냐?'라고 했습니다. 그렇습니다! 자기 자신을 위해서는 많은 것들을 쌓아둘 줄 알면서도, 하나님께 대해서는 마음 쓰기를 인색하게 하는 사람의 행로가 이와 똑같습니다."

부자가 크게 착각한 게 있다. 부자는 '여러 해'를 계획했으나 하나님은 '오늘 밤'에 그의 영혼을 가져가실 계획이셨다. 그것도 모른 채 부자는 자신이 쌓아놓은 재물이 온전히 자신의 것이며, 따라서 자신의 수명이 다할 때까지 자기 마음대로 사용할 수 있다고 생각한 것이다.

재물과 수명은 부자의 것이 아니다. 하나님의 것이다. 그래서 하나님이 그것들을 도로 거두면 부자는 일순간에 모든 것을 잃게 된다. 부자는 그걸 몰랐다. 그게 그의 어리석음이었고, 그 결과 그는 하나님께 대하여 마음 쓰기를 인색하게 하였다.

그렇다면 재물에 관한 하나님의 뜻은 무얼까? 하나님의 재물을 맡아 관리한다는 청지기 자세로 구제와 베풂을 통해 가난한 이웃에게 도움을 주는 것, 하나님 나라를 위한 의롭고 거룩한 사역에 기꺼이 재물을 사용하는 것과 같은 선행을 가리킨다.

의식주를 위해 염려하지 말라 (12:22-34; 마 6:25-34)

무리들 중 어떤 사람의 요청에 대해 답변하시면서 '어리석은 부자의 비유'를 들려주신 뒤, 예수께서는 다시 제자들을 향해 계속 말씀하신다.

"제자들아, 그러므로 너희는 너희 목숨을 위해 무얼 먹을까, 너희 몸을 위해 무얼 입을까 조금도 염려하지 마라. 목숨이 음식보다 소중하고, 몸이 옷보다 소중하니라."

먹고 입고 거주하는, 이른바 의식주 문제로 염려하지 말라는 가르침이다. 그렇다면 우리가 의식주 문제로 애쓰고 염려하는 것은 잘못된 일이란 말인가? 오해하지 말아야 한다. 의식주 문제를 해결하기 위해 땀 흘려 열심히 살아가는 것과 그것 때문에 걱정하고 염려하는 것은 서로 다른 문제다.

애쓰고 노력하는 것이 아니라, 그저 '걱정하고 염려하는 것'은 하나님을 의지하는 대신에 자기 자신에게 초점을 맞추는 일로서, 곧 아버지 하나님께 대한 믿음 부족에서 비롯된다. 하나님은 우리의 의식주 문제를 해결해주시는 아버지로서, 우리로 하여금 모든 걱정과 염려를 내려놓고 자신의 팔에 안겨 편히 쉬도록 우리를 초청하신다. 예수님의 말씀은 이어진다.

"저 공중의 까마귀를 보아라. 뿌리지도 않고 거두지도 않고 곳간에 쌓아두지도 않지만, 하나님이 그것들을 다 먹여주신다. 하물며 너희야 그런 새들보다 훨씬 귀하지 아니하냐!"

물론이다. 어찌 새를 사람과 비교할 수 있겠는가. 예수님은 새들 중에서도 특별히 '공중의 까마귀'를 예로 드셨다. 유대인들은 까마귀를 부정하고 불길한 새로 알고 싫어한다. 그런데도 예수님이 그런 새를 예를 드신 데에는 '부패한 시체를 먹고 사는 한낱 부정한 짐승인 까마귀조차도 하나님께서 돌보시는데, 하물며 하나님의 모양과 형상대로 지음 받은 사람, 더군다나 하나님께서 택하신 그분의 자녀들이야 오죽하랴!' 라는 의미가 담겨 있다. 말씀은 이어진다.

"한번 생각해 보아라, 너희 중에 누가 염려하고 걱정한다고 해서, 단 하루인들 자기 수명을 늘릴 수 있느냐? 이처럼 너희가 지극히 사소한 일조차 해낼 수 없는데도, 무엇 때문에 다른 일들을 그토록 염려하고 걱정하느냐?"

실제로 그러하다! 걱정과 염려는 아무리 많이 하고 오래 해도 사람에게 아무 도움이 되지 않는다. 몸과 마음만 상할 뿐이다.

"저 들판의 백합화를 보라. 백합화는 스스로 실을 잣지도 않고 베도 짜지 않지만, 모든 영화를 누린 솔로몬도 저 꽃만큼 아름답게 차려입지 못하였다. 믿음이 적은 자들아! 오늘 피었다가 내일 아궁이에 던져질

저 들판의 풀들조차도 하나님이 그토록 잘 입히시는데, 하물며 너희일까 보냐! 그러므로 너희는 '무얼 먹지? 무얼 마시지?' 하면서 염려하지 말아라. 그런 것들은 세상 사람들이 날마다 머리 싸매고 추구하는 것들이다. 사실, 너희 하늘 아버지께서는 그런 것들이 너희에게 필요하다는 것을 익히 알고 계시느니라."

예수님은 자연이라는 시각적 예화를 통해 모든 동물들이 어떻게 살아가고 있는지를 보여주셨다. 까마귀는 걱정하지 않는다. 다만 바쁘게 먹이를 찾아다닐 뿐이다. 들의 백합화는 돌보는 손길이 없는데도 절로 아름답게 자라고 있다. 이를 통해 우리가 배워야 할 것은 무엇인가?

만일 걱정거리가 생겼다면, 우리가 취해야 할 첫 번째 조치는 하나님 아버지께 나가는 것이다. 하나님께 어려움을 아뢰고 도움을 요청하는 것이다. 그런 과정에서 믿음의 눈을 크게 뜨고, 하나님이 제공해 주시는 옳고 선한 방도를 찾아야 한다. 하나님을 떠나 혼자 끙끙대며 걱정하고 염려하는 것은 믿음 부족에서 비롯된 에너지 낭비일 뿐이다. 이제 예수님은 사람의 의식주에 관한 가르침을 끝맺으면서 중요한 말씀을 하신다.

"제자들아, 너희는 먼저 하나님의 나라를 추구하여라. 그리하면, 하늘 아버지께서 그 모든 것들을 너희에게 더하여 주어질 것이다."

믿는 자들이 추구하고 지향해야 할 삶의 우선순위가 무엇인지를 분명하게 알려주신 말씀이다. 무엇보다 먼저 추구해야 할 것은 '하나님의 나라'다. 즉, 하나님 나라의 건설과 확장 등에 관련된 모든 일들이다. 의식주 문제는 그 다음으로, 그 문제는 하나님의 나라를 먼저 추구한 자들에게 하나님이 보장해 주시는 것이므로 조금도 염려하거나 걱정할 필요가 없다. 제자들을 향한 예수님의 가르침은 이어진다.

"어린 양들아, 너희는 적은 무리지만 두려워하지 말아라. 너희 하늘 아버지께서는 그 나라를 너희에게 주시기를 진정 기뻐하신다. 그러므로 너희가 가진 소유물을 팔아 가난한 자들에게 나눠주어라. 그리하여 너희 자신을 위해 영원히 낡아지지 않는 지갑을 만들어라. 그렇게 너희 재물을 하늘에 쌓아두면, 거기에는 도둑이 들거나 좀 쏠 일이 절대로 없다. 명심하여라. 너희 재물이 있는 그곳에 너희 마음도 함께 있느니라."

자신의 소유물로써 가난한 이웃을 돕는 구제 행위가 하나님의 나라 곧 천국에 보물을 쌓아두는 길임을 밝히는 말씀이다. 그렇다면 예수님은 우리가 우리의 소유를 전부 팔아 구제에 사용하기를 원하시는가?

예수님이 가르치고자 하시는 교훈의 핵심에 주목하라. 그것은, 우리가 우리의 소유물을 파느냐 안 파느냐의 문제가 아니다. 요점은 이것이다. 우리가 가진 모든 것은 하나님께 속한 그분의 것이다. 하나님은 우리에게 그것을 관리할 수 있는 청지기 책임을 맡기셨다. 그러므로 우리는 지혜롭고 선한 청지기가 되어, 우리에게 맡겨진 소유물로써 하나님의 영광을 높이고 그분의 거룩한 뜻을 이루는 데 잘 활용해야 한다.

"와, 지금껏 들어보지 못한 놀라운 가르침이다."

"맞아, 내 답답한 가슴을 뻥 뚫어주는 신선한 말씀인 걸."

사람들은 저마다 놀라며 감탄했다. 예수님의 가르침은 말씀 하나하나가 새롭고 향기로웠다. 어딘가 피어 있는 백합화가 자기 이야기를 하는 것을 알고 기뻐서 더 많은 향기를 풍기고 있는 것일까.

늘 깨어 있어라 (12:35-48; 마 24:45-51)

"너희는 허리띠를 동여맨 채 등불을 항상 켜 놓고 삼가 준비하고 있어라. 마치 결혼 잔치에서 돌아오는 주인을 기다리는 사람처럼, 주인이 문을 두드리면 금방 열어줄 준비를 갖추고 있도록 하여라. 주인이 돌아왔을 때, 그처럼 만반의 준비를 갖춘 채 기다리고 있는 종들에게는 참으로 복이 있다. 그런 종들에 대해 주인은 몸소 시중드는 사람의 옷을 입고, 그 종들을 식탁에 앉힌 후에 그들의 시중을 들어줄 것이다."

옷에 허리띠를 동여매는 것은 일할 때의 복장이다. 그것은 곧 깨어서 활동하는 자세를 의미한다. 유대인 사회의 결혼 잔치는 대개 깊은 밤중에야 끝나곤 했다. 따라서 결혼 잔치에 참석한 집주인은 밤이 깊어서야 자기 집에 도착할 수 있었다. 이때 종은 깨어 있다가 언제든지 주인을 맞을 만반의 준비를 갖추고 있어야 한다는 교훈이다.

"주인이 이경에 오든 삼경에 오든, 미리 준비하고 있다가 주인을 맞이하는 종들에게는 복이 있다. 너희는 이것을 알아라. 도둑이 언제 집에 들지를 알고 있다면, 집 주인은 도둑을 막아 자기 집을 안전하게 지킬 수 있을 것이다. 그러므로 너희도 항상 깨어 준비하고 있어야 한다. 인자는 너희가 전혀 예상하지도 못한 때에 갑자기 올 것이기 때문이다."

항상 깨어 있다가 언제든지 주인을 맞이해야 하는 종의 준비 자세를 가르친 이유가 있다. 예수님 자신의 재림이 꼭 그러하기 때문이다. 예수님의 재림은 마치 도둑이 드는 것처럼 전혀 예상하지 못한 때에 갑자기 임할 것이기 때문에, 제자들은 항상 영적으로 깨어 있는 상태에서 믿음의 등불을 단단히 준비하고 있어야 한다는 교훈이다.

한편, 하룻밤을 넷으로 나눈 로마의 시간 구분법에 따르면, 이경(二更)은 밤 9시~12시까지를, 삼경은 밤 12시~새벽 3시까지를 가리킨다. 예수님의 말씀을 듣고 있던 제자들 중 베드로가 예수께 묻는다.

"주님, 주님이 방금 말씀하신 그 비유는 저희에게만 해당되는 것입니까? 아니면, 모든 사람들에게 해당되는 말씀입니까?"

베드로에 질문에 예수님은 직접 답변하지는 않으셨다. 하지만 충분히 알아들을 수 있는 또 다른 비유로 말씀하신다.

"누가 참으로 신실하고 슬기로운 청지기이겠느냐? 주인이 청지기를 두어 그에게 자기 종들을 맡긴 후에 때맞춰 종들에게 양식을 제공하라고 그에게 시키면, 그는 어떻게 해야 하겠느냐? 주인이 돌아왔을 때 청지기가 맡은바 자기 일을 훌륭하게 수행하고 있다면, 그 청지기에게는 복이 있다. 주인은 자기 재산을 그 청지기에게 전부 맡길 것이다."

제자들은 고개를 끄덕인다. 이처럼 예수님의 비유는 참 쉽다. 누구나 단번에 알아들을 수 있었다.

"그러나 이와 반대로, 청지기가 마음속으로 생각하기를 '주인이 돌아오려면 아직 멀었다' 하면서, 자기에게 맡겨진 남녀 종들을 때리면서 먹고 마시고 술에 취해 세월을 보낸다고 치자. 그러던 중에 생각지 않은 날, 전혀 알지 못하는 시각에, 주인이 갑자기 온다면 어찌 되겠느냐? 주인은 그 불성실하고 불충한 청지기를 엄하게 때린 후에 신실치 못한 자들이 받는 벌을 그에게 내리지 않겠느냐!"

당연한 말씀이다. 맡겨진 일을 잘 감당한 신실한 청지기는 주인의 신뢰를 얻고 보상을 받아 더욱 크고 귀한 일을 맡을 수 있다. 반면, 그렇지 못한 청지기는 주인의 진노를 사서 심하게 두들겨 맞고 집에서 쫓겨날 것이다.

청지기는 주인의 집과 재산, 집안의 종들을 맡아 관리하는 사람이다. 대개는 종들 가운데서 가장 오래되고 성실하며 주인의 마음을 잘 헤아리는 믿을 만한 자가 발탁되었다. 아브라함 집안의 엘리에셀이나 보디발 집안의 요셉이 대표적인 경우다. 청지기에게 요구되는 것은 충성심과 지혜였다. 그래서 집안을 효율적으로 관리하며 주인의 재산을 불려주는 역할을 잘 감당해야 한다.

그러기에 청지기는 종이나 노예와는 다르다. 종은 단지 주인이 시키는 일을 할 뿐이므로 포상금이 주어지는 경우는 없다. 그러나 청지기는 주인에게로부터 위임받은 것들을 잘 관리함으로써 상을 받을 수도 있고, 제대로 관리하지 못하면 해고를 당하기도 한다. 예수님의 말씀을 계속 들어보자.

"주인의 뜻을 알면서도 미리 준비하지 않은 채 주인이 원하는 바를 행하지 않는 자에게는 더욱 심한 벌을 내릴 것이다. 그러나 주인의 뜻을 알지 못한 채 벌 받을 짓을 한 사람은, 알고도 행하지 않은 사람보다는 가벼운 처벌을 받게 될 것이다. 진실로 그렇다. 많은 것을 받은 사람에게는 더 많은 것이 요구되고, 많은 것을 맡은 사람에게는 더 많은 책임이 요구되느니라."

베드로의 질문에 대한 간접적인 답변이다. 누구든지 항상 깨어 맡겨진 일에 신실하게 전념하면서 예수님의 재림을 맞을 준비를 갖추고 있어야 한다는 것이다. 예수님의 뜻을 더욱 잘 알아 예수님에게서 더 크고 많은 것을 맡은 제자들에게는 주어진 특권이 큰 만큼 그에 따른 책임도 크다는 교훈이다.

세상에 불을 던지러 오신 예수님 (12:49-53; 마 10:34-36)

이제 예수님은 제자들에게 아주 놀라운 말씀을 하신다.

"나는 세상에 불을 지르기 위해 왔느니라. 이미 불이 활활 붙어 있었더라면, 내가 얼마나 좋았겠느냐! 하지만 내가 받아야 할 고난의 세례가 있는데, 이 일이 다 이루어질 때까지는 내가 얼마나 더 많은 고난을 당할는지 모른다."

"주님, 그게 무슨 말씀이신지요? 세상에 불을 지르기 위해 왔다니요?"

제자들은 저마다 놀라고 의아해하며 되물었다. 그럴 수밖에! 여기서 '불'은 진짜 불이 아니라 상징과 비유로 사용된 말이다. 곧 '복음'을 가리킨다. 복음이 '불'에 비유된 것은 아주 적절하다. 불같은 복음으로 말미암아 사람들 사이에 분쟁이 활활 일어나고, 결국 그 복음에 대한 태도 여부에 따라 불 심판을 받을 것이기 때문이다.

한편, 예수님이 받아야 할 '고난의 세례'는 시시각각 다가오는 예수님의 십자가 죽음을 가리킨다. 인류의 구원을 위한 그 십자가 죽음은 극심한 고난의 물속에 잠기는 세례와 같았다. 이제 예수님은 그 '불'과 관련해서 보다 직접적으로 말씀하신다.

"너희는 내가 세상에 평화를 주려고 온 줄로 아느냐? 그렇지 않다! 오히려 분열을 일으키려고 왔다. 한 집안의 식구가 다섯이라면, 이제부터는 둘씩, 셋씩 패가 갈라져서 싸우기 바쁠 것이다. 서로 분열되어 아버지가 아들과 대립하고, 아들이 아버지를 등질 것이다. 어머니가 딸을, 딸이 어머니를, 시어머니가 며느리를, 며느리가 시어머니를 대적하여 서로 맞서 싸울 것이다."

예수님이 세상에 지른 불, 곧 복음은 집안마다 분열과 분쟁을 야기한다. 그런 현상은 천국의 진리가 가지는 도전적인 측면으로 불가피한 것이다. 집안 식구들 각자에 따라 그 복음을 믿고 순종하는 신자가 생기고, 그 복음을 싫어하고 배척하는 불신자가 생길 것이므로 서로 간에 갈등을 일으킬 것이기 때문이다. 과연 그런 현상은 오늘의 지구촌에서 흔하게 목격할 수 있다.

시대의 징조를 분간하라 (12:54-56; 마 16:2-3)

제자들을 향해 말씀을 마치신 뒤, 예수께서는 이제 자신에게로 모여든 군중을 바라보시며 그들을 향해 말씀하신다.

"여러분은 서쪽에서 구름이 이는 것을 보고는 '비가 곧 오겠다.'하고 말하는데, 사실 그런 예상이 들어맞곤 합니다. 또 남풍이 불면 '날씨가 더워지겠다.'하고 말하는데, 그것 역시 들어맞곤 합니다."

이스라엘의 기후 상황을 고려할 때, 소나기를 몰고 오는 비구름은 서쪽의 지중해상에서 발생하였다. 그리고 무더운 바람은 남쪽의 사막지대에서 불어왔다. 이제 예수님은 이처럼 사람들이 서쪽의 구름과 남쪽의 바람을 통해 기후를 예견한다는 이야기를 꺼낸 까닭을 말씀하신다.

"보라, 위선자들이여! 여러분이 이처럼 하늘과 땅의 기상은 잘 분간할 줄 알면서도, 어찌하여 이 시대의 징조는 분간할 줄 모르는 것입니까?"

메시아 예수가 하나님 나라의 메시지를 전하는 것을 보고 들은 사람들이라면, 이제 곧 천국의 도래가 가까이 임했다는 것을 깨닫고 죄악에서 돌이켜 회개하고 하나님의 나라를 추구하는 삶을 살아가야 옳았다. 하지만 예수님 당시의 사람들은 그런 시대의 징조를 전혀 분간하지 못한 채 도리어 예수님을 배척하고 그분의 메시지를 무시했다.

고소하는 자와 화해하라 (12:57-59; 마 5:25-26)

시대의 징조를 분간하라는 가르침과 관련해서 예수님은 군중들을 향해 가르침을 계속 베푸신다. 이번에는 채무자가 자기 빚으로 인해 법정에 서기 전에 어떻게 해서든지 채권자와 화해함으로써 그 문제를 해결하는 것이 꼭 필요하다는 사실을 일러주신다.

“여러분은 어찌하여 무엇이 옳은 줄 스스로 판단하지 못합니까? 당신을 고소하는 채권자와 법정으로 가고 있다면, 당신은 가는 도중에 그 사람과 속히 화해하십시오. 그렇지 않으면, 그 채권자는 당신을 재판관에게 끌고 갈 것이고, 재판관은 당신을 형무소 관리에게 넘길 것이고, 형무소 관리는 당신을 감옥에 집어넣을 것입니다. 잘 새겨들으십시오. 그렇게 되면, 당신은 마지막 한 푼까지 다 갚기 전에는 절대로 감옥에서 풀려나지 못할 것입니다.”

채무자가 자기 빚 때문에 감옥에 갇히지 않는 유일한 방법은 어떻게 해서든지 채권자와 화해하는 것뿐이다. 그처럼 하나님께 빚진 사람들(일차적으로는 예수님 당시의 이스라엘 백성들, 궁극적으로는 인류의 모든 사람들)도 지옥이라는 감옥에 떨어지지 않으려면 어떻게 해서든지 채권자 되시는 하나님과 화해를 해야 한다는 것이다.

하나님과의 그런 화해는 마지막 날 최후심판이라는 법정에 서기 전에, 다시 말해 아주 늦기 전에 이루어지지 않으면 안 된다. 시대의 징조를 잘 분간하여 자신의 죄를 회개함으로써 하나님과 화해한 뒤, 이후로는 하나님의 말씀에 따라 올바른 삶을 살아가야 하는 것이다.

13

회개 촉구와 천국 비유

3년 동안이나 열매를 맺지 않은
무화과나무를 보고 주인이 과수원지기에게
베어 버리라고 하자 과수원지기는
거름 주고 일년만 기다려 보자고 하네

회개하지 않으면 멸망한다 (13:1-5)

"선생님! 로마 총독 빌라도가 주님께 희생제물을 드리려던 갈릴리 사람들을 죽여 피를 흘리게 했다고 합니다. 그 일을 알고 계십니까?"

예수께서 말씀을 베풀고 계실 때, 군중들 가운데 두어 사람이 앞으로 나오더니 빌라도의 학살 사건을 불쑥 끄집어냈다. 당시 유대인들은 종종 로마 군대의 강압적인 폭력에 희생당하곤 했다.

그 시기에 빌라도 휘하의 로마 군대는 성전 터의 남서쪽 모퉁이에 주둔하고 있었는데, 아마도 어느 절기(유월절?)에 일단의 갈릴리 사람들이 예루살렘 성전에 제사를 드리러 왔다가 어떤 일로 인해 로마 군대에 의해 무자비하게 죽임당한 학살 사건이 발생했던 것이다. 그런 얘기를 듣고, 예수께서 대답하신다.

"그 일은 나도 전해 들었소. 그런데 그때 죽임당한 그 갈릴리 사람들이 다른 갈릴리 사람들보다 죄가 더 많아서 그런 변을 당했다고 생각하시오?

아니오! 내가 분명히 말하지만, 당신들도 회개하지 않으면 그렇게 멸망할 것이오."

당시 유대인들은 모든 재난은 죄의 결과라는 인과응보적인 사고를 지니고 있었다. 예수님은 그들의 그런 사고가 그릇된 것임을 지적하신 것이다. 예수님은 한 가지 예를 더 드신다.

"또 실로암 망대가 무너져 거기에 치여 죽은 열여덟 사람들은 어떻다고 생각하시오? 그들이 다른 예루살렘 사람들보다 특별히 죄가 더 많아서 그렇게 되었다고 생각하시오? 그렇지 않소! 내가 당신들에게 분명히 말하지만, 당신들도 회개하지 않으면 그렇게 멸망할 것이오."

실로암은 예루살렘 성읍의 남동부 성벽에 접해 있는 연못으로, 성읍 바깥에 있는 기혼 샘으로부터 예루살렘 성읍 안으로 공급되는 물을 저장하는 저수지다. 이곳에 높은 망대가 세워져 있었는데, 그 망대가 무너지는 사고로 인해 18명의 예루살렘 주민이 깔려죽은 사건이 있었다.

이런 예를 들어, 예수님은 두 가지 사실을 알려주었다. 첫째, 어떤 재난이 반드시 죄의 대가로 임하는 것은 아니라는 사실. 둘째, 죄인이 회개하고 올바른 삶을 살지 않으면 언젠가는 재난을 당한 사람들처럼 결과적으로 그렇게 멸망하게 될 것이란 사실.

열매 맺지 못하는 무화과나무의 비유 (13:6-9)

예수님은 계속해서 하나의 비유를 들어 군중들에게 말씀하신다. 이 비유에 등장하는 '무화과나무'는 뽕나무과(科)의 낙엽 관목으로, 그 열매는 식용과 약용으로 주로 사용되었다. 올리브나무(감람나무), 포도나무와 더불어 팔레스타인의 3대 주요 과수 중 하나로, 성경에서 때로는 '이스라엘'을 상징하는 나무로 사용되었다.

"어떤 사람이 자기 과수원에 무화과나무를 심었소. 그 사람은 무화과나무에 열매가 맺혔는지 보려고 여러 번 가 보았지만 번번이 실망하였소.

그러다가 마침내 그 사람이 과수원지기에게 말했소. '보시오, 내가 3년 동안이나 이 무화과나무를 참고 기다려 왔지만, 이 나무에는 단 한 개의 무화과도 맺히지 않았소! 그러니 이 무화과나무를 당장 베어버리시오. 무엇 때문에 아까운 땅만 허비하고 있단 말이오.' 그러자 과수원지기가 사정하기를 '주인님, 금년에만 더 그냥 두십시오. 제가 나무 둘레에 고랑을 파고 거름을 듬뿍 주도록 하겠습니다. 그렇게 해서 내년에 무화과가 맺히면 좋고, 만일 그때 가서도 열매가 맺히지 않으면 그때는 미련 없이 베어버리도록 하겠습니다.' 하였소."

열매 맺지 못하는 무화과나무를 베어버리는 때, 곧 최후 심판의 때가 이르기 전에 자기 죄를 깨닫고 회개함으로써 열매 맺는 삶을 살아야 한다는 가르침이다. 그렇다면 구체적으로 어떤 열매를 맺어야 할까?

후일 사도 바울은 에베소 교회에 보내는 편지에서 '빛의 열매 세 가지'를 소개했는데, 그것들은 착함과 의로움과 진실함이라 했다. 또한 갈라디아 교회에 보내는 편지에서는 '성령의 열매 9가지'를 소개했는데, 그것들은 사랑, 기쁨(희락), 평강(화평), 인내(오래 참음), 친절(자비), 선함(양선), 신실함(충성), 온유, 절제라 했다. 믿는 자들은 이 같은 빛과 성령의 열매를 맺어야 한다.

예수께서 안식일에 허리 굽은 여자를 고치심 (13:10-17)

어느 안식일, 예수께서는 한 회당에서 사람들을 가르치고 계셨다. 그런데 그 자리에는 18년 동안이나 악령(귀신)에게 사로잡혀 병마에 시달리고 있는 한 여자가 있었다. 그로 인해 그녀는 허리가 굽어져 몸을 똑바로 펼 수 없었다. 가련한 여자였다. 말씀을 베푸시던 중에 예수께서는 그 여자를 보시고 그녀를 앞으로 불러내어 말씀하신다.

"여자여, 당신은 이제 병마에서 해방되었소."

여자가 눈을 들었다. 예수께서 그 여자의 머리에 손을 얹는 순간에 즉시 나았다. 그녀는 언제 굽었느냐 듯 허리를 똑바로 펴고는 하나님을 찬양했다.

"아니, 하필 안식일에 그런 일을 행하다니!"

안식일에 병 고치는 것을 보고 회당장은 크게 화가 났다. 안식일에 노동행위를 한 것에 대한 경고였고, 또한 자신에게 허락을 받지 않고 여자의 병을 고쳐줌으로써 회당장의 권위가 무시되었음에 대한 분노다. 그는 회당에 모여 있는 사람들을 향해 큰 소리로 외친다.

"이보시오들, 일을 하게 되어 있는 날이 일주일에 엿새나 있지 않소! 그러니, 그런 날에 와서 병을 고쳐 달라 하시오. 하지만 안식일에는 병을 고치면 안 됩니다!"

그 회당장의 말을 듣고, 예수께서 도리어 의분을 내어 말씀하신다.

"위선자들이여! 당신들은 안식일이라 하여 외양간에 매여 있는 당신들의 소나 나귀의 고삐를 풀어 물을 먹이지 않는단 말이오? 아브라함의 딸인 이 여자도 18년 동안이나 사탄에게 매여 있었소. 그런데 안식일이라 하여 이 여자를 풀어주어선 안 된다는 법이 대체 어디에 있단 말이오?"

예수님의 말씀은 권위가 있었고 이치에 합당했다. 유대인 랍비들은 '일'과 관련된 안식일의 법과 전통을 세부적인 사항까지 아주 엄격하게 규정했다. 하지만 그들은 안식일에 아이가 태어난다든지 사람이 죽는 일이 있을 때면 하나님께서는 안식일에도 '일하신다'는 사실을 인정해야만 했다. 그래서 유대인들은 누군가의 생명을 구하는 일이라면, 안식일에도 일하는 것을 허용했다.

이 같은 사실에 근거하여 예수님은, 안식일에 생명을 치료하는 일도 충분히 허용될 수 있는 합당한 일이라고 말씀하신 것이다. 사실상 이 같은 예수님의 말씀은 안식일의 주인 된 자로서 그 정당성을 선포하신 것이다. 이처럼 예수님의 말씀은 율법에 합당했고 이치에 맞았기에 예수님을 반대하던 자들은 무어라고 대꾸하지 못한 채 부끄러워 고개를 들지 못했다. 그러나 군중들은 예수께서 행하시는 놀라운 일들을 보고 크게 기뻐하였다.

그런데 여기서 한 가지 의문이 생긴다. 여기 18년 동안이나 허리가 구부러진 그 여자는 사탄에게 매여(사로잡혀) 그런 병마를 앓았다. 그렇다면 모든 질병은 사탄이나 악령(귀신)에게서 비롯되는 것인가? 아니, 그렇게 볼 수는 없다. 오늘날 대부분의 질병들은 의학적인 문제에서 비롯되는 것이다. 그렇지만 오늘날에도 어떤 질병의 경우에는 여전히 사탄이나 귀신에게서 비롯된 영적 차원의 문제일 수도 있다. 세밀하고 주의 깊은 판단력이 요구된다.

겨자씨와 누룩의 비유 (13:18-21; 마 13:31-33; 막 4:30-32)

예수님의 가르침은 계속된다.

"여러분, 하나님의 나라는 무엇과 같을까요? 무엇에 비길 수 있을까요? 그렇습니다. 하나님의 나라는 자기 마당에 심어진 아주 작은 겨자씨 한 알과 같습니다. 그 겨자씨가 무럭무럭 자라나서 큰 나무가 되면, 공중의 온갖 새들이 날아와서 그 가지에 앉습니다."

겨자는 십자화과(科)에 속하는 1년생 식물인데, 그 씨는 눈에 잘 보이지 않을 정도로 아주 작다. 겨자씨는 아주 작지만 겨자는 1-2년 내에 4~5m에 이를 정도로 생장력이 아주 왕성한 식물이다. 하나님의 나라 역시 초창기에는 아주 작은 겨자씨처럼 무척 작고 미미하지만, 나중에는 상상할 수조차 없을 만큼 창대하게 자라나고 번성한다.

"하나님의 나라를 또 무엇에 비길 수 있을까요? 그렇습니다. 하나님의 나라는 한 포대의 밀가루 속에 넣고 반죽을 하면 크게 부풀어 오르는 누룩과도 같습니다."

누룩의 특징은 그 대상을 부풀게 하여 크게 확장시키는 것이다. 누룩처럼, 천국도 그 복음의 힘으로 말미암아 점차적으로 커지고 확장된다. 겨자씨 비유가 천국의 외적이고 양적인 성장에 초점을 맞추고 있다면, 누룩 비유는 천국의 내적이고 질적인 성장에 초점을 맞추고 있다고 볼 수 있다.

힘써 좁은 문으로 들어가라 (13:22-30; 마 7:13-14, 21-23)

때는 예수님의 공생애 3년 차(주후 29년경 겨울), 예수께서는 초창기 전도사역의 중심지였던 갈릴리 지방을 떠나 메시아로서의 십자가 사역을 수행하시려고 제자들과 함께 예루살렘으로 올라가시는 도중이었다. 그런 여행 중에 예수께서는 여러 동네와 마을에 들러 하나님의 나라의 복음을 전하고 말씀을 가르치셨다. 그러던 때에 하루는 어떤 사람이 예수께로 나아와 단도직입적으로 묻는다.

"주님, 구원을 받을 사람들은 적습니까?"

그러자 예수님은 그 사람에게만 아니라 주변의 모든 사람들을 향해 대답하신다. 예수님의 대답은 다분히 비유적이었다.

"여러분, 여러분은 좁은 문으로 들어가려고 힘쓰십시오. 내가 여러분에게 말합니다. 많은 사람들이 그리로 들어가려고 하겠지만, 실제로는 그리로 들어가지 못할 것입니다."

여기서 '좁은 문'은 하늘나라로 들어가는 구원의 문을 의미한다. 다시 말해 구원을 얻으려면 구원의 문으로 들어가야 하는데, 그 문은 '좁다'란 의미다. 그렇다면 구원으로 인도하는 문은 왜 좁은 것일까?

좁을 수밖에 없다. 영원한 생명과 구원이 있는 천국 문으로 향하는 길은 세상적인 명예와 쾌락을 추구하는 인간의 본성과는 달리, 자기부인과 십자가 고난이 따르는 길이기 때문이다. 예수님의 말씀은 이어진다.

"여러분이 아직 그 좁은 문으로 들어가지 못했는데, 집주인이 일어나 그 문을 닫아버리면 어떠하겠습니까? 여러분은 밖에 서서 문을 두드리며 애원하기를 '주인님, 주인님, 제발 문을 열어 주십시오!' 할 것입니다.

그러면, 주인은 여러분에게 대답하기를 '안 된다! 나는 너희가 어디서 온 자들인지 알지 못한다.' 할 것입니다."

여기서 '집주인'은 구원을 베푸시는 하나님을 가리킨다. 요컨대 하나님에 의해 구원의 문이 한번 닫히면, 두 번의 기회는 없다는 교훈이다. 구원을 얻으려면 구원의 문이 열려 있는 동안에 그리로 들어가야 한다는 사실을 알 수 있다.

"그렇게 되면, 여러분은 집주인에게 말하기를 '주인님, 우리는 주인님 앞에서 주인님과 함께 먹고 마셨으며, 또 주인님은 마을 길거리에서 우리를 가르치지 않았습니까?' 할 것입니다. 그러면, 그 말을 듣고 집주인이 여러분에게 대답하기를 '내가 분명히 말하지만, 나는 너희를 알지 못한다. 못된 짓만 일삼는 자들아, 내 앞에서 썩 물러가라!' 할 것입니다. 아브라함과 이삭과 야곱 및 모든 예언자들이 하나님의 나라에 들어가 있는데도, 정작 여러분은 밖에 쫓겨나 있는 것을 알게 되면, 여러분은 가슴을 치고 이를 갈며 슬피 울게 될 것입니다."

회개를 통한 믿음과 순종의 삶으로써 하나님(혹은 예수님)과 내면적인 관계를 맺지 못하고, 그저 피상적인 관계만 맺은 상태로는 결단코 구원의 문을 통과할 수 없다. 그런 자들은 구원을 얻지 못한 채 문 밖에 서서 가슴 치고 이를 갈며 슬피 울게 될 터인데, 이처럼 '가슴 치며 이를 간다.'는 표현은 극한 슬픔과 완전한 절망을 나타내는 유대인들의 관용적인 표현이다.

하나님을 안다고 주장하는 자들이 집주인에게 쫓겨나 집 밖에 서서 이를 갈며 슬피 울고 있는 동안, 집 안에서는 구원의 문을 통과한 자들이 기쁨의 천국 잔치에 참예하고 있을 것이다.

"그때에 사람들이 동서남북의 사방에서 몰려와서, 하나님 나라의 잔치 자리에 참석하게 될 것입니다. 보십시오, 그때에 나중 된 사람이 먼저 되고, 먼저 된 사람이 나중 되는 일이 많이 생겨날 것입니다."

그렇다면 누가 '먼저 된 사람'이고, 누가 '나중 된 사람'인가? 두 가지 차원에서 생각해 볼 수 있다.

일차적 의미는, 전체적으로 볼 때 '먼저 된 사람'은 일찍이 하나님의 백성으로 선택받은 '유대인들'을 가리키고, '나중 된 사람'은 구원의 기회가 나중에 주어진 '이방인들'을 가리킨다. 하지만 결과적으로 천국의 복음을 더 적극적으로 수용한 자들은 먼저 된 사람인 유대인들이 아니라 나중 된 사람인 이방인들이었다.

이차적 의미는, 개인적으로 볼 때 '먼저 된 사람'은 다른 이들보다 먼저 복음을 받아들였으나 주님께 적극적으로 헌신하지 않는 자들이고, '나중 된 사람'은 뒤늦게 복음을 받아들였지만 열심을 갖고 적극적으로 주님을 섬긴 자들이라고 볼 수 있다.

예수께서 예루살렘을 보시고 탄식하심 (13:31-35; 마 23:37-39)

예수님은 갈릴리 지방을 떠나 예루살렘을 향해 여행하는 도중이었고, 베레아 지방(요단강 동편 지역)을 지나면서 제자들과 군중들에게 하나님 나라의 복음을 전하고 계셨다. 예수께서 가르침을 베풀고 계실 때, 바리새파 사람들이 예수께로 나와서 예수님을 위하는 척 말한다.

갈릴리를 떠나 예루살렘으로!

"선생님, 어서 이곳을 떠나는 게 좋겠습니다. 헤롯 왕이 당신을 죽이려고 단단히 벼르고 있습니다."

여기 '헤롯 왕'은 갈릴리와 베레

아 지방을 통치하던 분봉왕 헤롯 안티파스(주전 4-주후 39년)를 가리킨다. 헤롯은 일전에 자신의 불법을 지적하던 세례 요한을 죽인 인물이다. 이때 바리새파 사람들은 헤롯 왕에 동조하여 예수를 자기네 지방에서 쫓아내려고 이처럼 말했다. 그들은 예수가 요상한 말로 군중들을 선동하고 있다고 생각했기 때문이다. 바리새인들의 말에, 예수께서 대답하신다.

"가서, 그 여우에게 말하기를 '보라, 오늘과 내일은 내가 귀신들을 내쫓고 사람들을 고칠 것이요, 사흘째 되는 날에 나의 일을 모두 마칠 것이다.' 하시오. 오늘과 내일과 모레에는 어떻게든 내가 내 일을 하지 않으면 안 되오. 예언자가 예루살렘이 아닌 다른 곳에서는 죽을 수 없기 때문이오."

여기서 '그 여우'는 여우처럼 간교하고 교활한 '헤롯 왕(분봉왕 헤롯 안티파스)'을 가리키고, '오늘과 내일과 모레'는 '지금, 그리고 조금만 더 있다가'라는 뜻이며, '사흘째 되는 날'은 '가까운 장래에'란 뜻이다. 그러니까 예수님은 지금처럼 얼마 동안은 계속해서 복음 전도의 사명을 수행하다가, 가까운 장래에 예루살렘에 올라가 십자가 죽음과 무덤에서의 부활을 통해 인류구원이라는 자신의 사명을 완수하겠다고 말씀하신 것이다.

이런 맥락에서 예수님은 '예언자가 예루살렘이 아닌 다른 곳에서는 죽을 수 없다'고 말씀하셨다. 여기서 '예루살렘'은 지리적 장소로서의 예루살렘이며, 또한 하나님께 거역하는 불순종의 장소로서의 예루살렘이다. 그런 예루살렘에서, 일찍이 하나님이 보내신 많은 예언자들이 죽었는데, 이제 가까운 장래에 위대한 예언자 되시는 예수님 자신도 거기서 죽음을 맞이하게 될 것이라는 말씀이다.

그래서일까? 예수님은 북받치는 감정으로 예루살렘을 향해 비통한 심정을 토로하신다.

"아, 예루살렘아! 예루살렘아! 너는 예언자들을 죽이고, 너를 도우려고 하나님께서 보내신 자들을 돌로 마구 치는구나! 암탉이 제 새끼를 자기 날개 아래 품듯, 내가 몇 번이나 네 자녀들을 품으려고 애썼더냐!"

예수님의 한탄: "아, 예루살렘아! 예루살렘아!"

너무나 답답하고 안타까운지 예수님의 눈가에 눈물이 고인다.

"아, 그러나 너희가 절대로 응하지 않는구나. 보라, 장차 너희의 집은 버림받아 황폐해지리라. 너희가 '주의 이름으로 오시는 이여, 그분은 실로 복 되도다!'하고 찬송하는 그 날이 올 때까지, 너희가 다시는 나를 보지 못하리라."

이 땅에 오신 예수님, 그분은 예루살렘을 무척 사랑하셔서 그들의 자녀들(예루살렘 주민들)을 사랑으로 품고 또 품으려고 무진 애썼다. 그러나 예루살렘은 절대로 응하지 않았다. 단순히 응하지 않은 데서 그치지 않고, 도리어 적극적으로 배척하고 핍박하고 돌로 마구 쳤다. 그래서 예루살렘은 결국 메시아 예수를 십자가에 못 박아 죽였다.

그 결과, 하나님의 징벌로 예루살렘은 버림받아 크게 황폐해질 터였다(과연 그랬다. 예수님을 죽인 지 40년이 흐른 주후 70년, 티투스 장군이 이끄는 로마군대에 의해 예루살렘은 아주 철저하게 멸망했다). 그리고 그들은 자신들이 죽인 메시아 예수를 장차 재림 때에 그분께서 큰 찬송과 영광 가운데 다시 이 땅에 오실 때까지는 보지 못할 운명이었다. 엄청난 기회와 보물을 놓친 가히 통탄할 일이지만, 그제나 이제나 유대인들은 소수를 제외하고는 이 진리를 깨닫지 못했다. 영적으로 눈이 멀어버렸던 것이다.

14

제자의 길

잔칫집에 가거든 맨 끝자리에 앉아라
주인이 권하거든 그제야 자리를 옮겨라
누구든지 자기 자신을 높이면 낮아질 것이요
자기를 낮추는 사람은 높아지리라

예수께서 수종병 환자를 고치심 (14:1-6)

갈릴리 지방을 떠나 예루살렘으로 올라가시던 도중, 예수께서는 어느 안식일에 음식을 드시려고 어떤 바리새파 지도자의 집에 들어가셨다. 그 사람이 예수님을 자신의 집에 초대했기 때문이다.

유대인들은 안식일에 회당 의식이 끝나면 식사를 하였으며, 그런 다음에는 손님이나 랍비를 초대하여 대접하는 것을 미덕으로 여겼다. 그래서 랍비들은 빈부에 관계없이 안식일에 손님 접대하기를 가르쳤고, 그런 행위를 훌륭한 종교적 의무로까지 여겼다. 그러나 여기 바리새파 지도자는 이런 좋은 관습을 이용하여 꼬투리를 잡을 심산으로 예수님을 초대했다. 그때에 많은 사람들이 예수님의 언행 하나하나를 주의 깊게 지켜보고 있었다.

때마침 그 자리에는 온몸이 붓는 수종병(水腫病, dropsy) 환자가 와 있었다. 이 병은 체내에 조직액의 과다분비로 인해 온몸이 부어오르는 병이다. 그 환자를 바라본 뒤, 예수께서 바리새파 사람들과 율법 교사들에게 질문하신다.

"안식일에 병을 고쳐주는 것이 합당한 일이오, 합당하지 않는 일이오?"

모두들 아무런 대답이 없었다. 사실, 랍비들의 해석 규례에 따르면 생명이 위태롭지 않는 한 안식일에는 고쳐주지 않는 게 그들의 답이었다. 하지만 그렇게 말했다가는 안식일에도 병 고침 받기를 간절히 바라는 군중들의 거센 비난을 면할 길 없었다. 그래서 이러지도, 저러지도 못한 채 묵묵부답이었다. 문자로 옭아맨 율법 해설의 한계를 여실히 보여주는 장면이다. 바리새인들과 율법 교사들이 안절부절못하며 침묵하자, 예수께서는 그 수종병 환자를 고쳐주신 후 그를 집으로 돌려보내셨다. 그런 후, 다시금 그들에게 물으신다.

"안식일에 당신들의 아들이나 나귀나 소가 우물에 빠진다면, 어떻게 해야 하겠소? 당장 거기서 끌어내야 하겠소, 아니면 그대로 내버려두어야 하겠소?"

예수님의 질문은 바리새인들과 율법 교사들을 곤경에 빠뜨렸다. 그들의 규정에 의하면, 안식일일지라도 우물이나 구덩이에 빠진 사람이나 짐승은 건져주어야 했기 때문이다(훨씬 엄격했던 쿰란 공동체는 안식일에 구덩이에 빠지면 사람은 구출하되 짐승은 구해낼 수 없도록 규정하였다).

지금껏 예수님은 자신을 올무에 빠뜨리려는 종교 지도자들에게서 먼저 질문을 받았지만, 이제는 예수님이 그들에게 먼저 질문함으로써 주도권을 잡으셨다. 그 결과, 자가당착에 빠진 종교 지도자들은 입을 다물고 침묵함으로써 스스로 참패를 시인하고 말았다.

스스로 낮은 자리에 앉으라 (14:7-11)

하루는 이런 일이 있었다. 잔치에 초대받은 사람들이 저마다 식탁의

윗자리를 골라잡는 것을 눈여겨 보시고서 예수께서 하나의 비유를 들려주신다.

"여러분, 결혼 잔치에 초대받아 가거든 윗자리에 앉지 마십시오. 여러분보다 더 귀한 손님이 초대를 받아 올지도 모르기 때문입니다. 그렇게 되면, 주인은 그 사람이 앉은 자리에 와서 말하기를 '이보시오, 미안하지만 이분에게 자리를 내어주시오.' 할 것입니다. 그러면 그 사람은 무안을 당하여 구석진 자리로 내려가지 않으면 안 될 것입니다."

모두가 고개를 끄덕였다. 그런 일은 누구나 경험할 수 있는 일이었다.

"그러니 초대를 받거든, 아예 잔치 자리의 맨 끝자리에 가서 앉으십시오. 그러면 주인이 여러분에게 다가와서 권하기를 '친구여, 이리로 올라와서 윗자리에 앉으시오.' 할 것입니다. 그리 되면, 다른 손님들 앞에서 그 사람은 높임을 받게 될 것입니다. 그렇습니다. 누구든지 자기 자신을 높이면 낮아질 것이고, 자기를 낮추는 사람은 높아질 것입니다."

대가를 바라지 말고 베풀라 (14:12-14)

비유를 통해 겸손에 관한 교훈을 가르치신 뒤, 예수께서는 자기를 초대한 집주인에게 말씀하신다.

"점심이나 저녁 식사에 사람을 초대하려거든, 친구들이나 형제들이나 친척들, 또는 잘 사는 이웃들은 초대하지 마시오. 그들은 당신을 자기 집으로 다시 초대하여 되갚을 것이기 때문이오. 그러니 잔치를 베풀 때는, 오히려 가난한 사람들과 병든 사람들과 절름발이들과 맹인들을 초대하시오. 그리하면, 당신은 복 받을 것이오. 비록 그들은 당신에게 되갚아주지 못하겠지만, 의인들이 부활할 때에 하나님이 당신에게 되갚아주실 것이기 때문이오."

이 말씀의 교훈은, 어떤 대가를 바라지 말고 순수한 마음으로 도움이 필요한 자들에게 도움의 손길을 베풀라는 것이다. 친구들, 형제들,

친척들, 잘 사는 이웃들을 멀리 하라는 말씀이 아니다. 가난한 사람들, 병든 사람들, 절름발이들, 맹인들처럼 되갚을 능력이 없는 사회의 약자들에게 각별한 관심을 갖고, 대가를 바라지 말고 순수하게 베풀라는 말씀이다.

큰 잔치의 비유 (14:15-24; 마 22:1-10)

사회의 약자들에게 순수한 마음으로 도움을 베풀라는 예수님의 말씀을 듣고서, 함께 식탁에 앉아 있던 사람들 가운데 하나가 예수께 말한다.

"아, 하나님 나라의 잔치에 참석할 수 있는 사람은 얼마나 복된 사람일까요!"

그 말을 듣고, 예수께서 그 사람에게 비유로 말씀하신다.

"어떤 사람이 큰 잔치를 준비한 뒤에 많은 사람을 초대했소. 시간이 되자, 주인은 초대한 손님들에게 자기 종을 보내어 전하기를 '모든 준비가 끝났으니 어서 잔치에 오십시오.' 하였소. 그러나 초대받은 손님들은 하나같이 핑계 대며 말하기를 '미안하지만, 잔치에 갈 수 없게 되었구려.' 하였소."

"선생님, 초대받은 손님들이 대체 무슨 핑계를 댔습니까?"

"첫 번째 사람은 '내가 방금 밭을 샀는데, 거기 먼저 가봐야겠소. 미안하게 됐구려.' 하고 말했소. 두 번째 사람은 '내가 방금 쟁기를 끄는 소를 다섯 쌍이나 샀는데, 그것들을 먼저 부려 보아야겠소. 미안하게 됐구려.' 하고 말했소. 세 번째 사람은 '나는 방금 결혼한 몸이라서 도저히 잔치 자리에 갈 수가 없소. 미안하게 됐구려.' 하고 말했소."

유대인의 풍속에 따르면, 잔치를 베푼 주인은 두 번의 초대를 한다. 한 번은 잔치를 베풀기 전에 미리 참석할 손님들을 알아보는 초청이고, 또 한 번은 잔치 준비를 마치고 잔치에 오겠다는 손님들을 대상으로 종을 보내어 데려오는 초청이다. 여기서는 두 번째 초청이다. 그런데 그들은 이제 와서 갈 수 없다고 핑계를 댄 것이다.

그들의 핑계는 합당하거나 진실하지 않다. 왜냐하면 아무도 밭을 보지 않고는 그것을 사지 않고, 소를 시험해보지 않고는 사지 않는 법이기 때문이다. 또한 새로 장가 든 신랑도 결혼이 갑작스런 결정으로 이루어진 일이 아니라는 점에서 역시 어설픈 핑계다. 요컨대, 그들은 사실 마음이 바뀌어 잔치에 참석하기 싫은 것이다. 예수님의 비유 말씀은 계속 이어진다.

"종이 돌아와서, 주인께 사실대로 보고했소. 그러자 주인은 크게 화가 나서 종에게 말하기를 '너는 어서 가서 성읍의 거리와 골목을 돌아다니면서, 가난한 자들과 지체장애자들과 걷지 못하는 자들과 눈먼 자들을 전부 데리고 오너라!' 하였소. 한참 후에 그 종이 돌아와서 주인께 말하기를 '주인님, 주인님이 시키시는 대로 다 했습니다. 그런데도 아직 빈자리가 남아 있습니다.' 하였소."

'이젠 그 빈자리를 누구로 채우지…?'

사람들은 은근히 궁금해 했다. 비유는 이어진다.

"그러자 주인이 다시 종에게 말하기를 '그렇다면 너는 성읍 밖으로 나가 길바닥과 산울타리 바깥 지역으로 두루 다니면서, 만나는 사람들을 전부 오게 하여 내가 베푼 잔치 자리를 가득 채우도록 하여라. 처음 초대받은 사람들 중에는 누구도 내가 준비한 잔치의 음식을 맛볼 사람이 없을 것이다.' 하였소."

큰 잔치의 비유: "너희는 밖에 나가 다 데려오라!"

예수님의 비유는

구원의 순서와 관련하여 깊은 의미를 지니고 있다. 집주인(하나님)이 베푼 천국 잔치에 처음 초대를 받은 사람들은 '유대인들(이스라엘 백성들)'을 가리킨다. 그리고 나중에 초대를 받은 사람들은 '이방인들'을 가리킨다. 아브라함과 이삭과 야곱의 후손으로 선민으로 불리는 유대인들은 천국 잔치에 먼저 초대받았지만, 그들은 온갖 핑계와 배척과 불순종으로 그 기회를 발로 차버렸다. 그래서 다음으로 이방인들에게 기회가 주어졌고, 그 결과 이방인들이 먼저 천국 잔치의 기쁨에 참여하게 되었다.

하지만 '처음 초대받은 사람들 중에는 누구도 잔치의 음식을 맛볼 사람이 없을 것'이라는 말을 오해해선 안 된다. 유대인들 가운데에는 구원을 얻을 사람이 아무도 없다는 말이 아니다. 다만 유대인들이 가지고 있던 선민으로서의 모든 특권이 사라지게 된다는 뜻으로, 그래서 그만큼 유대인들이 구원을 얻기가 쉽지 않을 것이라는 뜻으로 봄이 좋다.

후일 사도 바울의 편지(로마서 11장)에 의하면, 유대인들 중에는 예수님의 재림 전에 회개하고 하나님께로 돌아올 자들이 있을 것이라고 언급하고 있다. 유대인들의 배척과 거역에도 불구하고, 자비로우신 하나님께서는 그들의 조상인 아브라함, 이삭, 야곱과 맺은 언약을 반드시 지키실 것이기 때문이다.

예수님의 제자가 되는 길 (14:25-33)

공생애 사역의 막바지에 이른 예수님(주후 29년 겨울쯤), 지금 예수님은 예루살렘으로 올라가 십자가 사역을 수행하기 위해 갈릴리 지방을 떠나 요단강 동편의 베레아 지방을 지나가고 계셨다. 그러자 유대인들의 최대 절기인 유월절을 지내려고 예루살렘으로 향하던 많은 사람들이 예수님을 뒤따르면서 함께 길을 가고 있었다. 그때에 예수께서 돌아서서 자신을 뒤따르는 사람들을 향해 말씀하신다.

“여러분, 누구든지 나를 따르고자 하는 사람은 자기 부모나 처자식이나 형제자매보다 나를 더욱 사랑해야 합니다. 심지어, 자기 목숨보다도 더욱 나를 사랑해야 합니다. 그렇지 않으면, 누구도 내 제자가 될 수 없습니다. 그렇습니다. 누구든지 자기 십자가를 지고 나를 따르지 않으면, 내 제자가 될 수 없습니다.”

참된 제자의 길에 관한 말씀이다. 예수님은 두 가지를 말씀하셨다. 첫째, 세상의 모든 관계보다, 심지어 자기 자신보다도 예수님과의 관계를 최우선시해야 한다는 것이다. 둘째, 자기 십자가를 져야 한다는 것이다.

‘자기 십자가를 져야 한다고? 그게 무슨 말이지?’

사람들은 의아해했다. 그렇다면 그 말은 무얼 의미하는가? 십자가는 극형을 가하는 도구다. 당시 로마정부는 십자가형을 당할 죄수에게 자신이 매달릴 십자가를 형장까지 짊어지고 가도록 했다. 따라서 십자가를 진 죄수는 치욕과 고통, 그 자체였다.

예수님은 자신의 제자가 되어 자신을 따르는 데 치러야 할 가혹한 대가를 일러주기 위해 사람들이 증오하는 이 ‘십자가’라는 자극적인 이미지를 사용했다. 말하자면 십자가는 자신의 삶에서 자신을 부인하고, 예수 그리스도와 그분의 왕국을 첫째로 삼기로 선택한 사람들이 참고 견뎌야 할 모든 수욕과 고난을 상징한다. 참된 제자의 길에 관한 예수님의 말씀은 이어진다.

“자, 생각해 보십시오. 여러분 가운데 누군가 망대를 세우려고 하면, 그 사람은 먼저 전체 비용이 얼마나 들 것인지 계산부터 뽑아보지 않겠습니까? 그렇게 하지 않아서, 만일 그 사람이 기초공사만 해놓고 비용이 모자라 망대를 완성하지 못한다면, 사람들마다 그를 비웃으며 말하기를 ‘아하, 저 사람이 건축을 한답시고 시작만 해놓고는 마무리를 못하는구나!’ 하지 않겠습니까!”

참된 제자가 되려는 사람은 충동적인 결심으로서가 아니라, 철저한 자기 점검과 준비를 갖춰야 한다는 말이다.

"또 만일 어떤 왕이 다른 왕과 전쟁을 해야 한다면, 1만의 자기 병사로 2만의 적들을 과연 물리칠 수 있을 것인지, 미리 헤아려 보지 않겠습니까? 그렇게 헤아려 보아서 아무래도 이길 수 없을 것 같으면, 적군이 아직 먼 거리에 있을 때 화친을 맺기 위해 사절단을 보내야 하지 않겠습니까?"

참된 제자가 되려는 사람은 객관적인 입장에서 정확하고 냉철한 판단으로 자기 자신의 상태를 살펴보아야 한다는 말이다.

"그렇습니다. 여러분 가운데서 누구라도 자기가 가진 모든 소유를 포기하지 않는 사람은 내 제자가 될 수 없습니다."

참된 제자가 되려는 사람은, 예수님과 그분을 위한 사역을 감당하기 위해서는 자신의 모든 소유조차 기꺼이 포기할 각오를 다져야 한다는 말이다.

짠맛을 잃은 소금 (14:34-35; 마 5:13; 막 9:50)

참된 제자의 길과 관련해서 예수님은 마지막으로 말씀하신다.

"여러분, 소금은 참 좋은 것입니다. 그러나…."

유대인들에게 소금은 음식의 맛을 조절하는 양념의 개념을 넘어선다. 종교 의식에서 소제와 번제의 예물 위에 뿌리는 아주 중요한 용도로도 사용되었다. 성전에 피우는 향의 성분에 소금이 들어갔으며, 새로 태어난 아기를 위해 의학적 목적으로 소금을 뿌렸고, 방부제로 쓰기도 했다. 이 중에서 특히 소금의 역할로 중요한 것은 맛을 내는 일이다.

"만일 소금이 그 짠맛을 잃어버린다면, 무엇으로 소금을 다시 짜게 하겠습니까! 짠맛을 잃은 소금은 흙으로도 못 쓰고, 거름으로도 쓸모가 없어 결국 내다버릴 수밖에 없습니다. 누구든지 들을 귀가 있는 사람들은 내 말을 알아들으시길 바랍니다."

예수님의 제자가 되려고 하는 자들은 짠맛으로 음식물의 부패를 방지하는 소금처럼, 이웃과 사회의 부정부패를 방지하는 올바르고 선한 영향력을 발휘할 수 있어야 한다는 것이다. 제자의 길에 관한 모든 말씀을 마치신 뒤, 예수님은 '들을 귀가 있는 사람들은 내 말을 알아들어라!'하고 말씀하셨다. 이 말은, 겸손한 태도로 마음 문을 열고 예수님의 가르침에 귀를 기울이면, 그 말씀의 깊은 의미를 깨닫게 될 것이라는 말이다.

늦은 오후로 접어들었다. 해는 멀리 가 있고 그만큼 저녁 그늘은 길었다. 새들도 제 집을 찾아가는지 빠르게 날아갔다. 청중들도 하나둘 떠나갔다. 예수님을 따르겠다는 사람은 보이지 않았다. 아직도 진리에 대해 눈을 뜨지 못하는 사람들의 씁쓸한 뒷모습을 보면서 제자들은 뭔가 스승에게 한 마디라도 힘을 보태고 싶었지만 마땅한 말이 떠오르지 않아 그냥 입을 다문 채 스승의 걸음을 뒤따르기만 했다.

누가복음 15장

15

잃은 영혼을 찾아서

작은아들이 제몫의 재산을 가지고 나가
술과 여자로 탕진하고 돌아왔으나
아버지는 그 아들을 반갑게 맞아들여
좋은 옷에 소 잡고 잔치를 벌여 주네

잃은 양의 비유 (15:1-7; 마 18:12-14)

예수님이 하늘나라의 진리에 관해 가르치자, 세리들과 죄인들이 예수님의 말씀을 들으려고 모여들었다. 그런 광경을 보고, 바리새파 사람들과 율법 교사들이 자기들끼리 수군거리며 투덜댄다.

"어허, 이 사람 예수를 좀 보게나. 죄인들과 어울리질 않나, 그들과 더불어 음식을 같이 먹지를 않나, 대체 어째서 죄인들하고만 저리 어울리는지, 쯧쯧!"

바리새인들은 조상의 유전이나 율법 해석을 기초로 많은 금지사항과 의무 조항들을 만들었다. 이를 제대로 지키지 못하면 죄인으로 낙인찍어서 정죄를 일삼았다. 이런 죄인의 부류에는 비도덕적인 생활을 하는 창녀, 간통자, 사기꾼 등이 있었고, 법정 증언권을 박탈당한 불명예스런 직업군으로는 세리, 목자, 행상인, 피혁공 등이 있었다.

예수님 당시에 세리들은 다른 동족 유대인들에게서 큰 미움과 멸시를 받았다. 그들은 유대인들을 지배하던 로마 정부에 협력하여 동족에게서 여러 명목으로 세금을 거두어들였기 때문이다. 게다가 어떤 세리들은 개인적인 치부를 위해 필요 이상의 세금을 과다 징수하였기에, 사람들은 그들을 죄인으로 간주하여 배척했고 미워했다. 이때 예수께서 바리새파 사람들과 율법 교사들이 자신을 향해 수군대는 소리를 들으시고, 그들을 향해 비유를 들어 말씀하신다.

"보시오, 당신들 가운데 누군가가 양 일백 마리를 가지고 있는데 그중에서 한 마리가 길을 잃었다고 합시다. 그러면 그는 아흔아홉 마리를 그대로 들판에 둔 채 잃어버린 한 마리 양을 찾으러 나서지 않겠소? 그래서 양을 찾으면, 그는 크게 기뻐하며 그 양을 어깨에 메고 집으로 돌아와, 친구들과 이웃을 불러놓고 말하기를 '잃어버린 내 양을 도로 찾았소. 그러니 우리 모두 기뻐합시다.' 할 것이오.

'칫, 그게 대체 어쨌다고 이런 말을 하는 거지….'

"내가 진정으로 말하겠소. 이처럼 하늘나라에서는 회개할 필요가 없는 의인 아흔아홉 명보다 회개하는 죄인 한 사람을 두고 더욱 기뻐한다오."

잃은 양을 찾으면 기쁘지 아니하랴!

이른바 '잃은 양의 비유'다. 이 비유의 핵심 가르침은 아흔아홉 마리의 양이 귀하지 않다는 것이 결코 아니라, 잃어버렸다가 도로 찾은 한 마리의 양이 더욱 각별한 기쁨과 관심의 대상이라는 것이다. 그 한 마리는 100마리의 양들 하나하나에게 모두 해당된다. 그래도 여전히 이런 의문이 들 수 있다. 왜 한 마리의 잃은 양을 찾기 위해 아흔아홉 마리의 양들을 들판에 그대로 내버려두는가? 그러다가 아흔아홉 마리의 양들에게 변고가 생기면 어쩌란 말인가?

결론부터 말하면, 그대로 내버려두지 않는다. 아흔아홉 마리가 아무런 돌봄을 받지 않은 채 그냥 방치되는 것이 아니다. 우리는 양떼에 한 명의 목자만 딸려 있을 것이라고 생각하는 경향이 있지만 사실은 그렇지 않다. 실제로 중근동 지역에서 100마리의 양떼를 한 명의 목자가 돌보는 경우란 거의 없다. 만일 양떼 중 한 마리를 잃어버렸을 경우, 수석 목자는 양떼의 나머지(99마리)를 안전하게 돌보고 있고, 고용된 도우미 목자가 그 양을 찾아 나서곤 한다.

우리 주님은 모든 양들을 차별 없이 똑같이 돌보신다. 그러나 그중에 잃은 양이 있다면, 그 양이 어떤 양이든 상관없이 결코 포기하지 않고 찾을 때까지 끝까지 찾고 또 찾으신다. 그래서 마침내 잃은 양을 도로 찾아 어깨에 둘러메고 크게 기뻐하며 돌아오신다.

잃은 은화의 비유 (15:8-10)

예수님이 죄인들과 어울린다며 비난하는 종교 지도자들, 그들을 향한 예수님의 답변은 비유로 주어졌다. '잃은 양의 비유'에 이어, 이제는 '잃은 은화의 비유'로 대답하신다. 여기서 은화(銀貨)는 '드라크마'를 가리킨다. 드라크마는 당시에 헬라(그리스)의 화폐 단위로, 1드라크마는 노동자의 하루치 품삯에 해당하는 가치를 지녔다. 이는 로마의 화폐 단위인 '데나리온'과 동일한 가치다.

"또 어떤 여자가 은화 열 닢을 가지고 있었소. 그런데 그중에서 하나를 잃어버렸다면 어떻게 할 것 같소? 그 여자는 등불을 켜 들고 온 집안을 쓸며 부지런히 잃은 돈을 찾지 않겠소? 그러다가 잃은 돈을 찾으면, 그녀는 친구들과 이웃을 불러놓고 함께 기쁨을 나눌 것이오.

이와 같이 죄인 한 사람이 돌이켜 회개하면, 하늘나라에서 하나님의 천사들이 크게 기뻐한다오."

왜 은화(드라크마) 1개를 찾았을 뿐인데 그 여자는 친구들과 이웃을 불러 잔치까지 베푸는 것인가? 잔치 비용이 더 많이 드는 게 아닌가? 여기서 잃어버린 한 개의 은화는 모두 열 개로 이루어진 여인의 결혼지참금 가운데 하나로 보인다. 유대인의 풍습에 의하면, 열 개의 은화는 종종 한 줄로 꿰어 마치 보석처럼 여인의 머리를 치장하는 장신구로 사용되었다.

말하자면 그것은 오늘날의 '결혼반지'와 같은 것으로, 여인에게 정말로 소중하고 의미 있는 것이었다. 따라서 그것을 도로 찾았다는 것은 액면 가치 이상의 큰 기쁨과 감격을 안겨주었음이 분명하다. 그래서 이런 은화를 찾았을 때 여인은 잔치를 베풀었다. 잔치 비용이 많이 들었겠지만 되찾은 기쁨은 남편과의 사랑의 회복이요 신뢰의 회복이다. 그러기에 찾았을 때의 기쁨은 세상을 얻은 것이다. 그래서 여인은 사람들을 불러와 "나와 함께 즐기자. 내가 드라크마를 찾았노라" 한다.

"찾았다!"는 말은 흥분이고 기쁨이고 격정이다. 여기 "찾았다"는 헬라어로 "유레카"다. 후일, 수학자 아르키메데스가 목욕탕에서 수학공식을 발견하고는 너무나 흥분하고 감격해서 외쳤던 단어이기도 하다.

이런 외침은 하늘 천국에서 종종 들을 수 있다. 죄인들이 회개하고 주님께로 돌아왔을 때 천사들이 '찾았다!' 하며 크게 외치며 기뻐하는 까닭은, 그들이 섬기고 있는 하나님께서 크게 웃으며 아주 기뻐하시기에, 그런 모습을 보고 천사들도 함께 기뻐한다는 사실을 보여주는 것이다.

잃은 아들의 비유: 탕자의 비유 (15:11-24)

죄인을 멸시하고 멀리하며 하찮게 여기는 유대의 종교 지도자들(바리새인, 율법 교사, 사두개인 등), 그런 그들에게 예수님은 죄인의 회개가 얼마나 귀한 일이고, 또 하나님이 얼마나 기뻐하시는 일인지 더욱 분명하게 보여주시려고 연달아 또 하나의 비유를 드신다. '잃은 양의 비유', '잃은 은화의 비유'에 이은 '잃은 아들의 비유'다. 이른바 '탕자의 비유'로 널리 알려진 유명한 비유다.

"또 어떤 사람에게 두 아들이 있었소. 그런데 하루는 작은아들이 아버지에게 말하기를 '아버지, 제 몫의 유산을 미리 나누어주십시오.' 하였소. 그래서 아버지는 자기 재산을 두 아들에게 나누어주었소."

아버지의 임종 전에 자기 몫의 유산을 미리 달라는 작은아들의 요구는 아주 변칙적인 불효의 행동이다. 만일 아버지가 그 아들을 고발한다면, 작은아들은 패륜죄로 처형당할 수도 있었다. 그래서 좋은 말로 달래고 만류하기도 했겠지만, 작은아들의 요구가 워낙 강경해서 자비로운 성품을 지닌 아버지는 결국 작은아들에게 유산을 넘겨주었다. 모세 율법에 따르면, 장자는 다른 형제들에 비해 두 몫의 유산을 분배받았다. 따라서 여기 작은아들은 아버지 유산의 삼분의 일(1/3)을 받았을 것이고, 맏아들은 삼분의 이(2/3)를 받았을 것이다. 예수님의 비유는 계속 이어진다.

"얼마 후, 작은아들은 자기 몫의 유산을 다 챙겨 먼 나라로 떠났소. 거기서 그는 허구한 날 술과 여자로 허랑방탕하게 세월을 보내는 동안, 그 많은 돈을 어느새 다 허비해버렸소. 게다가 그 나라 전역에 심한 흉년까지 들었소. 가진 돈은 이미 다 떨어진 데다 심한 흉년까지 들었으니, 그 아들은 사정이 막막하여 끼니조차 제대로 이을 길이 없게 되었소. 그러니 어쩌겠소? 하는 수 없이 그 아들은 그 나라 사람의 어떤 집에 더부살이로 들어가 돼지를 치게 되었소."

돼지! 모세 율법에서 돼지는 먹지 못하는 부정한 동물을 대표하는 짐승이다. 유대인들은 돼지를 멀리했고, 돼지를 사육하는 일조차 부정하고 천한 일로 여겼다. 자기 몫의 재산을 탕진한 작은아들이 돼지를 치는 자가 되었다는 것은, 그의 상태가 얼마나 비참하게 전락했는지를 잘 보여준다. 예수님의 비유는 이어진다.

“돼지치기가 된 그 작은아들은 너무나 배가 고파 돼지가 먹는 쥐엄나무 열매라도 실컷 먹고 배를 채우고 싶었지만, 그것마저도 넉넉히 주는 사람이 없었소. 그제야 제정신이 든 작은아들은 속으로 생각하였소. ‘아, 내 아버지의 집에는 양식이 풍족하여 일꾼들까지도 넉넉히 먹고 남는데, 나는 여기서 굶어 죽겠구나! 그러니 이제 나는 아버지께로 돌아가야겠다. 돌아가서, 아버지께 간청하기를 “아버지, 저는 하늘과 아버지께 죄를 지었습니다. 그러니 이제부터 저는 더 이상 아버지의 아들이라고 불릴 자격이 없습니다. 다만 저를 아버지 집의 일꾼으로라도 써주십시오.” 해야겠다.’ 그렇게 작은아들은 마음을 굳혔소.”

쥐엄나무! 이 나무는 콩과(科)의 상록교목으로 지중해 동부가 원산지다. 산골짜기나 개울가에서 주로 자라고, 10m가량의 덩굴을 이루며, 여름에 황록색 꽃이 핀 후에 가을에 달콤하고 영양분 있는 열매를 맺는다. 쥐엄나무 열매는 가축의 사료로 주로 사용되는데, 값이 싼 까닭에 궁핍한 처지에 놓인 가난한 자들의 식량으로 사용되기도 한다.

“마침내 작은아들은 일어나 더부살이하던 주인집을 떠나 자기 아버지의 집으로 발걸음을 향했소. 그 아들이 아직도 아버지 집에서 먼 거리에 있는데, 아버지는 멀리서 작은아들이 집으로 돌아오고 있는 것을 보았소. 그러자 아버지는 측은한 마음이 들어 얼른 달려가, 그 아들의 목을 껴안고 입을 맞추었소. 그때 작은아들이 아버지에게 말하기를 ‘아버지, 저는 하늘과 아버지께 큰 죄를 지었습니다. 이제는 아버지의 아들이라고 불릴 자격조차도 없습니다.’ 하였소.”

보라, 아버지는 작은 아들의 모습을 보고 측은히 여겨 얼른 달려갔다. 동양의 경우, 아무리 급할 때도 연장자들은 달려 나가지 않는다. 지위가 높을수록 더욱 점잖고 체통 있게 걸었다. 특히 중동지역의 문화에서는 달음박질하는 아버지의 행위는 방정맞은 모습이다. 그래서 아랍어 성경 번역자들은 "아버지가 달렸다." 하지 않고, "아버지가 서둘렀다." 또는 "아버지가 출두했다."라고, 아버지의 행동을 짐짓 권위 있게 표현한다.

돌아온 아들을 맞으러 기쁘게 달려 나가는 아버지

그러나 예수님은 그런 표현을 쓰지 않았다. 아버지는 달렸다! 빠른 걸음이 아니라 운동경기를 하듯 질주한 것이다. 아버지는 종을 보내어 아들을 맞이하지 않았다. 아버지는 겉옷자락을 추켜올리고 품위가 있건 없건, 누가 보든 말든, 달려 나갔다. 멀리서 아들의 초라한 행색을 보는 순간, 아버지가 기다려서도 안 되고 걸어서 마중 나가서도 안 되고 달려야만 하는 이유가 있었다. 그것은 마을사람들에게서 순전히 아들을 보호하기 위함이었다.

집을 떠났던 아들이 마을을 지나 집으로 돌아올 때, 아들은 찌질하고 피곤한 모습에 옷차림은 노숙자의 행색이었을 것이다. 마을사람들은 그런 아들을 흉보고 손가락질할 것이다. 여인들은 풍겨오는 냄새에 코를 막을 것이다. 개조차 남루한 옷을 물고 찢으며 짖어댈지도 모른다. 마을 입구에서 아버지의 집까지는 사실 몇백 미터에 불과했지만 쫄딱 망하고 돌아오는 아들에게는 예루살렘 성안 빌라도 관정에서 골고다까지 십자가를 지고 조롱과 모욕과 채찍에 맞으며 걸어야 했던 그 길만큼이나 길고 멀고 수치스러운 길이다.

아버지는 보나마나 망신을 당할 아들을 그냥 놔둘 수가 없었다.

아들이 망가지고 추잡하고 술주정뱅이고 무엇에 중독된 인생이라도 내 아들이다.

사람들의 손가락질에서 아들을 보호해주는 것은 아버지의 역할이자 책임이다. 비록 아버지의 명예와 권위를 실추시킨 아들이었지만, 아버지는 끝까지 책임져 주어야 할 사랑스런 아들이다. 그런 아들이 조롱당하고 놀림거리가 될까봐 사람들 눈에 띄기 전에, 조롱을 받기 전에, 보호해주려고 체면이고 체통이고 상관하지 않고 아버지는 달리고 또 달린 것이다.

이때 작은아들은 자기 잘못을 철저히 깨닫고 진심으로 회개하였다. 그래서 아버지의 환대에도 불구하고 작은아들은 겸손한 모습을 보였다. 지난날, 자기 몫의 유산을 당당하게 요구하던 그때의 작은아들이라면 달랐을 것이다. 자신이 비록 하나님과 아버지 앞에 죄를 지었지만, 그래도 여전히 아버지의 아들이었기에 뻔뻔한 모습을 보일 수도 있었다.

그러나 돌아온 작은아들은 자기 몫의 유산을 챙겨 아버지 곁을 훌쩍 떠나갈 때와는 아주 대조적이었다. 감히 아버지의 아들이라고 불릴 자격조차 없음을 알고는, 다만 품꾼들 가운데 하나로 여겨 달라고 자청하였다. 이처럼 교만은 죄를 초래하고, 회개는 겸손을 낳는다.

그런데 여기서 한 가지 의문이 들 수 있다. '왜 아버지는 작은아들을 찾아 길을 나서지 않았을까?' 목자가 잃은 양을 힘써 찾듯, 여인이 은화를 부지런히 찾듯, 그렇게 아버지도 자기 곁을 떠나간 작은아들을 찾아 집을 나섰어야 하는 게 아닌가? 정말 그래야 했을까? 하지만 아버지가 작은아들을 찾아 나서지 않았던 것은, 그 아들에 대한 아버지의 부성애가 모자라서가 아니었다. 그렇다면 왜일까?

작은아들은 스스로 아버지의 집을 떠나간 만큼, 스스로 자신의 잘못을 깨닫고 자신의 의지로 돌아와야 했다. 그렇지 않으면, 그 아들을 찾아 집으로 데려오더라도 또다시 떠나갈 것이기 때문이다. 잃은 양과 잃은 은화(드라크마)는 사람의 도움이 없이는 스스로 돌아올 수 없는 것들이었다. 반면, 사람은 스스로의 선택과 결심에 의해 떠나갈 수도, 돌아올 수도 있었다. 결국 작은아들이 잘못을 깨닫고 스스로 발걸음을 옮겨 집으로 돌아왔을 때, 아버지는 멀리서 그 아들을 보고 달려 나가 뜨겁게 맞이했다. 아버지가 얼마나 애타게 잃어버린 아들의 귀환을 기다리고 있었는지를 잘 보여주는 장면이다. 예수님의 이야기는 계속된다.

"이제는 아버지의 아들이라고 불릴 자격조차 없다는 작은아들의 말을 듣고, 아버지는 '아니다, 그렇지 않다. 아들아!' 하면서, 종들에게 지시하고 말하기를 '너희는 어서 이 집에서 가장 좋은 옷을 꺼내다가 내 아들에게 입혀라. 내 아들의 손가락에 반지를 끼워 주고, 그 발에 신발을 신겨라. 그리고 그 살진 송아지를 잡도록 해라. 내가 큰 잔치를 베풀고는, 이 기쁨을 모든 사람들과 나눠야겠다. 자, 보아라! 죽었던 내 아들이 이렇게 다시 살아왔다. 내가 아들을 잃었는데, 이제는 다시 찾았다.' 하였소. 그래서 그들은 작은아들이 돌아온 것을 다 같이 기뻐하며 큰 잔치를 벌였소."

돌아온 작은아들을 위해 아버지와 종들이 베푼 큰 잔치, 그것은 죄인의 회개를 크게 기뻐하시는 하늘나라 하나님과 천사들의 모습을 보여준다. 작은아들을 위해 아버지가 기꺼이 베푼 것들, 곧 가장 좋은 옷, 손가락 반지, 신발, 살진 송아지 등은 아버지가 그 아들을 자신의 아들로 인정하고, 아들로서의 자격과 권위를 집안의 모든 종들 앞에서 완전히 회복시켜 주었다는 것을 나타낸다. 회개하고 돌아온 작은아들을 아버지는 작은아들의 부탁대로 종들 가운데 하나로 여긴 것이 아니라, 어디까지나 자신의 자랑스러운 아들임을 공개적으로 인정한 것이다.

탕자 이야기는 기독교의 핵심 교리다. 집을 떠나갔던 탕자가 눈물을 질질 흘리며 "아버지, 저 왔어요." 하는 이야기가 아니라, 탕자를 사랑하시는 하늘아버지의 사랑 이야기다.

큰아들의 성냄과 불평(15:25-32)

예수님의 비유는 회개한 작은아들의 귀환과 그를 맞는 기쁨의 큰 잔치에서 끝나지 않는다. 아버지 집안의 또 다른 아들, 곧 큰아들에 대해서 계속 이야기를 이어가신다.

"그런데 말이오, 그 집안의 큰아들 있잖소. 그 아들은 그때 밭에서 일을 끝내고 집으로 돌아오던 길이었소. 큰아들이 집 가까이에 이르렀을 때 자기 집에서 노래하고 춤추는 소리가 흘러나오는 것을 들었소. 그 시각에 작은아들을 맞이하는 큰 잔치가 집안에서 벌어지고 있으니 당연한 일이 아니겠소. 큰아들은 의아하게 생각하며 집안의 종 하나를 불러 물어보기를 '집에 무슨 일이 있느냐?' 하였소. 이에 종이 큰아들에게 대답하기를 '동생이 집에 돌아왔습니다! 그래서 어르신께서 동생이 무사히 돌아온 것을 축하하려고 그 살진 송아지를 잡아 큰 잔치를 벌이고 있는 중입니다.' 하였소."

이스라엘 백성들은 아주 귀한 손님의 내방을 받으면, 살지고 기름진 송아지를 잡아 접대하는 것이 관례였다. 여기서 '살진 송아지'를 '그 살진 송아지'라고 한 것은, 작은아들을 위해 잡은 송아지가 아주 귀한 손님의 접대를 위해 특별히 준비해둔 '그 송아지'임을 보여준다.

"종의 말을 듣고, 큰아들은 화가 치밀었소. 그래서 집 안에 발을 들여놓으려 하지도 않았소. 그런 소식을 듣고, 아버지가 집 밖으로 나와서 달랬지만, 큰아들은 아버지에게 투덜대며 말하기를 '아버지, 저는 여러 해 동안 아버지를 위해 뼈 빠지게 일했고, 아버지의 말씀을 한 번도 거역한 적이 없습니다. 그런데도 아버지는 지금까지 저를 위해 친구들과 함께 즐기라고 염소 새끼 한 마리조차 잡은 일이 없습니다. 그런데 아버지, 이게 뭡니까? 창녀들에게 아버지의 돈을 다 써버린 그 아들이 왔다고, 그자를 위해 그 살진 송아지를 잡고 큰 잔치를 벌이시다니요! 이게 말이 된다고 생각하세요!' 하였소."

큰아들은 돌아온 작은아들을 '자기 동생'이라 말하지 않았다. '그 아들'이라고 말함으로써 자신과는 무관한 자인 양 말했다. 그랬다. 여기서 '큰아들'은 바리새인이나 율법 교사(서기관) 같은 유대의 종교 지도자들을 가리킨다. 스스로를 의롭고 경건하다고 생각한 그들은 세리나 죄인 같은 사람들보다 자신들이 훨씬 경건하고 가치 있다는 교만한 마음을 품었다. 그들은 모든 사람에 대한 하나님의 사랑과 긍휼을 전혀 이해하지 못했다. 그래서 동생을 받아들인 아버지에 대해 크게 성내고 불평한 큰아들처럼, 죄인들을 보살피시는 예수님에 대해 화를 내고 배척했다. 이제 예수님은 이야기를 마무리하신다.

"큰아들의 말을 듣고, 아버지가 말하기를 '아들아, 너는 항상 나와 함께 있었고, 내가 가진 것들은 모두 네 것이 아니더냐! 그러나 생각해 보아라. 네 동생은 죽었다가 다시 살아 왔고, 잃었다가 다시 찾았다. 그러니, 내가 그를 위해 잔치를 벌여 즐거워하고 기뻐하는 것이 마땅하지 아니하냐!' 하였소."

여기서 '큰아들'은 이중의 의미를 지닌다. 하나는(좁은 의미로는) 세리나 죄인을 멸시하는 유대의 종교 지도자들을 가리키고, 또 하나는 (넓은 의미로는) 이방인을 배척하는 유대인을 가리킨다.

이처럼 큰아들(유대의 종교 지도자들, 유대인)은 자신에게 주어진 엄청난 복과 특권을 깨닫지 못하고(혹은 감사하지 않고), 다만 작은아들(죄인들, 이방인)에게 주어진 아버지(하나님, 예수님)의 사랑과 은총에 대해 성을 내고 불평불만을 터뜨린 것이다. 따라서 잃은 아들의 비유 곧 '탕자의 비유'는 회개하고 돌이키는 죄인을 하나님께서는 크게 기뻐한다는 교훈과 더불어, 스스로 교만과 우월의식에 빠져 죄인을 정죄하고 이방인을 배척하는 유대의 종교 지도자들(혹은 유대인들)에 대한 준엄한 책망이기도 하다.

16

주인과 관리인

거지 나사로는 죽어서 낙원에 가고
부자는 지옥의 고통 속에서 헤매네
부자는 나사로에게 손가락에 물을 찍어
혀에 적셔 달라고 애원하네

약삭빠른 불의한 청지기의 비유 (16:1-13)

죄인들과 어울린다며 예수님을 비난하는 유대의 종교 지도자들, 그들에게 세 가지 비유(잃은 양의 비유, 잃은 은화의 비유, 잃은 아들의 비유)로써 그들의 그릇된 시각을 지적하신 예수님은 이제 고개를 돌려 제자들을 바라보며 말씀하신다. 이번에도 비유로 가르치신다.

"어떤 부자가 있었다. 그런데 그 부자는 자기 집의 청지기가 정직하지 못하여 주인의 재산을 낭비한다는 소문을 들었다. 그래서 하루는 주인이 그 청지기를 불러 말하기를 '자네, 자네에 대해 이러쿵저러쿵 나쁜 소문이 들리던데, 그게 어찌 된 일인가? 빠른 시일 내에 장부를 정리해서 내게 넘겨주게. 더는 자네에게 내 집안일을 맡길 수 없네.' 하였다."

그러니까 말인즉슨, 주인이 정직하지 못한 불의한 청지기를 해고하고 집에서 쫓아낸 것이다. 이제 그 청지기는 일자리를 잃고 백수 신세로 전락하게 된 것이다. 비유는 이어진다.

"청천벽력 같은 주인의 말을 듣고, 그 청지기는 크게 낙담하여 혼자 중얼거리기를 '주인이 날 쫓아낸다고 하니, 이젠 대체 뭘 먹고 산단 말인가! 땅을 파자니 힘이 없고, 빌어먹자니 창피한 노릇 아닌가. 가만… 옳거니! 이렇게 하면 되겠구나. 내가 여기서 쫓겨나더라도, 나를 돌보아 줄 친구들을 미리 만들어 놓아야겠다.' 하였다."

불의한 청지기가 차후 생계 대책으로 생각해낸 것은 이러했다. 주인집에서 쫓겨나기 전에 사람들에게 최대한 인심을 써서 자신을 돌보아줄 친구들을 만들어놓기로 한 것이다. 비유를 계속 들어보자.

"청지기는 쫓겨나기 전에 자기 주인에게 빚진 사람들을 하나씩 불러들였다. 그러고는 첫 번째 사람에게 묻기를 '당신은 내 주인에게 얼마나 빚을 졌소?' 하였다. 그 사람이 대답하기를 '올리브기름 100말입니다.' 하자, 청지기가 말하기를 '자, 당신이 도장 찍은 빚 문서가 여기 있으니, 50말을 빌렸다고 고쳐 쓰시오.' 하였다. 청지기가 다음 사람에게 묻기를 '당신은 내 주인에게 얼마나 빚졌소?' 하자, 그 사람은 '밀 100섬입니다.' 하고 대답했다. 그러자 청지기가 말하기를 '자, 여기 당신의 빚 문서가 있으니, 가져다가 80섬이라고 고쳐 쓰시오.' 하였다. 이런 식으로 청지기는 아주 약삭빠르게 빚진 사람들에게 인심을 베풀었다. 머잖아 주인은 그 청지기가 이처럼 약삭빠르게 행동하는 것을 알아차렸다."

"스승님, 그렇다면 이제 그 청지기는 주인에게 크게 꾸중 듣고, 막대한 손해배상을 치른 뒤에 쫓겨나게 생겼군요! 쯧쯧!"

제자들의 생각과 달리 예수님의 말씀은 아주 의외였다.

"아니다! 주인은 청지기의 그런 약삭빠른 처신을 보고는 도리어 그를 칭찬하였다. 왜 그런 줄 아느냐? 그 청지기가 나중을 대비하여 영리하게 처신했기 때문이다. 이처럼 세상 사람들은 자기들끼리 거래를 하는 데에는 빛의 자녀들보다 더 영리하게 군다."

여기서 주인은 청지기의 옳지 못한 약삭빠른 행위를 칭찬한 것이 결코 아니고, 그 방법 여부를 떠나 앞일을 대비하는 그의 지혜로운 처신만을 칭찬한 것이다. 세상 사람들도 자기 앞일을 대비하기 위해 온갖 방법과 지혜를 다 동원하는데, 하물며 믿는 자들이 구원을 얻고 영생을 대비하는 데 있어 최선을 다해야 하는 것이 마땅하다는 교훈이다. 이런 맥락에서 제자들을 향한 예수님의 교훈은 이어진다.

"그러므로 내가 너희에게 말한다. 세상 재물로 친구를 사귀어라. 그래서 그 재물이 다 없어지게 될 때, 그 친구들로 하여금 너희를 영원히 거주할 집으로 맞아들이게 하라."

이 말은 세상에서 호의를 얻거나 인정을 받기 위해 친구를 뇌물로 매수하라는 뜻이 아니다. 언제 어디서든 다른 사람을 도울 수 있다면, 너그럽게 자신의 재물을 사용함으로써 그들의 친구가 되라고 말씀하신 것이다. 물론, 이웃을 돕는 선행으로 영생의 상급을 받을 수 있는 것은 아니다. 그러나 예수 그리스도로 인해 변화된 사람이 자기 지갑을 활짝 열어 구제의 선행을 베푸는 일은 '보물을 하늘에 쌓아두는 일'로, 장차 하늘의 상급을 충분히 기대할 수 있다. 예수님의 교훈은 계속된다.

"지극히 작은 일에 성실한 사람은 큰일에도 역시 성실하다. 그러나 지극히 작은 일에 정직하지 못한 사람은 큰일에도 역시 정직하지 못하다. 너희가 불의한 재물을 다루는 데에도 성실하지 못하다면, 누가 너희에게 하늘의 참된 재물을 믿고 맡기겠느냐. 또 너희가 남의 재산을 다루는 데에도 신실하지 못하다면, 누가 너희에게 너희 몫의 재산을 떼어주겠느냐."

여기서 예수님은 세상 재물과 하늘의 영적 은사를 연관 지어 말씀하셨다. 예수님은 세상 재물을 '지극히 작은 일', '불의한 재물', '남의 재산'이라고 표현했고, 영적 은사를 '큰일', '하늘의 참된 재물', '너희 몫의 재산'이라고 표현하면서 둘의 연관성을 제시했다.

요점은 '신실함(충성 됨)'이다. 다시 말해 맡겨진 일에 책임감을 갖고 최선을 다하는 신실함이다. 회사에서도 승진은 그냥 이루어지지 않는다.

작은 일을 잘 처리할 때, 점차 큰일이 맡겨지고, 마침내 CEO(최고경영자)의 자리까지 승진할 수 있다. 하나님도 영적 은사와 같은 크고 참된 우리 몫의 재산을 맡기기 전에, 먼저 우리가 세상 재물을 어떻게 사용하는지를 면밀하게 테스트하신다. 이제 예수님은 결론적으로 말씀하신다.

"집 하인이 두 주인을 동시에 섬길 수는 없다. 한편을 미워하면 다른 편을 사랑하게 될 것이고, 한편을 존중하면 다른 편은 업신여기게 될 것이기 때문이다. 이와 같이 너희는 하나님과 재물을 동시에 주인으로 섬길 수 없다."

자기 지갑을 활짝 열어 세상 재물로 구제의 선행을 널리 베풀어 친구를 사귈 수 있으려면, 또한 지극히 작고 불의하며 남의 재산 같은 세상 재물이라도 신실하게 잘 관리하려면, 재물을 주인처럼 섬기는 종의 자세로는 결코 달성할 수 없다. 재물에 대한 모든 이기적이고 세속적인 소유욕에서 벗어나 하나님을 주인으로 섬기는 자세를 취할 때 비로소 가능해진다는 가르침이다.

율법과 하나님 나라의 복음 (16:14-18)

"첫, 왜 하나님과 재물을 동시에 섬길 수 없다는 거지! 세상 재물도 많이 갖고, 또 하나님도 잘 섬기면 되는 거지! 거참, 웃기는 가르침일세."

예수님의 가르침을 곁에서 엿듣고, 돈을 좋아하는 바리새파 사람들이 예수를 비웃으며 말했다. 그러자 예수께서 말씀하신다.

"보시오, 당신들은 사람들의 눈을 의식하여 의로운 체하고 있소. 그러나 하나님께서는 당신들의 깊은 속마음을 다 알고 계신다오. 그러니 겉과 속이 다른 위선적인 행위로 사람들에게서 높임을 받는 것들이 하나님 눈에는 가증스럽게 여겨진다오. 세례 요한이 활동하던 때까지는 율법과 선지자들의 시대였소. 그러나 세례 요한 이후로는 하나님 나라의 복음이 널리 전파되고 있으며, 모든 사람들이 하나님 나라로 침략해 들어가려고 애쓰고 있소."

하나님의 나라로 침략해 들어간다는 것은 무슨 말씀인가? 그것은 예수 그리스도의 복음을 받아들여, 그것을 열심히 믿고 따름으로써 천국으로 힘차게 진격할 수 있다는 뜻이다. 구약의 율법과 선지자들이 말한 하나님 나라에 대한 예언은 세례 요한의 때까지이고, 이제 메시아이신 예수님에 의해 하나님 나라가 마침내 도래했기 때문에, 누구든지 천국을 사모하는 마음으로 복음을 받아들이면, 그는 하나님 나라를 차지할 수 있게 될 것이라는 가르침이다. 말씀은 이어진다.

"하늘과 땅이 사라지지 않는 한, 율법의 한 점 한 획도 결코 없어지지 않을 것이오. 누구든지 자기 아내를 버리고 다른 여자와 결혼하면 그 사람은 간음죄를 짓는 것이오. 그리고 남편에게서 버림받은 그 여자와 결혼하는 남자도 간음죄를 짓는 것이오."

그렇다면, 이혼하는 자들 및 재혼하는 자들은 전부 간음죄를 짓는 것이란 말씀인가? 그게 아니다! 결혼에 관한 율법 정신은 '하나님이 짝 지워 주신 것을 사람이 나누지 못한다'는 것이다. 이 같은 율법 정신에 기초한다면, 남편은 배우자 된 아내를 사랑하고 배려하면서 최대한 결혼 관계를 유지하는 게 마땅하다.

그러나 당시 율법의 문자에만 집착한 유대인 랍비들은 모세의 이혼증서를 근거로 이혼을 허용하는 많은 경우들을 만들어냈다. 심지어 힐렐파 랍비들은 아내의 요리 솜씨를 문제 삼아 이혼을 허락하기도 했다. 그러나 율법 정신을 강조한 예수님은 결혼에 대한 하나님의 본래 의도를 일깨워 주시면서 쾌락과 이기적 욕망을 충족하기 위해 함부로 이혼하고 재혼하는 행위는 간음죄를 짓는 것과 마찬가지라고 경고하셨다.

부자와 거지 나사로 (16:19-31)

예수님의 말씀에 바리새파 사람들이 떨떠름한 표정을 지으며 속으로

반항했다. 그런 속마음을 아시고, 예수께서 바리새파 사람들을 향해 한 가지 비유를 들어 말씀하신다. 이른바 '부자와 거지 나사로'의 비유다.

"어느 성읍에 어떤 부자가 있었소. 부자는 화려한 옷을 입고 큰 잔치를 벌이며 사치스러운 나날을 보냈소. 그런데 그 부잣집의 대문 앞에는 '나사로'라 하는 병든 거지가 상처투성이 몸으로 부자의 밥상에서 떨어지는 부스러기로나마 허기를 채우려고 애쓰고 있었소. 그러나 그 거지는 제대로 허기조차 채우지 못했고, 동네 개들만이 와서 나사로의 헌데를 핥고 갈 뿐이었소."

'그런 얘기가 대체 우리랑 무슨 상관이 있다는 거지?'

예수님의 이야기를 듣고 있던 바리새파 사람들은 도대체가 무슨 얘긴 줄 모르겠다는 심사로 심드렁한 표정을 짓고 있었다.

"그렇게 지내다가 때가 되어 거지가 죽었고, 그러자 천사들은 그를 아브라함 품으로 데리고 갔소. 세월이 흘러 그 부자도 역시 죽어서 땅에 묻혔고, 음부(陰府, 하데스)에 떨어졌소. 그 부자는 음부에서 극심한 고통에 시달리다가 고개를 들어 위를 보니, 아득히 먼 곳에서 거지 나사로가 아브라함의 품에 안겨 있는 것이 보였소. 그래서 그 부자가 크게 소리쳐 부탁하기를 '아브라함 조상님이여, 저를 불쌍히 여겨 주십시오. 품에 있는 나사로를 이리로 보내어, 그 손가락에 물을 찍어 제 혀라도 살짝 적시게 해주십시오. 타오르는 불덩이 속에서 제가 너무나 괴롭습니다.' 하였소."

지금까지의 이야기 속에서 우리가 깨달을 수 있는 진리는 이러하다. 첫째, 모든 사람은 빈부귀천에 상관없이 때가 이르면 반드시 죽는다는 사실. 둘째, 죽은 이후에는 누구나 생전의 삶에 따라 아브라함의 품(낙원)이나 음부(스올, 하데스) 가운데 한 군데로 간다는 사실.

여기서 낙원이나 음부(헬라어로 '하데스')는 예수님의 재림으로 인해 베풀어질 최후의 심판 이전에 죽은 자들이 임시로 들어가 거하는 장소를 가리키는데, 구원 얻을 자들은 낙원으로, 지옥에 떨어질 자들은 음부로 들어간다. 그러니까 여기서 나사로는 낙원으로 들어간 것이고, 부자는 음부로 들어간 것이다. 예수님의 이야기에 계속 귀 기울여 보자.

"저 아래 지옥에서 부자가 크게 외치는 소리를 듣고, 아브라함이 그에게 말하기를 '안 된다! 생각해 보아라, 너는 살아있을 때 온갖 좋은 것들을 다 가져 보았지만, 나사로는 온갖 불행을 다 겪었다. 그래서 지금 나사로는 여기서 위로를 받고 있고, 너는 거기서 고통을 받고 있는 것이다. 더구나 우리와 너 사이에는 거대한 구덩이가 가로놓여 있어서, 여기에서 그리로 건너가고 싶어도 가지 못하고, 거기서 이리로 건너오고 싶어도 오지 못한다.' 하였소."

부자가 음부에 떨어진 것은 그가 세상에 있을 때 부자로서 잘 먹고 잘 살았기 때문에 그에 대한 반작용으로 음부에 떨어진 것이 아니다. 거지가 낙원에 들어간 것 또한, 그가 세상에 있을 때 못 먹고 못 살았기 때문에 그에 대한 보상책으로 낙원에 들어간 것이 아니다.

이야기 속에는 언급되어 있지 않지만, 그 밑바닥에 깔린 배경인즉슨 부자는 세속적 탐욕에 젖어 오직 자기 배만 불릴 뿐 불신의 삶으로 어려운 이웃을 도외시했기 때문이고, 거지 나사로는 비록 가진 것은 없지만 배고픈 중에서도 하나님께 대한 믿음을 갖고 하늘나라를 소망하는 삶을 살았기 때문이다.

그리고 낙원과 음부 사이에 놓인 '거대한 구덩이'에 대한 아브라함의 언급은, 죽음 이후에 결정된 각자의 처소는 결코 변경될 수 없는, 영원히 고정된 장소임을 보여준다. 이야기는 계속된다.

"아브라함의 말을 듣고, 크게 낙담한 그 부자가 다시금 애원하기를 '아브라함 조상님이여, 그러면 제발 부탁합니다. 나사로를 제 아버지의 집으로 보내주십시오. 저에게는 다섯 형제가 있는데 그들에게 경고하여, 그들만큼은 이곳 음부로 와서 나처럼 고통받는 일이 없도록 해주십시오.'

하였소.”

‘음, 저런 부탁쯤은 들어줄 만도 한데….’

사람들은 그리 생각했지만, 예수님의 비유는 그게 아니었다.

“그러자 아브라함이 대답하기를 ‘그럴 수 없다, 그들에게는 지금 모세와 선지자들이 있으니 언제든지 그들의 말을 들으면 될 것이다.’ 하였소. 그러자 그 부자가 고개를 저으며 말하기를 ‘아닙니다. 아브라함 조상님이여, 그것만으로는 부족합니다. 하지만 누군가 죽은 사람을 그들에게로 보낸다면, 그들은 그의 말을 듣고서 반드시 회개할 것입니다.’ 하였소.”

‘그건 그 부자의 말이 맞을 듯싶은데….’

하지만 예수님의 비유는 달랐다.

“그때 아브라함이 그 부자에게 말하기를 ‘그렇지 않다. 모세와 선지자들의 말을 듣지 않는 사람이라면, 설령 죽었던 사람이 살아서 그들에게 돌아간다 할지라도, 그들은 여전히 믿지 않을 것이다.’ 하였소.”

여기서 ‘모세와 선지자들’이란 표현은 모세오경(율법서)과 선지자들의 글(예언서)로 대표되는 구약성경 전체를 말한다. 부자의 애원에 대한 아브라함의 답변에서 우리는 중요한 기독교 진리 하나를 깨닫게 된다. 그것은, 하나님은 사람의 죽음 이후에는 구원의 기회를 제공하지 않는다는 사실이다. 사람의 죽음 이후에는, 그가 세상에서 뿌린 대로 거두는 일이 남았을 뿐이다.

그러므로 사도 바울은, 최후심판 날에는 모두가 각자 행한 대로 최종 운명을 선고받게 될 것이라고 가르쳤다. 이처럼 성경은 죽음 이후의 회개 및 구원의 기회에 관해서는 전혀 말하고 있지 않다. 그러므로 우리는 죽을 때의 그 상태로 최후 심판을 받고, 그 심판의 결과에 따라 영원한 운명을 맞이할 수밖에 없다고 추론할 수 있다.

17

용서와 하나님의 나라

둘이 한 침대에 자고 있다가도
하나는 구원 받고 하나는 버려지리라
목숨을 구하려 하는 이는 잃고
목숨을 잃는 이는 보존하리라

절대로 남을 죄 짓게 하지 말라(17:1-2; 마 18:6-7; 막 9:42)

예수님은 메시아로서의 십자가 사역을 감당하기 위해 갈릴리 지역을 떠나 요단강 동편의 베레아 지역을 거쳐 예루살렘을 향해 올라가고 계시는 중이었다(주후 29년 늦겨울~30년 이른 봄). 이처럼 예루살렘 여정을 하는 동안, 예수님은 자신을 따르는 제자들과 무리들, 그리고 적대세력인 유대의 정치, 종교 지도자들에게 그때그때 필요한 교훈을 베풀고 계셨다. 이질적인 무리들이 모인 군중은 생각하는 것들이 각자 달랐다. 그래서 같은 교훈에도 누구는 반기고 누구는 떨떠름하게 여겼다. 이번에는 예수께서 제자들에게 말씀하신다.

"세상에는 남을 죄 짓게 하는 일이 언제나 있게 마련이다. 하지만 다른 사람을 죄 짓게 만드는 그 사람에게는 화가 미칠 것이다. 누구든지 이 작고 보잘것없는 사람들 가운데 하나에게라도 죄 짓게 만드는 그 사람은, 차라리 자기 목에 연자 맷돌을 달고 스스로 바다에 빠져죽는

편이 훨씬 나을 것이다."

차라리 자기 자신이 죽을지언정, 다른 형제로 하여금 죄를 짓게 하여 신앙의 길에서 멀어지게 만들지 말라는 뜻이다. 그만큼 다른 형제를 죄 짓게 하는 일이 크고도 두려운 일이라는 말이다. 여기서 '작고 보잘것 없는 사람들'이란, 유대의 종교 지도자들 곧 바리새인들과 율법학자들(서기관들)에 의해 가르침을 받고 있는 일반 백성들을 가리킨다고 볼 수 있다. 그들은 율법적 지식과 여호와 신앙에 있어서 작고 미성숙한 자들이었다.

여기 연자 맷돌은 '나귀 맷돌'이란 뜻인데, 나귀나 소 같은 짐승의 목에 멍에를 메고 돌리게 하는, 곡식을 빻는 큰 맷돌을 가리킨다. 이런 맷돌을 사람의 목에 매달아 바다에 던지는 처형 제도는 고대 로마나 수리아 지역에서 패륜아들에게 가해졌다고 한다.

형제를 용서하고 또 용서하라 (17:3-4; 마 18:21-22)

자신이 스스로 바다에 빠져 죽을지언정 절대로 다른 형제를 죄 짓게 하지 말라는 가르침에 이어, 이제 예수님은 형제가 회개하거든 그를 몇 번이고 계속 용서하라는 가르침을 제자들에게 베푸신다.

"그러므로 너희는 삼가 정신을 차려라! 네 형제가 죄를 짓거든 그를 책망하고, 그래서 그가 회개하거든 그를 용서해 주어라. 그 형제가 하루에 일곱 번이나 네게 죄를 짓고, 그때마다 네게 나아와서 진정으로 말하기를 '내가 잘못했소.' 하고 회개하면, 그를 지체 없이 용서해 주어라."

여기서 '일곱 번'은 단순히 숫자상으로 '일곱 번'을 가리키지 않는다. 성경에서 '일곱(7)'이란 숫자는 종종 '거룩한 수' 혹은 '완전한 수'의 상징으로 사용된다. 그런 맥락에서 여기서 '일곱 번'은 완전수로 사용되어 '얼마든지' 용서해 주라는 뜻이다. 그리고 '용서하다'란 말의 헬라어 시제는 부정과거 명령형으로, 용서하는 행위가 완전히 끝났음을 뜻한다.

한번 용서한 일은 그 용서로 완전히 끝내고, 다시는 그것을 들추어내지 말라는 의미이다.

믿음의 놀라운 능력 (17:5-6; 마 17:20)

어떤 일이 있어도 형제에게 절대로 죄 짓게 하지 말라는 교훈, 그리고 형제가 회개하거든 얼마든지 용서해 주라는 교훈을 듣고, 예수님의 열두 제자들은 자신들의 부족함을 크게 느꼈는지 예수님께 말한다.

"주님, 저희의 믿음을 키워주소서!"

제자들의 말을 듣고, 예수께서 옅은 미소를 띠며 대답하신다.

"너희에게 겨자씨만한 믿음이라도 있다면, 이 뽕나무더러 명령하기를 '뿌리째 뽑혀 저 바다에 심겨져라!' 해도, 그대로 이루어질 것이다."

그러니까 문제는, 믿음의 크고 작음이나 많고 적음이 아니었다. 믿음은 마치 '씨'와 같았다. 씨의 특징은, 그것을 일단 심으면 자라난다는 데에 있다. 겨자씨처럼 아주 작고 적은 믿음일지라도, 그것을 적극적으로 사용하면 놀라울 만큼 자라게 된다. 따라서 진짜 문제는, 누구든지 자신의 믿음을 사용하지 않는 데 있다. 그러니 우리는 우리의 믿음을 더하고 키워 달라고 하나님께 기도할 필요가 없다. 오히려 우리가 가진 믿음을, 그것이 비록 (겨자씨처럼) 아주 작고 적은 것이라 할지라도 삶의 다양한 현장에서 적극적으로 사용하게 도와 달라고 기도해야 한다.

종의 마땅한 의무 (17:7-10)

제자들을 향한 예수님의 가르침은 계속 이어진다. 이번에는 종의 마땅한 의무에 관한 가르침이다.

"너희 가운데 누군가에게 밭을 갈거나 양을 돌보는 종이 있다고 하자. 그 종이 일하다가 들에서 돌아오면 '어서 이리 와서, 식탁에 앉아 밥부터 먹어라.' 하고 챙겨줄 사람이 어디 있겠느냐. 오히려 너희는 그 종에게 주인의 식사를 먼저 준비하게 하고, 또 주인에게 시중들게 한 다음, 그러고 나서 '너도 이제 먹고 마셔라' 하고 허락하지 않겠느냐."

당시의 농경이나 목축 사회의 풍습상 이것은 무척 익숙한 풍경이었다. 종은 어디까지나 종에 불과하기 때문이다. 비유를 계속 들어보자.

"또 종이 고분고분 주인의 말을 잘 듣는다고 해서, 주인은 그 종에게 특별히 고마워하지도 않는다. 이와 마찬가지다. 너희도 내가 한 말을 그대로 전부 따른 다음에, 내게 말하기를 '저희는 다만 보잘것없는 종일뿐입니다. 그저 종의 마땅한 의무를 다했을 따름입니다.' 해야 한다."

여기서 예수님이 말씀하시고자 하신 교훈의 주제는 주인의 행동에 관한 것이 아니었다. 주인에 대한 종의 마땅한 자세를 교훈하셨을 뿐이다. 종은 칭찬이나 보상을 위해서가 아니라 자신이 마땅히 해야만 하는 일을 해야 하는 자다. 이를 통해 예수님은, 우리의 믿음이 영적 교만으로 이어지는 것을 경계하셨다. 따라서 주님의 종 된 우리는 주님께 대하여 "제가 주님 위해 이것을 하겠사오니, 주님께서는 저에게 저것을 해주소서." 하는 자세를 가져선 안 된다.

예수께서 열 사람의 나병환자를 고치심 (17:11-19)

때는 예수님의 공생애 후반부(주후 29-30년경), 예수께서는 메시아로서의 십자가 사역을 감당하시기 위해 예루살렘을 향해 올라가시는 도중이었다. 하루는 예수께서 갈릴리 지역과 사마리아 지역의 경계에 있는 어떤 마을을 지나가시게 되었다.

그 마을에 들어가시다가, 예수께서는 나병환자 열 사람을 만났다. 그들은 멀리 떨어진 곳에 서서 예수께 크게 소리를 질렀다. 유대 사회에서 나병환자는 부정한 자로 규정되었기 때문에 다른 사람들에게 가까이 갈 수 없었고, 멀리 떨어져서 자신이 부정한 존재임을 스스로 알려야 했다.

"예수 선생님이여! 저희를 불쌍히 보시고, 저희에게 자비를 베풀어 주십시오!"

과연 예수께서는 그들을 불쌍히 보시고 자비를 베풀어 주셨다.

"알았소. 그러니 지금 제사장에게로 가시오. 제사장에게로 가서 당신들의 몸을 보이도록 하시오."

모세 율법에 따르면, 나병환자의 정결 규례는 제사장을 통해 이루어졌다. 제사장은 나병환자를 자세히 살펴본 뒤 치유되었다고 판단되면, 율법에 규정된 여러 정결의식을 거쳐 그 나병환자가 정결케 되었음을 공식적으로 선포했다. 그러면 치유받은 나병환자는 하나님께 제사를 드림으로써 공동체로 복귀할 수 있었다. 예수님의 말을 듣고, 열 명의 나병환자는 큰 기대를 품고서 부지런히 제사장에게로 나아갔다. 그렇게 제사장에게로 나아가는 도중이었다.

"어? 이게 어찌 된 일이지? 병이… 내 병이 사라졌다!"

"엇! 보라, 내, 내 몸도 깨끗하게 되었다! 참으로 놀라운 기적이다!"

제사장에게로 나아가던 도중에 열 명의 나병환자 모두가 깨끗하게 고침 받았다. 그들은 놀라운 기적에 감탄하며 기뻐서 어쩔 줄 몰라 했다.

그런데… 그들 가운데 오직 한 사람만 예수께로 돌아와서 큰 소리로 하나님을 찬양했다. 나머지 아홉 명은 자신들에게 기적의 치유 은총을 베풀어주신 예수님을 잊고 각자 제 갈 길로 가버렸다. 예수님께 나아온 한 사람은 예수님의 발 앞에 엎드려 자신의 나병을 고쳐주신 예수님께 진심으로 감사를 드렸다. 그는 사마리아 사람이었다. 그런 모습을 보시고, 예수님은 그를 향해 흐뭇한 미소를 지으며 물으신다.

"자, 자, 됐소. 이제 그만 일어나시오. 그런데 말이오, 열 사람이다 깨끗하게 낫지 아니하였소? 그렇다면 당신 말고, 나머지 아홉은 어디 있는 것이오? 분명 전부 고침 받았을 터인데…, 하나님께 영광 돌리려고 내게 돌아온 사람은 이 이방인 한 사람밖에 없는 것이오?"

천형으로 간주된 끔찍하고도 지긋지긋한 나병에서 고침 받는 아주 큰 은혜를 받고서도 아무런 감사의 말 한 마디 없이 그냥 제 갈 길로 가버린 아홉 명에 대해 무척 섭섭하다는 기색이 역력한 말투였다.

"그… 아홉 명은… 글쎄요, 저도 그들이 어디로 갔는지 잘 모르겠…."

"알았소. 자, 어서 일어나 이젠 당신도 가보도록 하시오. 당신의 믿음이 당신을 구원하였소."

나병에서 치유받은 후 감사하러 돌아온 그 사마리아 사람에게 예수님은 놀라운 말씀을 하셨다. 그의 감사는 예수님께 대한 믿음에서 비롯된 것이었고, 그런 믿음이 그를 영생으로 인도하는 구원에 이르게 했다고 말씀하신 것이다.

그냥 가버린 아홉 명, 그들은 육신의 병 고침은 받았지만 언젠가는 병들어 죽게 될 터이다. 하지만 당시 그들에겐 영생에 이르는 영혼의 구원이 임하지 못했다. 감사할 줄 몰랐기 때문이다.

하나님의 나라가 시작되는 때(17:20-37; 마 24:23-28, 37-41)

하루는 바리새파 사람들이 예수께 나아와 묻는다.

"예수 선생, 당신은 하나님의 나라가 언제 시작된다고 생각합니까?"

"하나님의 나라 말씀이오? 그 나라는 사람의 눈으로 볼 수 있는 그런 모습으로 임하지 않소. 그리고 '보라, 여기에 하나님 나라가 있다!' 혹은 '보라, 저기에 하나님 나라가 있다!' 하고, 말할 수도 없소. 왜냐하면 하나님의 나라는 바로 당신들 안에 있기 때문이오."

"뭐, 뭐라고요? 하나님 나라가 우리 안에 있다니요? 아니, 대체 그게 무슨 말씀이오?"

예수님의 대답을 듣고, 바리새파 사람들은 어안이 벙벙해진 얼굴로 되물었다. 그들은 하나님 나라가 자신들 안에 있는 것을 보고도, 그것을 제대로 보지 못한 영적인 눈뜬 맹인들이나 마찬가지였다.

여기서 '안에'란 말은 '가운데(among)'라는 말로 번역될 수 있고, 도리어 그것이 더 적합하다. 그런 의미에서 예수님은, 하나님 나라의 통치자로서 자신이 그들 '가운데' 있다고 말씀하신 것이다. 하나님의 나라는 하나님의 주권과 통치가 미치는 곳이다. 예수님은 하나님의 주권과 통치를 가진 메시아로서 이 땅의 사람들 가운데 임했기 때문에, 예수님의 말씀대로 하나님의 나라는 사람들 가운데 이미 임하여 존재하고 있었다. 그래서 예수님은 '임마누엘' 곧 우리 가운데, 우리와 함께 거하시는 하나님이신 것이다.

그 후 어느 때에 예수께서 제자들을 향하여 말씀하신다.

"제자들아, 언젠가 너희가 단 하루라도 인자와 함께 있게 되기를 간절히 바랄 때가 올 것이지만, 그럴 수 없을 것이다."

"주님, 그게 무슨 말씀입니까? 우리가 주님과 함께 단 하루도 있을 수 없다니요? 주께서 우리를 떠나 혼자서 어디 멀리 가신다는 말씀입니까?"

예수님은 머잖아 자신에게 닥쳐올 십자가 죽음과 그 이후에 있을 부활, 승천까지를 말씀하신 것이다. 그런 때가 되면, 예수님은 더는 제자들과 함께 있을 수 없기에 제자들이 아무리 예수님 보기를 원해도 단 하루도 볼 수 없게 될 것이다. 그러나 세상 마지막 때, 예수께서 이 땅에 재림하시는 날에 비로소 예수님을 다시 보게 될 것이다.

"그러므로 너희가 주의할 게 있다. 장차 사람들이 말하기를 '보라, 여기에 예수가 계신다!' 혹은 '보라, 저기에 예수가 계신다!' 하더라도, 너희는 나를 찾아 나서지 말라. 그때에는 난 이미 세상에 없기 때문이다."

"그렇다면 주님, 우리가 언제 주님을 다시 볼 수 있는 것입니까?"

"인자가 이 땅에 다시 돌아오는 날, 곧 인자의 날에야 나를 다시 볼 수 있을 것이다. 그때 나는 마치 번개가 하늘 이 끝에서 저 끝까지 '번쩍!' 하고 순식간에 비치는 것처럼, 그렇게 순식간에 이 땅에 임할 것이다. 그러나 그 전에 인자는 먼저 많은 고난을 당하고, 이 세대 사람들에게 버림받을 것이다."

예수님의 교훈은 이러하다.

첫째, 인자(예수)는 당시 사람들에게 버림을 받아 많은 고난을 당한 뒤 십자가에 못 박혀 죽게 될 것이다(그런 뒤 무덤에 장사 되고, 장사된 지 사흘 만에 부활하셔서 하늘로 올라가실 것이다).

둘째, 그 이후 세상 종말의 때가 되면, 종말의 징조 가운데 하나로 적그리스도가 출현하여 자신을 '그리스도'라고 칭하며 사람들을 미혹할 것이다(성도들은 이런 적그리스도의 미혹에 절대로 넘어가선 안 된다).

셋째, 그러다가 마침내 세상 끝 날에 인자의 재림이 이루어질 터인데, 인자의 재림은 마치 번개처럼 빠르고 급작스럽게, 그리고 전우주적으로 모두가 볼 수 있게끔 이루어질 것이다.

이제 예수님은 인자의 재림과 관련하여 사람들이 전혀 예상치 못한 때에 번개처럼, 도둑처럼 갑작스럽게 임한다는 사실을 강조하기 위해 구약성경 속에서 두 가지의 좋은 실례를 드신다. 하나는 '노아의 시대'이고, 또 하나는 '롯의 시대'다.

"옛적 노아의 시대에 그랬던 것처럼, 인자가 재림하는 날에도 꼭 그러할 것이다. 노아가 방주에 들어가던 당일까지도 사람들은 먹고 마시고 장가들고 시집가면서 자기들의 세상일에 취해서 살았다. 그러다가 갑자기 큰 홍수가 나서, 그렇게 살던 노아 시대의 사람들을 순식간에 다 쓸어버리지 않았더냐."

정말로 그랬다. 그때의 대홍수는 아무도 예상하지 못한 때에 갑자기 일어났다. 예수님의 말씀은 이어진다.

“또 롯의 시대도 마찬가지다. 그 시대 사람들도 하나님을 떠나 죄 가운데 먹고 마시고 사고팔고 농사를 짓고 집을 지었다. 그러다가 롯이 소돔에서 떠나던 날, 하늘에서 불과 유황이 비같이 쏟아져 그 시대 사람들을 순식간에 멸망시켜 버렸다. 그렇다. 인자가 이 땅에 다시 돌아올 때도 그와 똑같을 것이다.”

이처럼 예수님은 노아 시대의 ‘물 심판’과 롯 시대의 ‘불 심판’을 예로 들어, 재림의 신속성과 불시성과 갑작스러움을 강조하셨다. 그러면서 예수님은 그런 심판과 재림의 날이 임할 때 어떻게 대처해야 하는지를 일깨워주신다.

“그런 날이 임하면, 지붕 위에 있는 사람은 세간을 챙기러 내려오지 말고, 들에 있는 사람은 자기 물건을 가지러 집으로 돌아가지 말아야 한다. 너희는 롯의 처에게 일어난 일을 명심하여라. 누구든지 자기 목숨을 보존하려고 애쓰는 사람은 그 목숨을 잃을 것이고, 누구든지 자기 목숨을 잃는 사람은 도리어 그 목숨을 보존할 것이다.”

세상 심판과 종말의 날에, 예수님은 왜 롯의 처에게 일어난 일을 명심하라고 하셨을까? 옛적 롯의 시대에 타락하고 부패한 소돔과 고모라 성읍에 하나님의 무서운 불 심판이 임할 때, 롯의 처는 천사의 도움으로 그곳을 겨우 빠져나왔다. 하지만 롯의 처는 뒤에 남겨두고 온 세상 재물에 미련이 남아 천사의 경고를 어기고 머뭇거리며 뒤를 돌아보다가 그만 소금 기둥이 되고 말았다. 이 같은 그녀의 비극적인 운명은 하나님 나라의 복락보다 이 세상 재물과 쾌락을 더 추구하고 좋아하는 사람들에게 생생한 경고를 주기에 충분했다.

이제 예수님은 인자의 재림 날과 관련하여 계속 말씀하신다. 이번에는 재림의 날, 그 시각은 하루 중 사람들의 일상생활 가운데 어느 시각에라도 일어날 수 있다는 사실, 또한 구원받을 자 및 멸망당할 자와 관련해서 그 일은 아무도 예상할 수 없고, 오직 하나님의 주권에 달렸다는 사실을 교훈하신다.

“그날 밤에는 두 사람이 한 침대에서 자고 있더라도, 하나는 데려가고 다른 하나는 버려둘 것이다. 또 두 여자가 함께 맷돌을 갈고 있더라도, 하나는 데려가고 다른 하나는 버려둘 것이다. 또 두 사람이 함께 밭에서 일을 하고 있더라도, 하나는 데려가고 다른 하나는 버려둘 것이다.”

재림의 날과 관련된 예수님의 말씀을 심각한 표정으로 듣고 있던 제자들이 뭔가 불안한 얼굴로 예수님께 묻는다. 바리새파 사람들이 재림의 시간을 물은 것에 비해 제자들은 재림의 장소를 묻는다.

“주님, 그렇다면 그런 일이 어디서 일어나겠습니까?”

“시체가 있는 곳에는 독수리 떼가 모여들게 마련이다.”

주님의 재림 및 심판과 관련해서 제자들은 그런 일이 일어날 어떤 구체적인 장소를 물었다. 그처럼 재림과 심판이 이루어질 어떤 부분적인 장소를 묻는 제자들의 아둔한 질문에, 예수님은 ‘시체’와 ‘독수리’의 이미지를 빌어 비유적으로 대답하셨다.

실제로 광야나 들판에서 시체가 있는 곳에는 그것의 썩은 냄새를 맡고 독수리들이 하나둘 모여들어 앞 다투어 살점을 뜯어먹는 광경이 벌어지곤 한다. 여기에서 ‘시체’는 영적으로 죽어 썩은 냄새를 풍기는 부패하고 타락한 자들을 가리킨다. 그런 자들이 있는 곳에는, (어떤 특정한 장소가 아니라) 그곳이 어디든지 간에 ‘독수리(사나운 날짐승)’ 같은 매섭고 두려운 심판자가 임하여 철저한 심판을 가할 것이라는 말씀이다.

18

약한 사람들

어린아이들을 막지 말고
모두 내게로 오게 하여라
어린아이 같은 마음으로
하나님 나라를 순전히 받아들여라

불의한 재판관과 끈질긴 과부의 비유 (18:1-8)

메시아로서의 십자가 사역을 감당하기 위해 갈릴리 지역을 떠나 요단강 동편의 베레아 지역을 거쳐 예루살렘으로 올라가시는 길, 여느 때와 마찬가지로 그 날도 예수께서는 사람들에게 부지런히 하늘나라 진리에 관해 가르치셨다. 이번에는 제자들에게 기도에 관해 가르치셨다. 특히 하늘에 계신 하나님 아버지에게 기도할 때, 끈질기게 기도하고 낙심하지 말아야 한다는 사실을 가르치시기 위해 하나의 비유를 들어 말씀하신다. 이른바 '불의한 재판관과 끈질긴 과부의 비유'다.

"제자들아, 내 얘기를 들어보아라. 어떤 성읍에 사람들을 예사로 무시하고 하나님조차 두려워하지 않는 어떤 불의한 재판관이 살고 있었다. 또 그 성읍에 가난하고 보잘것없는 어떤 과부도 살고 있었다. 그런데 그 과부에게 억울한 일이 생겼고, 그래서 그 과부는 자신의 억울함을 풀려고 그 불의한 재판관을 찾아갔다. 과부는 줄곧 찾아가서 졸라대기를 '재판관님, 저의 억울한 처지를 들어보시고, 법으로 제 권리를 찾게 해주십시오!' 하였다."

"주님, 그 재판관은 불의한 사람이므로 과부의 억울한 처지를 살펴주지 않았을 것 같은데요. 맞지요?"

"그렇다. 그 불의한 재판관은 모른 체했다. 오랫동안 그 과부의 말을 들은 척도 하지 않고 계속 무시해 왔다. 그런데도 그 과부는 포기하지 않고 날마다 찾아와 연신 졸라댔다. 과부는 빈번히 무시당했지만 그래도 포기하지 않고 날이면 날마다 재판관을 찾아가 자신의 억울한 사정 좀 살펴달라고 졸라댔다."

"과부의 끈기가 참으로 대단하군요. 그래서요?"

"이런 지경에 이르자, 그 불의한 재판관은 결국 생각하기를 '아, 정말 귀찮다. 나는 하나님도 두려워하지 않고 사람들에 대해서도 관심이 없는 사람이다. 하지만 저 과부는 왜 저리도 끈질긴 것인가. 이토록 줄기차게 나를 찾아와 날마다 성가시게 하니 이거 도무지 견딜 수가 없구나. 그러니 할 수 없이 그 과부의 사정을 한번 들어보고 그녀의 권리를 찾아주어야겠다. 그렇지 않으면, 앞으로도 계속 나를 찾아와서 아주 귀찮게 졸라댈 것이 아닌가!' 하였다."

"하하, 끈질기게 졸라대는 데는 견딜 장사가 없군요."

예수님의 이야기에 제자들이 재미있다는 듯 웃으며 맞장구를 쳤다. 그런 제자들의 긍정적인 반응을 흐뭇하게 보시며 예수께서 계속 말씀하신다.

"그렇다. 너희는 끈질긴 과부에 대해 이 불의한 재판관이 하는 말을 귀담아 들어라. 보라, 세상의 불의한 재판관일지라도 그러하거든, 하물며 하늘의 하나님께서 밤낮으로 부르짖는 자기 백성의 간구를 어찌 들어주지 않겠느냐! 자기 백성의 애원을 어찌 계속 모른 체하고 그냥 내버려둘 수가 있겠느냐!"

여기서 하나님은 불의한 재판관에 비유되었다기보다는 대조되었다고 보는 것이 적절하다. 만일 세상의 불의한 재판관일지라도 과부의 끈질긴 간청에 못 이겨 마침내 그녀의 소원을 들어주었다면, 하물며 사랑과 긍휼이 풍성하신 하늘의 하나님께서 자기 자녀의 간청을 들어주지 않을 리 만무하다는 가르침이다. 이제 이 비유의 결론을 말씀하신다.

"하나님께서는 밤낮 부르짖는 자기 백성의 간구를 들으시고 신속하게 그들의 권리를 찾아주실 것이다. 그러나 인자가 다시 돌아올 때, 과연 세상에서 그런 믿음을 지니고 사는 사람을 찾을 수 있을는지, 그것이 걱정이로구나!"

기도하는 도중에 낙심하거나 포기하지 않고 하나님께 끈질기게 매달리기 위해서는 반드시 하나님께 대한 '믿음'이 필요하다는 사실을 일깨우신 말씀이다. 자신이 매달려 부르짖으며 기도하는 대상인 하나님께서는 반드시 자신의 기도에 응답해주시는 분이라는 사실을 의심치 않고 굳게 믿는 믿음이 있어야 끈질기게 기도할 수 있다는 말씀이다.

바리새인의 기도와 세리의 기도 (18:9-14)

하루는 예수께서 자기들만 옳다고 생각하면서 다른 사람들을 업신여기는 사람들을 향해 비유로 말씀하신다.

"두 사람이 언제 기도하러 성전에 올라갔소. 두 사람 중 한 사람은 바리새인이었고, 다른 한 사람은 세리였소. 바리새인은 세리와 떨어져 따로 서서 하늘을 우러러 보며 기도하기를 '하나님, 저는 남의 것을 빼앗는 강도나 정직하지 못한 사기꾼이나 간음을 저지르는 자 같은 사람이 아니라는 것이 얼마나 감사한지요! 더구나 저기 있는 세리와도 같지 않습니다. 주님, 저는 일주일에 두 번씩이나 금식하고, 십일조까지도 꼬박꼬박 주님께 바치고 있습니다.' 하였소."

사람들은 그런 바리새인이 못마땅한 듯 뭔가 떨떠름한 입맛을 쩝

다신다.

“그런데 세리는 멀찌감치 서서 감히 하늘을 우러러볼 생각도 못 한 채 자기 가슴을 치며 기도하기를 ‘오 하나님, 이 죄인을 불쌍히 여기시고 부디 자비를 베풀어 주소서.’ 하였소.”

바리새인과 세리의 기도

당시에 바리새인은 사람들에게서 경건하고 의롭다고 존경받는 계층의 사람이었고, 이와 반대로 세리는 부패하고 악하다고 사람들에게서 미움과 손가락질을 받는 계층의 사람이었다. 말하자면 두 계층의 사람은 서로 뚜렷이 대비되는 인물이었다. 예수님은 두 사람의 기도를 언급하신 후에 누가 하나님 앞에 더 의로운 사람인지 결론을 내리신다.

“결국 하나님께 의롭다는 인정을 받고 집으로 돌아간 사람은 바리새인이 아니라, 바로 세리요. 이처럼 누구든지 자기를 높이는 사람은 낮아지고, 자기를 낮추는 사람은 높아질 것이오.”

사람들의 일반적인 예상을 깨는 아주 의외의 결론이었다. 왜 바리새인이 아니고 세리가 의롭다 하심을 받았을까?

바리새인은 자기 스스로 의롭다고 생각하고 있었기에 죄인을 의롭게 하는 메시아 예수의 복음을 받아들일 마음이 없었다. 그러나 세리는 스스로 죄인 됨을 충분히 인식하고 있었기에 죄인을 의롭게 하는 메시아(그리스도)의 복음을 받아들일 마음이 열려 있었다. 그렇기에 ‘오직 믿음으로 의롭게 된다.’는 메시아 예수의 십자가 복음으로 말미암아

'하나님 앞에서' 세리가 의롭다 함을 받은 것이다.

이런 예수님의 말씀에 바리새파 사람들은 얼굴이 붉으락푸르락했지만 대중들의 눈이 두려워 대놓고 항의할 수도 없었다. 예수님에 대한 그들의 증오심은 점점 커져만 갔다.

예수께서 어린아이들을 환영하심 (18:15-17; 마 19:13-15; 막 10:13-16)

하루는 사람들이 아기들까지 예수께 데리고 와서는, 자기 아기에게 손을 얹어 복을 빌어 달라고 예수께 부탁하였다. 예로부터 유대인들은 아기를 랍비(율법 선생님)에게로 데려가 축복을 받게 하는 관습이 있었다. 당시 사람들에게서 위대한 랍비로 여겨진 예수님께 아기를 데려온 것도 같은 이유에서였다.

"아니, 이러면 안 됩니다! 안 그래도 우리 스승님이 아주 바빠 잠시도 쉴 틈이 없는데, 아기들까지 데려와 축복해 달라고 하면 대체 어떡하자는 겁니까! 어서 아기들을 데리고 돌아가세요!"

예수님의 제자들은 못마땅한 표정으로 그런 사람들을 나무라면서 그냥 돌려보내려 했다. 그럴 만도 했다. 당시 유대인 가정은 아기를 낳는 것에 대해선 무척 가치 있게 평가했다. 하지만 가부장적 사회에서 여자와 아이(어린이)는 성인 남자처럼 대우를 받지 못했다. 아마도 제자들은 예수님의 공적 이미지를 관리하려 했을 것이다. 그들은 예수님이 아이들을 상대하는 것은 공연한 시간 낭비라고 생각했다. 하지만 예수님은 전혀 그렇게 생각하지 않으셨다. 예수님은 제자들을 만류하는 한편, 아이들을 자기에게로 가까이 부르시며 놀랄 만한 교훈을 가르치신다.

"어린아이들을 막지 말고, 모두 내게로 오게 하여라. 하나님의 나라는 이런 어린아이들 같은 마음을 가진 자들의 것이다. 누구든지 어린아이처럼 하나님의 나라를 순전히 받아들이지 않는 사람은 결코 거기에 들어갈 수 없다."

이는 어른과는 다른 어린아이들만의 특성이 하나님 나라의 특성과 잘 맞는다는 말씀이다. 대체로 어린아이들의 특성은 거짓말을 모르는 순수함, 때 묻지 않은 순진무구함, 교만하지 않는 겸손, 거칠거나 무례하지 않는 온유함, 아직 세상 죄를 모르는 깨끗함, 그리고 사치와 허영을 모르는 소박함 등이다. 예수님은 그런 가치를 높이 평가하신 것이다.

어떤 돈 많은 유대인 관리(18:18-30; 마 19:16-30; 막 10:17-31)

하루는 어떤 유대인 관리가 예수님께 여쭙는다. 당시에 그는 많은 재산을 가진 큰 부자였다.

"선하신 선생님, 제가 어떻게 해야 영원한 생명을 얻을 수 있겠습니까?"

"지금 당신이 나를 선하다고 하였소? 하나님 한 분밖에는 선하신 이가 없소."

이 말은, 예수님이 자신을 선하지 않고 죄 있는 자로 여겼다는 의미가 아니다. 여기서 유대인 관리는 예수님을 단순히 탁월한 랍비 정도로만 여기고 선하다는 말을 사용했다. 그런 사람에게 예수님은 참된 선하심은 오직 하나님께만 있는 속성으로, 메시아인 자신이야말로 하나님이라는 사실을 은연중에 일깨워주신 것이다. 그러면서 예수님은 유대인 관리의 물음에 답변하신다.

"영생을 얻고 싶다고 했소? 그렇다면 당신은 하나님의 계명을 잘 알고 있을 것이오. 계명을 보면 '간음하지 말라, 살인하지 말라, 도둑질하지 말라, 거짓 증언을 하지 말라, 네 부모를 공경하라.' 하지 않았소? 그것들을 잘 지키고 있는 것이오?"

그러자 그 유대인 관리는 자신 있다는 듯 선뜻 대답한다.

"물론, 저는 그 모든 계명들을 어릴 때부터 잘 지켜왔습니다."

그 유대인 관리의 말에 따르면, 그는 율법적으로는 아무런 결함이 없었다. 그는 영생을 얻기 위해 계명을 부지런히 탐구하고 어릴 적부터 힘써 지키려고 애써 왔음을 알 수 있다. 그 관리의 대답을 들으시고, 예수께서 그에게 말씀하신다.

“그래요? 그렇지만… 당신에게는 아직도 한 가지 부족한 것이 있소.”

“아니, 제게 부족한 게 있다고요? 그것이 무엇입니까?”

그 관리는 무척 궁금한 듯 얼른 되묻는다.

“당신이 가진 재산을 다 팔아 가난한 사람들에게 나눠주시오. 그리하면, 당신은 영생을 얻고 하늘나라의 보화를 차지할 수 있을 것이오. 그렇게 행한 후에, 나에게로 다시 와서 나를 따르시오.”

“뭐, 뭐라고요? 내 재산을 다 팔아 가난한 사람들에게 나눠주라고요?”

예수님의 말씀을 듣고서, 그 관리는 침울한 표정을 지으며 몹시 당혹해하고 근심하였다. 사실, 그는 아주 많은 재산을 지닌 큰 부자였기 때문이다. 그 관리는 더는 예수님께 무얼 묻거나, 또는 자신이 어떻게 하겠다는 대답도 없이 크게 낙심한 듯 어깨를 축 늘어뜨리며 돌아갔다.

우리가 영생을 얻기 위해선 우리가 가진 재산을 다 포기해야만 하는 것일까? 아무것도 가진 것 없는 거지가 되어야 하는 것일까? 그렇지 않다. 이 부자 관리는 예수님의 말씀을 액면 그대로 받아들이고 오해한 것이다.

예수님의 교훈은 이것이다. 하나님과의 친밀한 관계를 방해하는 것이 있으면 그것을 과감하게 제거하고, 오직 하나님을 최우선으로 여겨야 한다. 여기서 부자 관리의 경우에는 ‘세상 재물’이 문제였다. 그는 하나님보다 자기 재산을 더 좋아했고 가치 있게 여겼다. 예수님은 그에게서 그런 점을 간파하시고 예리하게 지적하신 것이다. 다른 사람의 경우에는 재산이 아니라 명성이나 평판, 혹은 지식이나 권세, 세상 쾌락이나 가족 등이 문제가 될 수 있다.

“쯧쯧…. 참으로 안타깝구나.”

크게 낙담한 채 어깨를 축 늘어뜨리고 쓸쓸히 돌아가는 부자 관리의 모습을 안타깝게 지켜보시며 예수께서 제자들에게 말씀하신다.

"아, 부자가 하나님 나라에 들어가는 게 얼마나 어려운지! 부자가 하나님 나라에 들어가기보다는 차라리 낙타가 바늘귀로 들어가는 것이 한층 쉬울 것이다."

여기 '낙타와 바늘귀 비유'는 (불가능할 정도로) 그만큼 어렵다는 사실을 강조하기 위한 재밌는 과장법이다. 사실, 많은 재물은 만 가지 악의 뿌리로서 각종 유혹과 시험과 타락의 원인이 되기 십상이다.

그런데 당시 유대인들의 일반적인 사고로는, 많은 재물의 소유는 하나님의 크신 축복이라고 생각했다. 그러했기에 예수님의 말씀을 듣고 있던 사람들이 너나 할 것 없이 눈을 동그랗게 뜨며 크게 놀라 묻는다.

"선생님! 아니, 그렇다면 세상에 누가 구원을 받을 수 있단 말입니까?"

예수님은 차분한 목소리로 밝히 대답하신다.

"사람으로서는 할 수 없는 일이라도, 하나님께서는 능히 하실 수 있소!"

예수님의 이 말씀은 구원과 영생의 교리를 단적으로 드러내준다. 구원(영생)은 사람의 일이 아니라 전적으로 하나님의 일임을 선언하신 것이다. 요컨대 구원은 사람의 노력이나 선행으로는 불가능하며, 오직 믿는 자에게 주어지는 하나님의 은혜로써만 가능하다. 이런 의미에서 구원(영생)은 어디까지나 '하나님의 선물'이고, 따라서 구원(영생)에 관한 한 아무도 자신의 공로나 행위를 자랑할 수 없는 것이다.

예수님의 말씀을 듣고, 베드로가 앞으로 선뜻 나서며 말한다.

"주님, 저희는 주님을 따르기 위해 우리가 가진 것들을 모두 버렸습니다."

부자 관리는 그가 가진 많은 재산을 포기할 수 없기 때문에 영생에 이르지 못한다는 예수님의 말씀을 듣고, 베드로를 비롯한 제자들은 자신들이 처음 예수님의 부르심을 받았을 때 헌신적인 결단으로 자신들이 가진 것들을 포기하고 예수님을 따랐다는 사실을 강조했다.

이때 베드로와 제자들은 예수님의 교훈 속에 담긴 심오한 진리는 깨닫지 못한 채 부자 관리와는 다르다는 것을 은근히 내세운 것이다. 이에 대해 예수님은 제자들의 헌신을 어느 정도 인정하면서, 동시에 일반적인 진리를 선포하심으로써 자신을 따르는 제자들의 사기를 북돋워주신다.

"누구든지 하나님 나라를 위하여 자기 집이나 아내나 형제나 부모나 자녀를 버리는 사람은, 그가 이 세상에서 사는 동안에도 여러 갑절로 보상받을 것이고, 장차 오는 세상에서 영원한 생명을 얻을 것이다."

하나님 나라를 위한 희생이나 포기는 그것이 무엇이든 얼마나 귀하고 가치 있는 일인지를 밝히 일깨워주시는 말씀이다. 그것은 현세에서나 내세에서나 결코 손해 보거나 밑지는 일이 아닌, 본전보다 훨씬 많이 남기는 아주 값진 투자인 것이다.

수난에 대한 세 번째 예고(18:31-34; 마 20:17-19; 막 10:32-34)

하루는 예수께서 열두 제자를 전부 불러 모으시고 심각한 표정으로 진중하게 말씀하신다.

"보라, 우리는 지금 예루살렘으로 올라가고 있다. 그곳에 가면, 인자를 두고 선지자들이 기록한 모든 일들이 다 이루어질 것이다."

"주님, 그게… 무슨 말씀입니까?"

"예루살렘에 올라가면, 인자는 이방인들의 손에 넘겨지게 될 것이다. 그러면 그들은 나를 조롱하고 모욕하고 침 뱉고 채찍질한 후에, 마침내 십자가에 못 박아 죽일 것이다. 그러나 죽은 지 사흘 만에, 인자는 다시 살아날 것이다."

예수님 자신의 십자가 수난과 부활에 대한 세 번째 예고다. 여기서 '이방인들'은 로마 총독 본디오 빌라도를 비롯한 로마 군병들을 가리킨다. 그러나 이때 제자들은 예수님의 말씀을 조금도 깨닫지 못했다.

유대인들의 전통적인 메시아(그리스도) 사상에 따라, 제자들 역시 승리하고 영광을 얻는 위대한 메시아를 기대했다. 그런 메시아가 이방인들에 의해 온갖 수난을 겪은 뒤 십자가에 매달려 죽는다는 생각은 상상조차 할 수 없었다. 제자들은 훗날 부활하신 예수님을 보고서야 이 말씀의 의미를 비로소 깨달았다.

여리고의 맹인을 고치심(18:35-43; 마 20:29-34; 막 10:46-52)

예수께서 여리고 성읍에 가까이 이르렀을 때, 맹인 한 사람이 길가에 앉아 구걸하고 있다가 많은 사람들이 왁자지껄 지나가는 소리를 들었다. 그는 소리를 내어 아무에게나 물어보았다.

"거 누구 없소? 대체 지금 무슨 일이 일어나고 있는 것이오?"

"이 사람아, 지금 나사렛 예수가 여기를 지나가고 있다네. 그분의 뒤를 아주 많은 사람들이 따르고 있단 말일세."

'아, 나사렛 예수! 오, 그분이 마침내 이곳을….'

그 맹인은 나사렛 예수의 기적적인 치유의 능력에 관해서 귀가 닳도록 들어온 터였다. 바로 그분이 근처를 지나가고 있다는 말에, 맹인은 가슴이 쿵쾅거리기 시작했다. 맹인은 크게 소리를 지르기 시작한다.

"오, 다윗의 자손 예수여! 저를 불쌍히 보시고, 제게 자비를 베풀어 주십시오! 부디 제게 자비를!"

맹인이 예수님을 향해 '다윗의 자손'이라고 부른 것은, 그가 예수를 구약에서 예언된 '메시아'로 인식하고 있었음을 보여준다. 구약의 선지자들은 장차 메시아가 '다윗의 자손'으로 오실 것이라고 예언했었다.

"이 사람! 조용히 좀 못 하겠나! 뭔 소리를 그렇게 크게 지르고 그래!"

예수님 일행보다 앞서 가던 사람들이 그 맹인에게 조용히 좀 하라고 꾸짖었다. 그래도 맹인은 소리를 멈추지 않았다. 도리어 젖 먹던 힘까지 내어 더욱 큰 소리로 외친다.

"오, 다윗의 자손이여! 제발 이 몸을 불쌍히 보시고, 제게 자비를 베풀어 주십시오!"

예수께서 그 맹인의 부르짖는 소리를 들으시고 가시던 걸음을 멈추셨다. 그리고는 사람들에게 말씀하신다.

"내게 부르짖는 그 맹인을 이리로 데려오시오."

예수님의 명에 따라 사람들이 맹인을 데려오자, 예수께서 그에게 물으신다.

"당신이 그렇게 큰 소리로 부르짖었소? 그렇다면 내가 당신에게 무얼 해주기를 원하시오?"

순간, 맹인의 심장이 가슴 벅찬 희망으로 쿵쾅거리기 시작했다. 그는 큰 기대감을 갖고 떨리는 음성으로 예수님께 자신의 소원을 아뢴다.

"오, 주님! 제가 눈을 떠 볼 수 있게 되기를 소원합니다."

그 말을 듣고, 예수께서 그에게 밝히 말씀하신다.

"그렇다면 이제 눈을 뜨시오! 당신의 믿음이 당신을 구원하였소!"

치유받은 여리고 성읍의 맹인

"앗! 앞이, 앞이 보인다! 와, 앞이 보여! 오, 주님, 할렐루야!"

예수께서 눈을 뜨라고 명하시는 즉시, 그 맹인은 즉각 눈을 떠 앞을 볼 수 있게 되었다. 그러자 그 맹인은 큰 감격과 환희에 젖어 하나님을 크게 찬양하면서 예수님을 뒤따랐다. 그리고 이 놀라운 광경을 줄곧 지켜본 사람들은 모두가 크게 놀라 벌린 입을 다물지 못한 채 그 맹인과 더불어 하나님을 찬양하면서 하늘의 하나님께 영광을 돌렸다.

19

삭개오와 열 므나 비유

키가 작은 세리장 삭개오는
여리고에 온 예수를 보기 위해
인파를 헤치고 길가에 서 있는
돌무화과나무에 올라가네

예수님과 세리장 삭개오 (19:1-10)

때는 예수님의 공생애 말기(주후 30년경 초엽), 여리고 성문 어귀에 있던 맹인에게 치유의 은혜를 베푸신 뒤, 예수님은 제자들과 함께 여리고 성읍 안으로 들어가 큰 거리를 지나가셨다. 이때 수많은 사람들이 예수님을 사방에서 에워싼 채 서로 뒤엉키면서 뒤따르고 있었다.

여리고 성읍에는 '삭개오'라 불리는 사람이 있었다. 그는 여리고 성읍의 세리장이었고 많은 재산을 축적한 큰 부자였다. 그는 난장이는 아니어도 핸디캡이 될 만큼 키가 작은 사람이다. 키가 작다는 것은 그에게 늘 열등감을 주었다. 아마도 삭개오는 이 열등감을 없애려고 사람들 위에 올라설 수 있는 직업을 구했고, 마침내 세리장이 되었을 것이다.

세리장 삭개오가 예수님에 대해 흥미를 느끼기 시작한 것은 세리 직업에 대한 회의를 품으면서부터였다. 세리만 되면 작은 키로부터 오는 낮은 자존감을 극복할 수 있을 줄 알았다. 그러나 직위와 돈이 배를 채워주기는 했지만 마음까지 채워주지는 못했다. 가정을 꾸미고 자녀들이 하나둘 태어나고 그들이 자라나면서 삭개오는 더욱 행복하지 못했다. 자신이 받는 멸시를 자식들에게까지 대물림을 할 수는 없는 노릇이 아닌가.

세리! 예수님 당시에 세리는 유대인들을 지배하던 로마 정부에 협력하여 동족에게서 여러 명목으로 세금을 걷었던 사람들이다. 그래서 유대인들은 자신들을 지배하고 있는 이방 제국을 위해 동포의 혈세를 무자비하게 거두는 세리들을 무척 미워하고 멸시했다. 게다가 어떤 세리들은 자신들의 개인적인 치부를 위해 종종 필요 이상의 세금을 과다 징수하였다. 세리가 이런 부류의 사람이었기에, 유대인들은 세리를 창녀와 거의 동급으로 취급하며 멸시하고 손가락질했다.

삭개오는 바로 그런 세리들의 책임자였다. 사람들의 차가운 멸시, 증오 섞인 미움, 사람 취급하지 않는 천대의 시선을 매일 느끼며 살아가던 삭개오는 자신의 정체성에 대해 심각하게 고민하면서 뭔가 탈출구를 찾고 싶었다. 사람답게 살고 싶었다.

그 즈음, 삭개오도 예수님에 관한 소문을 낱낱이 듣고 있었다. 아니, 예수님에 대해 큰 관심을 갖고 어떻게든 예수님에 관한 소식을 들으려고 무진 애썼다. 그리하여 온갖 이적을 행하시는 큰 능력의 소유자이신 나사렛 예수, 이제 그분께서 갈릴리를 떠나 베레아를 통과한 다음에 여리고 성읍을 거쳐 예루살렘으로 올라가고 있다는 소문을 듣게 되었다.

'그래, 이번 기회에 어떡하든 그분을 꼭 만나 뵈어야 한다. 언제까지 남에게 멸시당하고 손가락질 받는 이런 삶을 계속 살아갈 순 없다….'

예수님을 꼭 만나고 싶었다. 예수님을 만나면 뭔가 해답을 찾을 것 같다는 생각이 들었다. 그러던 차에 마침내 예수님이 여리고 성읍 안으로 들어오셨다는 소식을 접하게 된 삭개오는 만사 제쳐 두고 부리나케 예수님을 뵈려고 달려 나갔다.

'어이쿠, 이런! 사람들이 너무 많구나! 아, 이를 어떡헌다…?'

삭개오는 이리저리 용쓰며 예수님을 보려고 애썼지만, 키가 무척 작은 데다 사람들에게 떠밀려 도무지 예수님을 볼 수 없었다.

'그렇지! 좋은 수가 생각났다! 그래, 그러면 되겠다.'

삭개오는 예수님 일행을 앞질러 달려가, 예수께서 지나가실 만한 길목을 선점한 뒤에 길가에 있는 뽕나무(돌무화과나무) 위로 올라가 예수님을 기다렸다. 아니나 다를까, 조금 있으니 왁자지껄한 사람들의 소리가 들리고, 곧이어 예수님 일행이 그곳에 이르게 되었다.

'어디 보자, 바로 저분이 예수님이신가?'

삭개오는 뽕나무 잎사귀 사이로 고개를 내밀어 예수님을 보려고 애썼다. 바로 그 순간, 이게 어찌 된 일인가! 예수께서 위를 올려다보시며 먼저 삭개오를 부르시는 게 아닌가!

"삭개오여! 어서 내려오시오. 오늘은 내가 당신 집에서 묵어야 하겠소."

'아니, 예수님이 어떻게 내 이름을 아시고…?'

어떻게 이름을 아셨을까? 삭개오에게는 이름 외에 별명이 더 많다. 나쁜 놈, 매국노, 더러운 놈 등등. 그러나 예수님에게는 한 가지 이름밖에 없다. '잃어버린 자'. 사람들은 삭개오를 나쁜 놈으로 본다. 그러나 예수님이 보기에 삭개오는 '잃어버린 자'이다. 그것도 잠시 잃어

"삭개오여, 어서 내려오시오."

버린 자다. 삭개오는 잠시 잘못된 위치에 있을 뿐이다. 세리라는 직업이 잘못이 아니라 세리를 이용해서 탐심을 부린 마음이 잘못이다.

사람들은 그의 인격을 공격했지만 예수님은 그의 위치를 지적한다. 사람들은 '너는 나쁜 놈이다!' 했지만, 예수님은 '너는 잘못 살고 있다!'라고 지적하신다. 그러니 제 위치로 내려오라는 것이다. 그래서 삭개오를 부르신다.

이름을 불렀다는 것은 그에 대한 관심과 인정의 표현이다. 지금까지 삭개오를 향해 그렇게 따뜻하게 이름을 불러주고 사랑으로 대해준 사람은 없었다. 삭개오라는 이름은 언제나 조롱과 멸시를 달고 다녔다. 그런데 예수님은 따스하고 부드러운 목소리로 삭개오의 이름을 부르신 것이다.

'아, 아, 주님….'

삭개오는 속으로 크게 놀라고 감격해하며 예수님의 말씀에 즉시 순종하여 얼른 뽕나무에서 내려왔다. 그런 뒤, 자신의 집에 묵겠다는 예수님의 말씀에 크게 기뻐하면서 예수님을 자기 집으로 정성껏 모셔 들였다. 이런 광경을 보고서, 예수님을 뒤따르던 사람들이 서로 의아해하며 못마땅한 목소리로 수군거리며 말한다.

"아니, 예수께서 삭개오의 집에 묵으시려고 들어가신다고? 저런 죄인의 집에? 세상에, 그럴 수는 없는 노릇 아닌가?"

예수님의 뜻에 따라 예수님을 자신의 집에 영접한 삭개오, 그는 너무나 감격한 나머지 식탁에서 일어서서 예수님 앞에서 큰 소리로 다짐하듯 말한다.

"주님, 이제 저는 제 재산의 절반을 가난한 사람들에게 나눠주겠습니다. 그리고 만일 이 몸이 남을 속여 빼앗은 부당한 재물이 있다면, 토색한 것의 네 배로 갚겠습니다."

모세 율법에 의하면, 남에게서 부당하게 취한 것을 돌려줄 때는 본물(本物)에다 오분의 일(1/5)을 덧붙여 상환해야 했다. 그러니까 120%의 책임을 져야 했다. 그런데 이때 삭개오는 4배, 그러니까 400%의 책임을 기꺼이 지겠다고 다짐한 것이다.

이 같은 삭개오의 파격적인 행위는 지금껏 악착같이 재물을 추구하며 자기중심적으로 살아온 지난날을 부정하고, 이제부터는 새로운 삶의 길로 방향을 바꾸는 전적인 회개의 표시라고 볼 수 있다. 이런 삭개오의 모습을 보시고, 예수께서는 흡족한 미소를 지으며 삭개오를 비롯하여 주변에 있는 사람들을 향해 말씀하신다.

"여러분, 오늘 이 집에 구원이 이르렀소. 이제 이 사람 삭개오도 아브라함의 자손이오. 보시오, 이처럼 인자는 잃어버린 사람을 찾아 그런 자를 구원하러 이 땅에 온 것이오."

이때 예수님은, 아브라함의 자손 곧 유대인은 잃어버린바 되었고, 그래서 그들이 구원받을 필요성이 있다는 사실을 암시하셨다. 비록 삭개오가 혈통적으로는 본래 아브라함의 자손이었지만, 그 같은 혈통과 민족적인 배경 때문에 구원받은 것이 아니었다. 그렇다고 그의 평소 선행과 공로 때문도 더 더욱 아니었다.

그가 구원받은 것은 어디까지나 믿음으로 예수님의 복음을 받아들였기 때문이다. 나아가 그런 믿음에 근거해서 옳은 삶을 실천했기 때문이다. 삭개오가 자신의 잘못을 회개하면서 그에 따른 배상 책임을 충분히 하겠다고 맹세한 것은, 믿음으로 그의 마음이 새롭게 변화 받았다는 분명한 표시였다. 그래서 그는 영적으로 참된 아브라함의 자손으로 편입되어 구원의 자리에 이른 것이다.

기독교 전승에 따르면, 훗날 삭개오는 베드로와 동역하다가 가이사랴 감독이 되었다고 한다. 그것은 그리 중요하지 않다. 요점은, 예수님은 지금도 위치에서 이탈한 사람들을 부지런히 찾는다는 것이다. 위치를 이탈한 사람들…. 그래서 남들로부터 '나쁘다, 더럽다, 가망 없다'라며 손가락질 받는 사람들, 그런 자들을 향해 예수님은 그 자리에서 내려오라 하신다. 탐욕에서 내려오고 외톨이에서 내려오고 자책감, 절망, 포기에서도 내려오고…. 내려오면 위치를 바로잡아 주신다. 그런 뒤 참된 기쁨과 행복, 구원, 영생의 소망으로 가득 채워주신다.

은화 열 므나의 비유(19:11-27; 마 25:14-30)

삭개오를 향해 구원을 선포함과 동시에 이 땅에 오신 자신의 메시아 사명을 언급하신 예수님, 이어서 하나의 비유를 들어 사람들에게 천국 진리를 가르쳐 주신다. 이른바 '은화(銀貨) 열 므나의 비유'다. 이때 특별히 이 비유를 말씀하신 까닭은, 예수님이 예루살렘 도성에 가까이에 오셨으므로 사람들이 이제 곧 하나님의 나라가 임할 것으로 생각하고 있었기 때문이었다.

"여러분, 고귀한 집안 출신의 귀족이 한 명 있었소. 하루는 그가 왕위를 받아오려고 먼 나라로 떠나게 되었소. 길을 떠나기 직전, 그 귀족은 열 명의 종을 불러 모은 후, 그들 각자에게 은화 한 므나씩을 주면서 명하기를 '내가 돌아올 때까지 이것으로 장사를 하여라.' 하였소."

므나(mina)는 본래 귀금속을 판매할 때 주로 사용된 무게의 단위였다. 신약성경에서는 화폐의 단위로 사용되었는데, 은화 1므나는 1/60달란트로, 100데나리온의 가치를 지녔다. 당시에 한 데나리온은 노동자의 하루치 품삯의 가치를 지녔다(오늘날 노동자 하루치 품삯을 대략 10만원으로 계산하면, 1므나는 천만 원가량의 가치에 해당된다).

"그런데 그 귀족의 다스림을 받던 백성들 가운데 일부 사람들은 그를 미워한 나머지 그 나라로 사절단을 보내어 '우리는 이 사람이 우리의 왕이 되는 것을 원하지 않습니다.' 하고, 전하게 했소. 하지만 그 귀족은 결국 왕위를 받아 가지고 자기 나라로 다시 돌아왔소. 그런 뒤 그 왕은 사람을 시켜, 자기가 돈을 맡긴 열 명의 종을 전부 불러오게 했소. 그들 각자가 맡긴 돈으로 얼마나 벌었는지 셈을 해보기 위해서였소."

앞서 그 귀족은 왕위를 받으러 가기 전에 자기 집안에 있는 열 명의 종들에게 각자 은화 1므나씩을 맡기면서, 그것으로써 장사를 하라고 명한 적이 있었다. 이제 왕위를 받고 돌아온 그 귀족은 자신이 명한 대로 잘 실천했는지 열 명의 종들과 셈을 해보겠다는 것이다.

"주인의 명에 따라 첫번째 종이 와서 셈하며 말하기를 '주인님, 저는 주인님이 맡기신 한 므나로 장사하여 열 므나를 벌었습니다.' 하였소. 그러자 주인이 웃으며 말하기를 '그래? 하하하. 참 잘했구나! 착한 종아, 네가 작은 일에 충실하였으니 이제 내가 너에게 열 고을을 다스릴 권한을 주겠노라.' 하였소."

주인은 이 종의 신실함과 능력을 인정하고 그에 따른 상급을 내려준 것이다. 비유는 계속된다.

"이어 두 번째 종이 나아와서 셈하며 말하기를 '주인님, 저는 주인님이 맡기신 한 므나로 장사하여 다섯 므나를 벌었습니다.' 하였소. 그러자 주인은 역시 웃으며 말하기를 '그래? 하하. 너도 잘했구나. 그러면 나는 너에게 다섯 고을을 다스릴 권한을 주겠노라.' 하였소."

이처럼 첫번째 종과 두 번째 종은 주인의 명에 순종하여 자신들이 맡은 돈으로 적극적으로 장사하여 각각 10배와 5배의 이윤을 남겼다. 그 결과, 그들은 주인께 칭찬을 듣고, 각각 벌어들인 액수에 비례하여 충분한 보상도 받았다. 그런데….

"이번에는 세 번째 종이 나아와서 주인과 셈하며 말하기를 '주인님, 여기 주인님이 제게 맡기신 한 므나가 있습니다. 저는 이 돈을 보자기에 잘 싸두었습니다. 주인님은 지독하신 분이라, 맡기지도 않은 것을 빼앗아 가시고 심지도 않은 것을 거두어들이시는 분이 아닙니까?' 하였다."

세 번째 종은 주인을 크게 오해하고 있었다. 게다가 자신의 게으름과 무능을 주인 탓으로 돌리고 있다. 주인이 화낼 만하다.

"세 번째 종의 말을 듣고, 주인이 크게 노하여 호통 치기를 '뭐라? 이 악한 종아, 내가 지독하다고? 좋다. 그러면 네 입에서 뱉은 말대로 지독한 사람이 되어 주마! 그러니까 너는 나를 맡기지도 않은 것을 빼앗아 가고 심지도 않은 것을 거두어들이는 사람으로 알았단 말이지? 그렇다면 너는 왜 그 돈을 은행에 맡기지 않았느냐? 그랬더라면, 최소한 이자라도 받을 수 있었지 않았겠느냐?' 하였다."

이처럼 세 번째 종의 말에 주인은 격노했다. 왜 그랬을까? 왕위를 받으러 가기 전에 주인은 종들에게 각각 은화 한 므나씩을 맡기면서 분명히 명하기를, 자신이 건네준 돈으로 장사하라고 했다. 그렇지만 세 번째 종은 주인께 받은 돈으로 장사를 하지 않고 그냥 그대로 보관했다. 그것은 장사를 통한 이익과 손해 여부를 떠나 명백히 주인의 명령을 어긴 불순종 행위였다.

이 종은 일차적으로 그 같은 불순종의 행위에 대해 주인께 징벌을 받아야 했다. 또한 이것은, 우리는 우리가 행한 나쁜 일에 대해 심판을 받을 뿐만 아니라, 우리가 행하지 않은 선한 일에 대해서도 심판을 받는다는 교훈을 준다. 예수님의 비유는 계속된다.

"세 번째 종에 대해 격노한 주인은 옆에 있는 사람들에게 명하기를 '여봐라, 이 악한 종에게서 한 므나를 빼앗아, 열 므나를 가진 사람에게 그것을 주도록 하라.' 하였다. 그때 사람들이 주인께 말하기를 '하지만 주인님, 그 사람은 이미 열 므나를 가졌는데요.' 하였다. 그러자 주인이 대답하기를 '내가 너희에게 분명히 말한다. 가진 사람에게는 더 많이 주어질 것이요, 갖지 못한 사람은 가진 것마저도 빼앗길 것이다.' 하였다."

하나님은 우리들 각자에게 '므나' 곧 지식, 기술, 경험, 물질, 은사 등등의 재능(talent)을 주셨다. 하나님은 우리가 하나님 나라를 위해 우리의 재능을 적극적으로 사용하기를 바라신다. 만일 우리가 우리의 재능을 이기적으로 사용한다거나 사용하지 않고 그대로 방치해 둔다면,

장차 최후의 심판 날에 하나님 앞에서 므나를 정산할 때 우리는 세 번째 종처럼 심판을 받게 될 것이다. 반면, 하나님과 그분의 나라를 위해 자신의 모든 재능을 아낌없이 바쳐 헌신한 자들은 첫 번째와 두 번째의 종처럼 풍성한 상급을 받게 될 것이다. 이제 예수님은 비유를 마무리하신다.

"사람들에게 그렇게 대답하신 후에 주인은 명하기를 '저 악한 종과 함께, 내가 자기들의 왕이 되기를 원치 않았던 나의 원수들도 모조리 이리로 끌어다가, 내 앞에서 모두 처형하도록 하라!' 하였소."

'은화 열 므나의 비유'는 오늘날 우리에게 무슨 교훈을 주는가? 전반적으로 살펴볼 때 세 가지의 교훈을 배울 수 있다.

첫째, 하나님의 나라는 당장 임하는 것이 아니라, 왕의 귀환(주님의 재림) 때까지 일정한 기간이 소요된다.

둘째, 왕의 귀환을 원하지 않는 왕의 대적들이 있겠지만, 결국 예수님은 하나님께 왕권을 받아 세상의 심판주로 당당하게 오신다.

셋째, 주님의 재림 때 모든 사람은 최후 심판대에 서게 될 것이고, 각자 자신이 행한 삶의 열매에 따라 보상을 받거나 징벌을 받게 될 것이다.

예루살렘 입성 (19:28-40; 마 21:1-11; 막 11:1-11; 요 12:12-19)

'은화 열 므나의 비유'를 말씀하신 뒤, 예수께서는 바삐 발걸음을 옮겨 예루살렘 도성을 향해 제자들보다 앞서 걸어가셨다. 그리하여 예수님은 예루살렘 근교의 올리브산(감람산) 기슭에 있는 벳바게와 베다니 마을에 이르셨다. 올리브산은 예루살렘 동편에 위치한 해발 800m가량의 산으로, 이 산에 올리브나무가 많아 붙여진 이름이다. 이 산의 정상에 올라 아래를 내려다보면, 예루살렘 전체 광경이 한눈에 들어온다.

벳바게는 '익지 않은 무화과의 집'이란 뜻으로, 베다니와 예루살렘 사이에 있는 한 마을이다. 오늘날의 위치는 감람산 위에 있는 '케프르 엣-투르'로 추정된다. 그리고 베다니는 '가난한 자의 집'이란 뜻으로, 예루살렘 동쪽 3.5km가량에 있는 마을인데 감람산 동편에 위치하고 있다. 당시 이 마을에는 예수님이 무척 사랑했던 마르다, 마리아, 나사로 남매가 살고 있었는데, 오늘날에도 '나사로 동네'로 불린다. 현재의 유적지는 예루살렘에서 여리고로 향하는 길을 따라 좌측 위쪽 방향에 있는 '엘-아자리에' 마을과 동일시된다.

"너희 둘은 내게로 오너라."

벳바게와 베다니 마을쯤에 이르러 예수님은 두 명의 제자를 긴밀히 따로 부르셨다. 예수께서 특별히 신임하고 사랑하는 베드로와 요한이었다. 예수께서는 그 둘을 먼저 마을로 들여보내시며 말씀하신다.

"너희는 눈앞에 보이는 저 맞은편 마을로 들어가라. 그러면, 아직 아무도 탄 적이 없는 어린 나귀 한 마리가 길가에 매여 있을 것이다. 너희는 그 고삐를 풀어 그 어린 나귀를 이리로 끌고 오너라."

"주님, 그러다가 누가 '당신들은 왜 그 나귀 고삐를 푸는 것이오?' 하고 물으면, 우리가 뭐라고 대답해야 합니까?"

"누가 그렇게 묻거든, 너희는 다른 말은 일절 하지 말고, 다만 그 사람에게 대답하기를 '주님께서 잠시 쓰시겠답니다.' 하여라."

"우리가 그렇게만 대답하면 됩니까?"

"그렇다. 그렇게만 대답하여라."

왜 예수님은 주인의 사전 허락도 없이 나귀 새끼를 사용하려고 하셨을까? 의심할 바 없이 전능하신 예수님은, 자신이 나귀를 필요로 한다는 사실을 나귀 주인이 안다면, 두말없이 나귀를 빌려줄 것이라는 사실을 이미 알고 계셨으리라.

"어? 정말 어린 나귀가 길가에 매여 있네."

두 제자가 벳바게 마을에 들어가서 보니, 과연 예수께서 말씀하신 대로 어린 나귀 한 마리가 길가에 매여 있었다. 그래서 고삐를 풀고 있는데, 주인이 와서 두 제자에게 묻는다.

"잠깐! 왜 당신들은 내 나귀를 풀고 있는 거요?"

이에 제자들이 예수께서 일러주신 대로 대답한다.

"우리 주님께서 잠시 쓰시겠답니다."

그러자 주인은 마치 사전에 약속이나 된 듯 더는 묻지 않고 잘 알겠다는 듯 고개를 끄덕이며 어서 나귀를 풀어 끌고 가란 표시를 했다. 두 제자는 어린 나귀를 끌고 예수께로 왔다. 이때 제자들은 예수께서 그 나귀를 타고 예루살렘 도성으로 들어가시려 한다는 사실을 눈치 챘다.

'아, 우리 주님께서 마침내 예루살렘 도성으로 들어가 왕이 되려 하시는구나! 우리가 이 날을 얼마나 손꼽아 기다렸던가!'

이때 제자들은 생각했다. 예수께서 마침내 작심하시고 유대 민족의 정치적인 메시아가 되어 모든 유대인들의 간절한 소망인 유대인들의 정치적 독립을 실현하기 위해 당당하게 예루살렘으로 들어가시는 것이라고. 그래서 그들은 자기들의 겉옷을 기꺼이 벗어 나귀 등에 얹은 다음, 예수님을 그 위에 타시게 했다.

"주님, 어서 나귀 위에 올라타십시오. 우리가 잘 모시겠습니다."

제자들의 들뜬 모습을 예수께서는 무심한 얼굴로 바라보며 천천히 어린 나귀 위에 올라타셨다. 구약의 선지자 스가랴의 예언이 성취되는 순간이다(슥 9:9). 예수께서 나귀를 타고 길을 가시자, 길가의 수많은 사람들이 서로 앞 다투어 자기들의 겉옷을 벗어 길 위에 펼쳐 놓았다.

이 같은 행위는 왕이나 정복자에 대해 큰 존경과 영예를 표시하는 고대의 전통적인 풍습이었다. 겉옷 외에도, 꽃이나 나뭇가지를 사용하기도 했다. 이스라엘 역사에서, 북왕국의 예후가 왕임을 선포할 때 그의 추종자들이 자신들의 옷을 급히 벗어 예후의 발밑에 깔았던 기록도

어린 나귀를 타고 예루살렘으로 들어가시는 예수님

있다. 오늘날에도 결혼식 때 신랑과 신부가 단상으로 걸어 올라가는 통로에다 꽃잎을 깔아놓는 장면에서 고대의 그러한 전통이 남아있는 현상을 볼 수 있다.

벳바게와 베다니 마을쯤에서 나귀를 타신 예수께서 올리브산의 내리막길에 이르렀을 때, 지금껏 예수께서 행하신 숱한 기적들을 목격해 온 수많은 추종자들이 크게 기뻐하며 큰 소리로 하나님을 찬양한다.

"복 되도다, 주님의 이름으로 오시는 왕이시여! 하늘에는 평화요, 지극히 높은 곳에는 영광이로다!"

"대체 저 사람들이 뭐라고 소리치는 거야! 뭣도 모르는 대중들이 헛소리를 지껄이는 게 아닌가!"

길가에 늘어선 수많은 사람들이 나귀를 타신 예수님을 크게 환영하면서 하늘의 하나님께 영광 돌리는 광경을 보고, 무리들 가운데 섞여 있던 몇몇 바리새파 사람들이 불만에 가득 차 볼멘소리를 해댔다. 그러다가 그들은 도저히 참을 수 없었던지 투덜대며 예수께 말한다.

"이봐요, 선생! 그렇게 가만히 있지 말고, 당신의 추종자들을 꾸짖어 조용히 시키시오! 그들의 입을 좀 다물게 하란 말이오!"

그 말을 듣고, 예수께서는 도리어 그들 몇몇 바리새파 사람들을 향해 단호하게 말씀하신다.

"내가 당신들에게 분명히 말하겠소! 만일 저들이 소리치지 않고 잠잠히 있으면, 저들 대신에 길가의 돌들이라도 일어나 크게 소리칠 것이오!"

예수님의 이 말씀은 바리새인들의 요구를 일언지하에 묵살한 것이다. 이는 바리새인들의 요구가 부당한 것으로, 예수님을 메시아로 영접하고 환호하는 무리들의 찬양이 옳고 합당한 것임을 확인시켜 준다. 나아가 예수님은 인류 구원의 참된 메시아로서 응당 사람들에게서 찬양 받으시기에 합당하신 분임을 일깨워준다.

예루살렘을 보시고 우신 예수님 (19:41-44)

예수님의 행렬이 예루살렘 가까이에 이르렀을 때, 예수께서 잠시 멈추시더니 예루살렘 도성을 찬찬히 바라보셨다. 언제 봐도 아름다운 성읍이다. 유대인의 제2경전이라는 탈무드는 이렇게 기록하고 있다. "하나님이 천지를 창조하실 때 열 개 분량의 아름다움을 세상에 내려주셨다. 그중 아홉은 예루살렘의 몫이 되었다."

그러나 지금 예루살렘은 영적으로 죽어가고 있다. 병들어 가는 예루살렘을 바라보시는 그 모습이 안타까운 듯 처연하고 애잔했다. 그런데… 어느새 예수님의 두 눈에서 눈물이 주르륵 흐르는 게 아닌가! 예루살렘을 향한 참으로 슬프고도 안타까운 감정을 가눌 길 없어 예수께서 우셨던 것이다. 예수님은 눈물을 흘리시며 예루살렘을 향해 말씀하신다.

"아, 예루살렘아! 오늘 너도 네게 평화를 가져다주는 일이 무엇인지 알았더라면, 참으로 좋았으련만! 하지만 지금 네 눈에는 그 일이 감추어져 있어 보지를 못하는구나. 아예 보지를 못하는구나. 아, 슬프고 슬프다."

예수님의 탄식이다. 여기서 예수님이 예루살렘을 인격화하여 '너'라고 부른 것은, 예루살렘 성읍에 살고 있는 주민들을 통칭하는 말이고, 나아가 예루살렘이 이스라엘의 도성이라는 점에서 이스라엘 백성 전체를 가리키는 말이 된다.

이스라엘 백성들이 마음 문을 열고 예수님의 복음을 받아들이면 진정한 평화의 길을 충분히 알 수 있었는데, 그들은 스스로 마음 문을 닫고 자신들의 눈을 가려 그 길을 보지 못했다. 예수님은 그 점을 탄식한 것이다. 그리하여 이제 예수님은 평화의 길을 배척한 예루살렘(이스라엘 백성)이 그 대가로 치를 끔찍한 재난에 대하여 말씀하신다.

"예루살렘아, 장차 네게 심판의 날이 들이닥칠 것이다. 그때에 네 원수들이 진을 치고 너를 사방에서 압박하면서 너와 네 자녀들을 멸망시킬 것이다. 그 때에 네 원수들은 너를 철저히 파괴하여 돌 하나도 다른 돌 위에 얹혀있지 못하게 할 것이다. 네가 그렇게 될 수밖에 없는 까닭은, 하나님의 아들이신 메시아가 네게 평화를 주러 왔건만 네가 알아차리지 못하고 그를 배척했기 때문이다."

예루살렘에 관한 예수님의 이 예언은 이때로부터 40년 후에 그대로 성취되었다. 그러니까 주후 66년에 유대인들은 나라의 독립을 꾀하려고 로마제국을 거슬러 반기를 들었다. 반란은 3년여 동안 지속되었지만, 마침내 로마 장군 디도(Titus)가 이끄는 로마 군대에 의해 철저하고 잔인하게 진압되었다(주후 70년). 그런 진압 과정에서 수많은 유대인들이 무참하게 살육 당했고, 예루살렘 성읍은 로마 군사들에 의해 무자비하게 파괴되었고 사정없이 불살라졌다.

성전을 정화하신 예수님(19:45-48; 마 21:12-17; 막 11:15-19; 요 2:13-22)

수많은 사람들의 영접과 환호를 받으며 예루살렘에 입성하신 예수님, 그분은 가장 먼저 성전에 올라가셨다. 그런데 성전 뜰은 그야말로 시끌벅

적한 시장바닥이었다. 온통 난장판이었다. 유월절 대목을 맞이하여 각종 희생제사용 짐승을 파는 사람들과 돈을 바꾸어주는 사람들이 저마다 소리 지르며 호객행위를 하고 있었고, 또한 파는 사람과 사는 사람 간에 한 치의 양보 없이 밀고 당기는 흥정을 벌이고 있었기 때문이다.

"아니, 저… 저럴 수가! 어찌 거룩한 성전에서…."

도떼기시장으로 변한 성전 뜰의 모습에 예수님은 강렬한 의분을 느끼셨다. 그래서 예수님은 돈 바꾸는 사람들의 상과 짐승 파는 사람들의 의자를 닥치는 대로 둘러엎으신 뒤 노끈으로 채찍을 만들어 성전 뜰에서 장사하는 사람들을 모조리 성전 밖으로 쫓아내셨다. 그러면서 그들에게 말씀하신다.

"성경에 기록되기를 '내 집은 기도하는 집이다.' 하였소! 그런데 지금 당신들은 내 집을 강도의 소굴로 만들어 버렸소!"

예수님이 성경에서 인용하신 말씀은 이사야서 56장 7절이다. 성전 기도는 하나님께 대한 가장 기본적인 예배 의식이다. 그런 성전이 기도의 장소가 되지 못하고 장사꾼들의 무대가 되었다는 것은, 성전이 하나님과 상관없는 부패와 위선과 탐욕의 장소 곧 강도의 소굴로 변질되었음을 보여준다.

그런데… 환전상들과 매매꾼들에게 무력을 사용하시는 예수님, 어딘지 낯설다. 그토록 사랑이 많으시고 사랑을 강조하신 예수님이 왜 무력을 사용하시는가?

비록 예수님이 한쪽 뺨을 맞을 때 다른 쪽의 뺨까지도 돌려대라고 가르치셨지만, 여기서 보인 예수님의 모습은 그와 다른 경우도 있음을 보여준다. 즉, 불의에 대한 정당한 분노 곧 의분(義憤)이 옳은 반응일 수도 있음을 보여준다. 주의할 것은, 여기에서 예수님의 분노는 이성을 잃은 짜증이나 혈기가 아니라는 점이고, 또한 채찍을 사용했을 뿐 사람에게 직접 손으로 폭력을 가하지는 않았다는 점이다.

성전에서 모든 장사꾼들을 쫓아내신 후, 예수께서는 날마다 성전에서 복음을 전파하시며 하늘나라의 진리를 가르치셨다.

“나사렛 예수, 저자! 이대로 계속 방관할 수는 없다. 저자 때문에 우리 꼴이 말이 아니게 됐어. 우리가 더 망가지기 전에 어떡하든 빨리 손을 써야 해!”

성전에서 일어난 일을 전해들은 뒤로 유대인 종교 지도자들은 더욱 심사가 뒤틀렸다. 그렇지 않아도 예수를 못마땅하게 여기고 있는 터에, 자신들의 주요 수입원인 성전 장사까지 하지 못하게 했으니 더는 예수를 두고 볼 수 없다고 판단했다. 당시 대제사장들과 율법 교사들과 백성의 유지들은 사람들에게 성전 뜰에서 장사하는 것을 허락해 주는 조건으로 막대한 수수료(리베이트)를 챙기고 있었다. 마침내 그들은 모여 서로 머리를 맞대고 예수를 죽일 궁리를 구체적으로 계획하기 시작했다.

“그런데 말이야…. 어떤 방법을 써야 가장 그럴 듯한 명분으로 예수를 죽일 수 있느냐, 그게 문제야. 사람들이 예수란 작자를 메시아로 알고 저렇게 떠받들고 있으니, 섣불리 예수를 처치하려고 했다간 도리어 역풍이 불까 두렵고….”

유대의 종교 지도자들은 골머리가 지끈지끈 아팠다. 사람들이 모두 예수님의 말씀을 열심히 들으며 열광적으로 따르고 있었으므로, 어찌해야 무리 없이 예수를 죽일 수 있을는지 좋은 방도를 찾지 못했기 때문이다. 그날따라 예루살렘의 공기는 무덥고 저녁이 되면서 칙칙한 기분까지 들었다. 뭔지 모를 음습한 기운이 감돌았다.

20

가이사의 것은 가이사에게

로마 황제에게 세금 바치는 일로
사람들이 따지자 동전을 내보이라 하시네
가이사 것은 가이사에게
하나님의 것은 하나님께 돌려라

예수님의 권세 (20:1-8; 마 21:23-27; 막 11:27-33)

"여러분, 하나님의 나라는 마치 무엇과 같다고 말할 수 있을까요?"

하루는 예수께서 성전 뜰에서 하나님 나라에 관한 복음을 부지런히 가르치고 계셨다. 그때였다. 유대의 종교 지도자들인 대제사장들과 율법 교사들과 장로들이 우르르 몰려와 예수께 따지며 묻는다.

"이봐요, 선생! 당신은 지금 무슨 권한으로 이런 일을 하시는 거요? 당신이 누구관대 성전에서 함부로 사람들을 가르치는 것이오? 누가 당신에게 그런 권한을 주었단 말이오?"

그들은 집중적인 고등교육을 받은 후 엄숙한 의식 절차를 걸쳐 어떤 사회적, 종교적 명칭을 소유한 자들을 존경했다. 그런데 그들이 볼 때, 예수나 세례 요한 같은 자들은 이 같은 전통과는 거리가 먼 사람들로, 이른바 '랍비(율법선생)'라 불릴 만한 자격을 갖추지 못한 자들이었다. 그래서 예수님의 권위에 대해 도전한 것이다. 이때 예수께서 그들에게 대답하신다.

"권한이라 했소? 그러면, 나도 당신들에게 한 가지 물어보겠으니 대답해 보시오. 요한의 세례는 하늘로부터 비롯된 것이오, 아니면 사람들에게서 비롯된 것이오?"

'요한의 세례'란, 세례 요한이 세례를 통해 베푼 그의 사역과 교훈 전반을 가리킨다. 그런데 세례 요한은 예수님을 분명히 메시아(그리스도)로 증언했다. 따라서 요한의 세례가 하늘로부터 임한 것이라면, 자연히 예수님의 신적인 권위도 인정되는 셈이었다. 이 같은 예수님의 질문을 받고, 유대의 종교 지도자들은 순간 크게 당황했다.

예수님의 질문에, 종교 지도자들은 즉시 대답하지 못하고 자기들끼리 의논하기 시작했다.

"거참, 무어라고 대답하기 곤란한 질문일세. 만약 우리가 대답하기를 '하늘로부터 비롯된 것이오.'하면, 저 예수란 자가 따지기를 '그런데 너희는 왜 세례 요한의 증언을 믿지 않는 것이냐?' 하고 말할 게 분명하고, 만약 우리가 달리 대답하기를 '사람들에게서 비롯된 것이오!' 하면, 이번에는 사람들이 우리를 돌로 칠 게 분명하오. 사람들은 모두가 세례 요한을 하나님이 보내신 선지자로 믿고 있으니 말이오."

"이리 답해도 곤란하고 저리 답해도 난처하니, 어쩌면 좋겠소?"

한참 동안 머리를 맞대고 쑥덕쑥덕 상의하더니, 결국 그들은 명확한 결론을 내리지 못하고 어정쩡한 태도로 대답한다.

"글쎄…, 우리는 모르오!"

양심을 속이는 비겁한 대답이었다. 세례 요한이 선포한 메시지나 그의 위대한 사역으로 판단할 때, 그들은 세례 요한이 분명 하나님께로부터 보내심 받은 선지자인 줄 알고 있었다. 그러나 그들은 예수님의 권한을 죽어도 인정하기 싫어 양심을 속이고 그냥 "모른다!" 하고 대답한 것이다. 그러자 예수께서 그들에게 말씀하신다.

"모른다고 했소? 그러면, 나도 내가 무슨 권한으로 이런 일을 하는지 당신들에게 대답하지 않겠소."

양심을 속이고 진실을 부인하는 종교 지도자들에게 예수님 자신도 구태여 대답할 필요성을 못 느낀다는 뜻이다. 이로써 유대의 종교 지도자들은 사람들을 가르치는 예수님의 권한이 어디에서 비롯된 것인지를 알 수 있는 기회를 놓쳐버리고 말았다. 자신들의 종교적 체면과 입지 때문에 스스로 구원의 기회를 날려버린 것이다.

악한 포도원 소작인의 비유 (20:9-19; 마 21:33-46; 막 12:1-12)

예수님의 권한도 끝내 인정하지 않는 유대의 종교 지도자들, 그런 그들을 씁쓸하게 바라보시며 예수께서는 사람들에게 한 가지 비유를 들어 말씀하신다. 예수님의 비유는 일반 사람들의 일상적인 삶에서 흔히 경험하는 사건들과 접할 수 있는 사물들을 주제로 삼았다.

"여러분, 어떤 사람이 포도원을 만든 뒤에 그것을 농부들에게 세놓고 오랫동안 멀리 떠나 있었습니다. 시간이 흘러 포도를 수확할 때가 되자, 포도원 주인은 수하의 종을 보내어 소출을 받아오라고 했습니다. 그러나 소작인들은 주인이 보낸 그 종을 때리고 빈손으로 돌려보냈습니다."

"쯧쯧, 아니 그럴 수가! 포도원 소작인들은 아주 악한 사람들이로군."

예수님의 비유를 듣고 있던 사람들은 이구동성으로 소작인들의 행동에 대해 혀를 차며 화를 냈다.

"그래서 포도원 주인은 다른 종을 다시 보냈습니다. 그런데 이번에도 소작인들은 주인이 보낸 그 종을 때리고 모욕하면서 소출을 주지 않고 빈손으로 돌려보냈습니다. 그래도 주인은 포기하지 않고 세 번째 종을 다시 보냈습니다. 하지만 이번에도 역시 주인이 보낸 그 종은 소작인들에게 박대를 당하고 두들겨 맞아 상처를 입고 쫓겨 왔습니다."

"저런! 아주 나쁜 사람들이군. 그런 자들을 그냥 두어선 안 되지!"

비유를 듣고 있던 사람들이 마치 자신의 일인 양 공분하며 화를 냈다. 그런 반응을 보며, 예수님의 비유는 이어진다.

"그래서 포도원 주인이 혼자서 말하기를 '아, 이젠 어떻게 할까? 그래, 좋다! 이번에는 내 사랑하는 아들을 보내야겠다. 그들이 아무리 악하다 해도, 설마 내 아들은 존중해 주겠지!' 하였습니다. 그래서 주인은 자신의 사랑하는 아들을 소작인들에게 보냈습니다."

'흠, 아무리 악한 소작인들이라도 주인의 아들은 어쩌지 못하겠지….'

사람들은 모두 그리 생각했지만, 예수님의 비유는 그게 아니었다.

"그러나 주인의 기대와는 달리 소작인들은 더욱 악한 마음을 품었습니다. 그들은 주인의 아들을 보고서 말하기를 '이거야말로 좋은 기회다! 아버지가 죽으면 이 사람이 포도원을 상속할 테니, 아예 이 사람을 죽여 버리자. 그러면, 이 포도원은 우리 소유가 될 것이 아닌가!' 했습니다."

"아, 참으로 상종하지 못할 악한 사람들이군요. 하지만 아무리 그래도 주인의 아들을 진짜로 죽이기까지야 하겠습니까?"

"아닙니다. 소작인들은 주인의 아들을 붙잡은 뒤 포도원 밖으로 끌어내어 정말로 죽여 버렸습니다. 자, 일이 이렇게 되었으니, 여러분의 생각엔 그 포도원 주인이 소작인들에게 어떻게 할 것 같습니까?"

"그야 그 악한 소작인들을 모조리 붙잡아 처형시키지 않겠습니까."

"맞습니다. 마침내 포도원 주인이 직접 와서, 그 악한 소작인들을 전부 죽인 뒤 그 포도원을 다른 소작인들에게 맡길 것입니다."

이른바 '악한 포도원 소작인의 비유'가 끝나자, 그 말씀을 듣고 있던 사람들이 예수님께 말한다.

"설마 하니, 현실 세상에서 그처럼 악한 소작인들이 있기야 하겠습니까. 사람들이 아무리 악해도 그렇지, 어찌 주인의 아들까지 붙잡아 죽일 수 있단 말입니까."

예수님의 비유를 들었던 사람들은 비유 속의 포도원 소작인들이 워낙 악했기에, 그런 악하고 끔찍한 짓이 실제로는 일어나지 않을 것이라고 생각했다. 그러나 예수님의 이 비유는 지금까지 실제로 있었고, 이제 머잖아 실제로 있을 일들에 관한 것이었다.

여기에서 포도원 주인은 하나님, 포도원은 이스라엘 공동체, 악한 소작인은 유대의 종교 지도자들(넓은 의미로는 이스라엘 백성들), 포도원 주인이 보낸 종들은 하나님의 선지자들, 포도원 주인의 아들은 메시아(그리스도) 예수를 가리킨다.

"여러분은 지금 그런 일이 실제로는 일어나지 않을 것이라고 생각하는 것입니까? 그렇다면 성경에 기록된바 '집 짓는 사람들이 쓸모없다고 버린 돌이 모퉁이를 받치는 머릿돌이 되었다.'라는 말은 무얼 뜻하는 것입니까? 누구든지 그 머릿돌 위에 떨어지는 사람마다 깨어질 것이고, 그 머릿돌이 누구 위에 떨어지든 그 사람은 가루가 될 것입니다."

'모퉁이를 받치는 머릿돌'이란 말 그대로 건물의 밑바닥 모퉁이의 머릿돌 곧 주춧돌을 가리킨다. 이 돌은 건물을 지탱하기 위해서는 필수적으로 요구되는 가장 중심 되는 돌이다. 예수님은 자기 백성 이스라엘을 올바로 세우기 위해 모퉁이의 머릿돌로 왔지만, 교만하고 어리석은 그 땅의 건축자들(일차적으로는 이스라엘의 지도자들, 이차적으로는 이스라엘 백성들)은 그 돌을 하찮게 여겨 무시하고 내던졌다. 그 결과, 예수님은 이방 교회의 모퉁이 머릿돌이 되어 자신의 교회를 든든히 세우셨다.

그런데 그 모퉁이의 머릿돌이 사람을 깨뜨리고 가루로 만든다는 말은 무슨 뜻인가? 이는 메시아 예수의 역동적인 사역을 가리킨다. 모퉁이의 머릿돌이신 예수님은 자신을 믿지 않는 불신자에게는 거침돌이 되어 그들 스스로 그 돌에 걸려서 깨어져 가루가 될 것이고, 또한 심판 날에는 심판주가 되어 불신자들을 쭉정이 같이 구별하여 영원한 불구덩이 속으로 흩으실 것이다.

‘아니, 아니, 저자가! 우리를 대체 뭘로 알고 저 따위 말을…!’

예수님의 비유를 줄곧 들었던 대제사장들과 율법 교사들은 예수께서 말씀하신 그 악한 소작인 비유가 자기들을 빗대어 한 말씀인 줄 눈치챘다. 그들은 당장이라도 예수를 체포하고 싶었지만, 사람들의 시선이 두려워 어찌하지는 못하고 그냥 안절부절못할 뿐이었다.

세금에 대하여 (20:20-26; 마 22:15-22; 막 12:13-17)

유대의 종교 지도자들인 대제사장들과 율법 교사들은 예수를 밤낮으로 주의 깊게 감시하였다. 기회를 엿보아 예수를 로마 총독에게 고발할 구실을 찾으려고 혈안이 되었다. 그들은 소극적으로 감시하는 데 그치지 않고, 적극적으로 첩자들을 보내어 그들로 하여금 의로운 사람인 체하게 하면서 예수께 접근하게 했다. 하루는 그런 첩자들이 예수께 나아와 진지한 체하며 묻는다. 실은, 말의 꼬투리를 잡기 위해서다.

“선생님, 우리는 선생님이 말씀하시고 가르치시는 것들이 전부 옳다는 것을 잘 알고 있습니다. 선생님은 어느 쪽으로도 치우치지 않으시고, 오직 진리에 부합하는 하나님의 참된 도리만을 가르치시기 때문입니다. 그러니 저희들에게 말씀해 주십시오. 저희가 가이사(로마 황제)에게 세금을 바치는 것이 옳습니까, 아니면 옳지 않습니까?”

‘파라오’가 이집트 왕을 일컫는 칭호이듯 ‘가이사’는 로마 황제를 일컫는 칭호다. 예수님 당시의 로마 황제는 ‘디베료’(Tiberius, AD 12-37년)였다. 그들이 예수께 이 같은 질문을 한 것은 예수님을 진퇴양난의 함정에 빠뜨리기 위함이었다. 만일 예수께서 가이사에게 세금을 바치는 것이 옳다고 대답하면, 로마 정부를 미워하는 유대인들이 예수님께 반발하며 대적할 것이다. 반대로 가이사에게 세금을 바치는 것이 옳지 않다고 대답하면, 가이사 곧 로마 정부가 예수님을 선동죄로 체포할 것이다. 그러니 어느 쪽으로 대답해도 함정에 빠질 터였다.

예수께서는 그렇게 묻는 첩자들의 속셈을 훤히 꿰뚫어보시고는 낯빛 하나 변하지 않고 담담하게 대답하신다.

"데나리온 한 닢이 있소? 그것을 내게 보이시오."

데나리온은 신약시대에 쓰이던 로마제국의 은화 동전을 가리킨다. 이 은화는 예수님 당시에 가장 널리 유통되던 동전으로, 당시 노동자의 하루치 품삯에 해당되는 가치를 지녔다. 이 동전은 무게가 3.88g 나가는 은으로 만들어졌고, 가이사(로마 황제)의 얼굴과 이름이 새겨져 있었다.

"데나리온 말입니까? 여기 있습니다."

"자, 그 돈에 누구의 초상과 이름이 새겨져 있소?"

"그야 가이사의 초상과 이름이 새겨져 있습니다."

첩자들은 예수께서 대체 무슨 말씀을 하시려고 그러는 줄 몰라, 그저 어안이 벙벙한 채 묻는 말에 대답만 꼬박꼬박할 뿐이었다. 그러자 예수께서 첩자들이 묻는 말에 대답해 주신다.

"좋소! 그러면 이렇게 하시오. 가이사의 것은 가이사에게 돌려주고, 하나님의 것은 하나님께 돌려 드리도록 하시오!"

예수님의 명쾌한 답변을 듣고 첩자들은 크게 당황했다. 그런 답변이 나올 줄은 상상조차 하지 못했기 때문이다. 그리하여 사람들 앞에서 예수님의 말씀을 책잡으려던 자들의 계획은 완전히 실패로 돌아갔고, 도리어 예수님의 빈틈없는 완벽한 답변에 그들은 크게 놀라고 감탄하여 더는 묻지 못하

"가이사의 것은 가이사에게, 하나님의 것은 하나님께!"

고 입을 다물고 말았다.

자, 그렇다면 예수님이 답변하신바 무엇이 가이사의 것이고, 무엇이 하나님의 것인가? 사실, 본래는 모든 것이 다 하나님의 것이지만 하나님은 그중에서 일부를 사람이나 정부나 국가에 맡기셨다. '가이사(Caesar, 로마 황제)'로 대표되는 이 땅의 국가들이나 정부들이나 통치자들은 하나님에게서 그런 권한을 위임받은 것이다.

그래서 각 나라들과 정부들은 사회의 질서를 지키고, 공공 유익을 위해 세금을 걷는다. 그렇기 때문에 각 나라에 속한 백성들은 의무적으로 국가에 세금을 내야 한다. 하지만 궁극적으로 우리의 최고 충성의 대상은 하나님이시다. 오직 하나님만이 우리의 예배와 궁극적인 충성을 받으시기에 합당하신 분이다. 이 땅의 모든 국가와 정부 권력은 더 높으신 하나님 나라의 권위와 목적 아래에 있다.

부활에 대하여 (20:27-40; 마 22:23-33; 막 12:18-27)

예수님 시대에 '사두개파'라는 종교 단체가 있었다. 이 종파의 이름은 다윗과 솔로몬 시대의 대제사장이었던 '사독'의 이름에서 유래되었다. 율법주의자이며 형식주의자인 바리새파 사람들 곧 바리새인들과는 달리, 사두개파 사람들 곧 사두개인들은 부활이나 영생과 같은 내세를 부정하고, 천사와 사탄 등의 영계(靈界)도 부인하는 지극히 현실주의자들이었다. 그들은 구약성경 중 모세오경만을 인정하였고, 구약성경에 대한 전통적인 해석을 거부하고, 그것을 현세적이고 이성적이며 합리적인 방법으로 해석했다. 하루는, 이처럼 부활이나 영생이 없다고 주장하는 사두개파 사람들 몇 명이 예수께로 나와서 묻는다.

"선생님, 모세 율법을 보면 '만일 어떤 사람이 자식 없이 죽으면, 그의 동생이 그 형수와 결혼하여 죽은 사람의 대를 이을 자식을 낳아주어야 한다.'라고 되어 있습니다."

모세 율법은 형이 자식 없이 죽으면 그의 동생이 그 형수와 결혼해야 한다고 가르쳤다. 이를 '계대혼인법'이라 부르는데, 이는 자식(후사) 없이 죽음으로써 대(代)가 끊기게 된 형의 집안을 위해 대를 이을 상속자를 세워주기 위함이었다. 이 같은 모세 율법의 계대혼인법을 바탕으로 삼아, 사두개인들이 예수께 질문한 것이다.

"그런데 말입니다. 어느 집에 일곱 형제가 살고 있었습니다. 맏형이 결혼했는데, 그만 자식 없이 죽고 말았습니다. 그래서 둘째가 그 형수와 결혼했습니다. 그런데 둘째 역시 자식을 두지 못하고 죽었습니다. 그래서 차례대로 일곱 형제가 전부 그 여자와 결혼했지만, 아무도 자식을 남기지 못한 채 죽고 말았습니다. 그러다가 마침내 그 여자마저도 죽었습니다. 자, 그렇다면 부활 때 그 여자는 누구의 아내입니까? 대체 누구의 아내가 되어야 합니까? 일곱 형제가 다 그 여자를 아내로 삼았으니 말입니다."

극단적인 가상적 상황을 예로 삼은 사두개인들의 유치하기 그지없는 질문이다. 그들은 이런 엉뚱한 물음을 내놓고는 세상 누구라도 거기에 합당한 답을 하지 못할 것이라고 내심 자신하고 있었다. 그러나 사두개인들의 이 같은 물음은 현세와 내세를 동일한 선상에 놓고 이해한 데서 비롯된 무지의 소산이었다. 예수께서는 그들에게 올바른 답을 주신다.

"보시오, 이 세상 사람들은 시집도 가고 장가도 가오. 그러나 죽었다가 다시 살아나, 하늘나라에 들어갈 자격을 얻은 사람들은 시집도 가지 않고 장가도 가지 않소. 그들은 천사와 같아져서 더 이상 죽음을 경험하지도 않소. 그들은 죽었다가 다시 살아나 새로운 생명을 얻은 부활의 자녀들이므로, 곧 하나님의 자녀들이오."

참으로 놀라운 말씀이다. 하늘나라의 생리나 특성에 관해 속속들이 알고 계신 분이 아니라면 결코 말할 수 없는 대답이다. 이로써 우리는 천국에선 더 이상 남녀 간의 결혼이 없다는 사실을 알 수 있다. 이처럼 천국에서는 결혼 관계가 해소되고, 더 이상의 결혼이 필요 없게 된다.

하나님이 결혼제도를 만드신 주요 목적은 인류의 번식이었다. 하지만 천국에서는 인류의 번식이 더는 필요치 않으므로 출산이 필요 없고, 그래서 결혼도 설 자리를 잃게 된다. 무엇보다 부활의 몸은 천사처럼 신령한 존재이므로 성적 만족을 추구하는 본능도 없어진다. 그렇지만 천국 생활은 세상에서 결혼의 기쁨이 제공하는 만족보다 훨씬 무한한 기쁨과 만족을 제공해 준다.

"아니, 천국에선 장가도, 시집도 가지 않는다고요? 구원 받은 자들의 몸이 천사와 같아진다고요? 그걸 선생께서 어찌 아신다고…?"

천사들은 사람과는 달리 육신의 몸을 갖고 있지 않다. 천사들은 영물(靈物) 곧 영적 존재다. 이처럼 천사들이 몸을 갖고 있지 않기 때문에 나이가 들거나 죽는 일도 없다. 또한 천사들은 새로 태어나지도 않는다. 천사들도 인간처럼 하나님의 피조물로서 맨 처음 하나님께 지음 받은 수효 그대로를 계속 유지한다. 하나님은 자신을 섬기고 또 성도들을 보호해주기 위해 천사들을 창조하셨다.

"잘 들으시오. 옛적의 모세도 불에 활활 타면서도 없어지지 않는 떨기나무를 언급하는 대목에서 죽은 사람들의 부활에 대해 보여주지 않았소? 그때에 모세는 하나님을 일컬어 '아브라함의 하나님, 이삭의 하나님, 야곱의 하나님'이라 했소. 이처럼 하나님은 죽은 자들의 하나님이 아니라, 살아 있는 자들의 하나님이시오. 그러므로 하나님께는 모든 자들이 다 살아 있소."

부활에 대한 예수님의 가르침이다. 하나님은 영원토록 스스로 살아계신 분으로서 어디까지나 살아 있는 자들의 하나님이시고, 살아 있는 자들로부터 찬양을 받으시는 분이다. 그러하기 때문에 사람은 죽음으로써 모든 게 끝나는 게 아니고, 죽음 이후에 반드시 부활하여서 심판을 받게 된다.

심판 결과, 구원받은 자들은 천사처럼 신령한 몸으로 다시 살아서 영원토록 살아계신 하나님을 찬양하는 영광에 참예할 것이고, 구원받지 못한 자들은 하나님의 영광에 참예하지 못하고 사탄과 그의 추종자들(귀신들)이 있는 지옥에 떨어질 것이다. 이것이 부활에 관한 예수님의 가르침이다.

"선생님, 옳은 말씀입니다."

예수님의 말씀을 듣고, 바리새파에 속하는 율법 교사들(서기관들) 가운데 몇 사람이 맞장구를 쳤다. 이는 그들이 예수님의 가르침을 마음으로 받아들였기 때문이 아니라, 교리적으로 자신들과 적대 관계에 있는 사두개인들의 패배를 기쁘게 여겼기 때문이다.

예수님의 명쾌한 답변에 사두개파 사람들은 말문이 턱 막혔다. 그래서 더는 예수께 감히 묻지 못하고 크게 무안한 듯 연신 헛기침만 해댔다.

그리스도와 다윗의 자손(20:41-44; 마 22:41-46; 막 12:35-37)

예수께서는 사두개인들을 향해 계속 말씀하신다.

"한 가지 묻겠소. 당신들은 어찌하여 그리스도(메시아)를 '다윗의 자손'이라 하는 것이오?"

"아니, 그리스도가 다윗의 자손이 아니면 누구의 자손이란 말입니까?"

예수께서 대체 무슨 소릴 하는 것인지 그 의중을 몰라 사두개인들이 눈이 휘둥그레져서 반문한다. 이에 예수께서 말씀하신다.

"다윗 자신이 친히 쓴 시편을 보면 '주님께서 내 주께 이르신 말씀이라. 내가 너의 원수들을 네 발 아래에 굴복시킬 때까지 너는 여기 나의 오른쪽에 앉아 있어라.' 하였소."

'시편 110편 1절'의 말씀이다. 여기서 '주님'은 성부 하나님을, '주'는 성자 하나님이신 그리스도(메시아)를 가리킨다. 이 시편에서 다윗은 그리스도를 가리켜 분명히 '내 주'라고 불렀다. 이에 예수님이 말씀하신다.

"자, 보시오. 다윗은 그리스도를 분명히 '주'라 불렀는데, 어떻게 그리스도가 '다윗의 자손'이 될 수 있단 말이오?"

다윗이 그리스도의 조상이라면 어떻게 조상이 자기 자손을 향해 '주'라고 부를 수 있겠느냔 뜻이다. 따라서 그리스도가 다윗의 자손이 아니라, 다윗이 그리스도의 자손 된다는 논리다. 하지만 이는 다윗의 혈통에서 메시아(그리스도)가 나오리라는 사실을 예수께서 부인한 것이 아니다. 다만 메시아의 육신적인 인성(人性)만 알고 본질적인 신성(神性)을 깨닫지 못하는 사두개인들의 불완전한 메시아(그리스도)관을 지적하신 말씀이다. 그러하기에 일찍이 다윗은 성령의 감동을 받아 메시아(그리스도)의 신성을 깨닫고, 그를 향해 '주'라고 불렀던 것이다.

율법 교사들을 조심하라(20:45-47; 마 23:1-36; 막 12:38-40)

사두개인들과의 논쟁을 마무리하신 후, 예수께서는 모든 사람들이 듣고 있는 가운데 제자들에게 특별히 당부하신다.

"너희는 율법 교사들을 조심하여라. 그들은 긴 옷을 입고 다니기를 좋아하고, 거리에서 사람들에게 인사받기를 즐기며, 회당과 잔칫집에서는 윗자리에만 앉으려 한다. 뿐만 아니라 그들은 과부들의 재산을 가로채 삼키면서도 사람들에게 거룩하게 보이려고 큰 소리로 길게 기도한다. 이런 사람들에게는 장차 하나님의 무서운 심판이 임할 것이다."

율법 교사들 곧 서기관들의 잘난 체하는 교만과 겉과 속이 다른 위선을 경계하고 삼가라는 교훈이다. 당시 율법 교사들은 '긴 옷'을 즐겨 입었다. 대부분 바리새파에 속해 있었던 율법 교사들은 율법 선생으로서의 권위와 위엄을 널리 드러내고 과시하기 위해 흰색 세마포 옷을 입었는데, 모세 율법에 따라 옷의 네 귀퉁이에는 술을 달았고, 옷의 길이는 땅에 끌릴 정도로 아주 길었다. 그러면서 짐짓 특권층으로 행세하고 있었다.

21

종말에 관한 교훈

성전에서 헌금하는 모습을 지켜보시던
예수님은 가난한 과부가 두 렙돈을 바치자
부자들은 조금 덜어 헌금하지만
과부는 그의 전부를 바쳤다고 칭찬하시네

가난한 과부의 적지만 많은 헌금 (21:1-4; 막 12:41-44)

예수님은 인류 구원의 메시아로서 십자가 사역을 완수하기 위해 예루살렘 도성에 올라와 있는 상태다. 때는 주후(AD) 30년경 봄.

하루는 예수께서 성전에서 부자들이 헌금함에 헌금 넣는 것을 유심히 지켜보고 계셨다. 성전에는 귀중품을 넣어두는 방들이 있었다. 그런 방들 중에 하나는 '금방(金房)'으로 그 안에는 나팔 모양의 헌금 통들이 있었다. 모두 13개다.

때에 예수님은 헌금함으로부터 그리 멀지 않은 곳에 마주 앉아 있었다. 헌금함은 성전 구역 내 '여인의 뜰' 안에 있었다. 부자들은 보란 듯이 우쭐거리며 상당한 액수의 헌금을 헌금함에 넣었다. 그런데 그런 부자들과는 달리, 허름한 옷차림의 한 가난한 과부가 헌금함 앞으로 조심스럽게 다가가서는 렙돈 두 닢을 헌금함에 수줍은 듯 조심스럽게 넣었다. 예수께서는 여인을 유심히 지켜보셨다.

가난한 과부의 적지만 많은 헌금

'렙돈'은 헬라(그리스)의 화폐 단위인데, 당시 이스라엘 사회에서 통용되던 가장 소액의 동전이다. 1렙돈은 당시 노동자 하루치 품삯인 1데나리온의 128분의 일(1/128)에 해당하는 작은 가치를 지녔다(그러니까 오늘날 하루 품삯을 10만원으로 계산한다면, 1렙돈은 대략 800원의 가치를 지녔다고 볼 수 있다). 그때 예수께서 제자들과 주변 사람들에게 말씀하신다.

"저 가난한 과부는 다른 누구보다도 더 많은 돈을 넣었다. 다른 사람들은 모두 넉넉한 가운데서 조금 덜어 헌금했을 뿐이지만, 저 과부는 극히 어려운 살림을 하면서도 자기가 가지고 있는 생활비 전부를 헌금했기 때문이다."

예수님의 헌금관을 보여주는 말씀이다. 예수님은 헌금 액수 자체를 중요하게 여기시지 않고, 바치는 자의 생활 형편과 헌금의 비례 관계를 살피셨다. 그런 관점에서 볼 때, 가난한 과부는 비록 두 렙돈의 적은 액수에 불과하지만, 어느 부자 못지않게 많은 헌금을 했다고 평가받을 수 있는 것이다.

성전 파괴에 대한 예수님의 예언 (21:5-6; 마 24:1-2; 막 13:1-2)

예루살렘 성전에 따사한 햇볕이 들었다. 아름답고 웅장한 건물이다. 헤롯 대왕의 지시로 본체는 완성되었지만 부속 건물들은 계속 개축해

가고 있는 중이었다. 주전 19년에 시작된 성전 개축은 아직도 준공되지 못한 상태였다. 성전 본체는 15층 규모로, 개축 공사에 1천여 명의 제사장들을 포함하여 2만 명가량이 동원되는 어마어마한 대역사였다.

건물 자체의 웅장함과 함께 입구에 서 있는 아름답고 화려한 흰 대리석과 휘황찬란한 귀금속과 보석들로 장식된 성전은 보는 이들로 하여금 저절로 감탄이 나오게 했다. 여기에 경건함과 거룩함의 미학까지 서려 있었기에 유대 랍비들은 "이 성전을 보지 못한 자는 아름다움이 무엇인지 알지 못한다."라고까지 극찬하였다.

"예루살렘 성전은 참으로 대단하군! 참으로 화려하고 아름다워!"

"그뿐인가! 얼마나 크고 웅장한지! 이런 성전은 세상 어디에서도 찾을 수 없을 거야!"

때에 예수님을 따르던 사람들 가운데 몇몇 사람들이 예루살렘 성전을 보고 크게 감탄하며 서로 이야기를 주고받고 있었다. 그때 예수께서 엄중한 어조로 말씀하신다.

"예루살렘 성전이 그토록 아름답고 웅장하다고 생각하느냐? 그러나 너희가 지금 보고 있는 저 성전이 장차 돌 하나도 다른 돌 위에 남아 있지 않고 온전히 무너질 날이 올 것이다."

장차 예루살렘 성전이 철저하게 파괴될 것임을 강조한 말이다. 과연 예수님의 이 예언은 이때로부터 40년쯤 후에 그대로 성취되었다. 후일 유대인들이 로마 정부에 대적하여 반란을 일으켰을 때, 유대인들을 진압하는 과정에서 로마 장군 디도(Titus)가 이끄는 로마 군대는 예루살렘 성전을 철저하게 파괴하였다(주후 70년). 성전 돌 사이에 금을 숨겨두었다는 소문이 떠돌았기 때문이다.

말세에 닥칠 재난의 여러 징조들 (21:7-19; 마 24:3-14; 막 13:3-13)

예루살렘 성전이 철저하게 무너질 것이라는 예수님의 말씀에 깜짝 놀란 제자들이, 크게 놀라고 근심어린 어조로 예수님께 황급하게 묻는다.

"그렇다면 선생님, 그런 일이 언제 일어나겠습니까? 그런 일이 일어나기 전에, 어떤 징조들이 나타나겠습니까?"

제자들은 예루살렘 성전이 파괴되는 때는 세상 마지막 날이 될 것이라고 생각했다. 그리고 그때는 예수님의 재림의 때가 될 것이라고 생각했다. 예수님은 예루살렘 성전이 파괴되는 때와 인류 역사의 종말을 관련지어 제자들의 궁금증에 관해 대답해 주셨다. 하지만 제자들이 정말 알고 싶어 했고, 오늘날 모든 신자들이 궁금해 하는 사항, 곧 재림의 정확한 시기에 대해서는 결코 알려주지 않으셨다. 그것은 전적으로 아버지(성부) 하나님께 속한 주권적인 권한이었기 때문이다.

"그때에 너희는 누구에게도 속지 않도록 조심하여라. 그때가 되면 많은 사람들이 나타나 주장하기를 '내가 그리스도다!' 하겠고, 또 '때가 가까이 왔다!' 외칠 것이다. 그러나 너희는 그들을 믿지도 말고 따르지도 말라."

세상 종말의 징조 가운데 하나로, 자신을 자칭 '그리스도'라 일컫는 적(敵)그리스도가 출현할 것이라는 말씀이다. 적그리스도는 그리스도의 이름을 사칭하는 종교 사기꾼들로, 그들의 말에 속아 넘어가선 안 된다는 말씀이다.

"또 세상 도처에서 전쟁과 난리가 시작되었다는 소문을 듣더라도, 너희는 놀라거나 두려워하지 말라. 이런 일이 세상 종말 이전에 반드시 먼저 일어나야 하겠지만, 그렇다고 해서 곧바로 세상 종말이 오는 것은 아니기 때문이다."

세상 종말의 징조 가운데 또 하나로 세상 도처에서 전쟁이 일어나고 반란이 일어날 것이지만 이런 현상은 세상 종말의 때가 가까이 이르렀음을 예고해주는 것이지, 종말의 때가 당장 임한 것은 아니란 말씀이다. 세상 종말의 징조와 관련하여 예수님의 말씀은 계속 이어진다.

"세상 종말이 이르게 되면, 민족과 민족이 서로 싸우고 나라와 나라가 맞서 싸울 것이다. 큰 지진이 곳곳에서 일어나고, 세상 도처에서 기근과 전염병이 번지고, 하늘에서는 엄청난 징조가 나타날 것이다."

말씀을 듣고 있는 제자들의 표정이 자신들도 모르게 일그러진다. 걱정과 근심이 가득한 얼굴이다. 말씀은 이어진다.

"그러나 이 모든 일이 일어나기에 앞서, 믿는 자들에게 극심한 박해의 시기가 닥쳐올 것이다. 그래서 세상 사람들이 너희를 붙잡아 끌고 가서 회당과 감옥에 넘겨줄 것이다. 또 내 이름 때문에 너희가 왕들과 총독들 앞에 끌려 나갈 것이다. 그러나 너희는 두려워하지 마라. 오히려 그것이 사람들에게 나를 증언하는 기회가 될 것이기 때문이다."

세상 종말의 징조로서 전쟁, 지진, 기근, 전염병, 자연계의 변화 등이 있을 것이고, 거기에 앞서 그리스도를 믿는 신자들에 대하여 종교적, 정치적 핍박이 있을 것이라는 말씀이다. 따라서 이 같은 현상이 일어나는 것을 보게 되면, 신자들은 종말을 준비하는 신앙 자세를 갖춰야 할 것이다.

"그러므로 너희는 어떻게 너희 자신을 변호할 것인지, 미리부터 염려하지 않기로 단단히 마음먹어라. 그때에 너희를 대적하는 자들이 반박할 수 없는 말과 지혜를 내가 너희에게 주겠노라. 또 그때가 되면, 너희의 부모와 형제와 친척과 친구들까지도 너희를 배반하여 너희 가운데 몇 사람을 죽게도 만들 것이다. 이처럼 너희는 내 이름으로 인하여 세상 사람들에게 미움을 받을 것이다."

"아!" 제자들의 입에선 근심 가득한 탄식이 절로 터진다. 예수님은 그런 제자들을 위로하신다.

"그러나 두려워하지 마라. 너희는 머리카락 하나도 상하지 않을 것이다. 어떤 형편에서든 너희가 실족하지 않고 굳게 서서 참고 견디면, 너희는 영원한 생명을 얻을 것이다."

세상 종말에 닥쳐올 큰 핍박의 시기에 신자들의 머리카락 하나라도 상하지 않을 것이라는 말은 무얼 뜻하는가? 신자의 온전한 육체적인 보호를 뜻하는 말인가?

그건 아니다. 도리어 예수님은 신자들이 종교적, 정치적 지도자에 의해 육체적인 핍박을 받을 것이며, 심지어 가족과 친척과 친구들에게까지 배반당하여 그중 얼마는 죽게 될 것이라고 말씀하셨다. 그리고 실제로 초대 교회는 수많은 순교자들을 배출하였다. 스데반, 야고보, 베드로, 바울 및 기타 여러 사도들 등등. 따라서 예수님의 이 약속은, 온전히 우리의 영혼에 관한 것이다. 바로 이것이 기독교 순교자들이 비록 육체의 목 베임을 당하더라도 '그의 (영혼의) 머리털 하나조차 상하지 않았다'라고 떳떳하게 말할 수 있는 이유다.

예루살렘 멸망에 대한 예언 (21:20-24; 마 24:15-21; 막 13:14-19)

세상 종말에 있을 여러 재난과 징조들에 대해 말씀하시던 도중, 예수님은 처음의 주제로 다시 돌아가 예루살렘 멸망에 관해 예언하신다.

"그 날에 마침내 예루살렘 도성이 이방 군대에 의해 포위당할 것인데, 너희가 그런 광경을 보거든 그 도성의 파멸이 가까이 이르렀음을 알아라. 그때에 유대 땅에 있는 사람들은 얼른 산으로 도망하고, 예루살렘 도성 안에 있는 사람들은 속히 거기서 빠져나가고, 시골에 있는 사람들은 예루살렘 도성 안으로 절대 들어가지 말아라. 그때는 그 도성을 향해 선포된 모든 끔찍한 예언들이 실제로 이루어지는 참으로 두려운 징벌의 날이기 때문이다."

예루살렘 도성의 죄악, 곧 예루살렘 주민들의 죄악, 더 나아가 이스라엘 백성들의 죄악에 대하여 구약의 선지자들은 하나님의 두려운 징벌이 반드시 임할 것이라고 누차 예언했다. 그리고 마침내 예수께서도 조금 전에 '돌 하나도 다른 돌 위에 남아 있지 않을 정도로' 철저하게 예루살렘 도성이 파괴될 것이라고 예언하셨다. 이제 예수님은 예루살렘 도성에 임할 두려운 일이 무엇인지 구체적으로 일러주신다.

"그 날에는, 아이 밴 여자들과 젖먹이 딸린 여자들은 참으로 불행하다. 그 땅과 그 도성에 큰 환난이 임하고 그 백성에게 무서운 진노가 닥칠 것이기 때문이다. 그 백성들은 이방 군사들의 칼에 쓰러지고, 남은 자들은 여러 이방 나라들에 포로로 잡혀갈 것이다. 그리하여 예루살렘 도성은 이방 사람들의 때가 가득 찰 때까지 이방 사람들의 발에 잔인하게 짓밟힐 것이다."

'이방 사람들의 때가 가득 찬다'는 말은 무슨 뜻일까? 하나님의 구원 섭리와 경륜에 따르면, 본래 하나님은 열방 중 이스라엘(유대인들)을 선택하셔서 그들을 열방의 제사장 나라로 삼음으로써 그들에게 먼저 구원을 약속하셨다. 그러나 이스라엘의 완강한 배척과 거역으로 말미암아 그 구원이 이방인들에게로 향했고, 그리하여 이방인들 중에서 구원(구원받은 자들)의 충만한 수효가 차는 것을 말한다.

후일에 사도 바울은 이 같은 사실을 언급하면서 그것을 '신비'라고 불렀다. 이처럼 이방인의 때가 가득 차게 되면, 하나님의 구원이 다시 이스라엘(유대인들)에게로 향하여 그들 가운데서도 구원의 충만한 수효를 얻어내는 것이 하나님의 신비로운 계획이다.

재림 때의 현상들 (21:25-28; 마 24:29-31; 막 13:24-27)

예루살렘 도성의 끝날, 그 비극적인 멸망에 관해 말씀하신 뒤 예수님은 곧이어 세상의 끝날에 관해 말씀하신다. 이처럼 두 사건은 서로 얽혀 있다. 말하자면 예루살렘 도성의 비극적인 멸망 사건은 세상 끝날에 있을 더 큰 재앙에 대한 그림자요 예표였다.

"그리고 그때가 되면, 해와 달과 별들에 뚜렷한 징조가 나타날 것이다. 땅에서는 으르렁거리는 성난 바다와 파도 소리 때문에 모든 민족들이

괴로워하며 혼란스러워할 것이다. 그리 되면, 사람들은 세상에 곧 닥쳐올 끔찍한 재난들을 예상하고 공포에 사로잡혀 기절할 것인데, 때 맞춰 천체가 마구 흔들릴 것이다."

세상 종말에, 그것도 종말의 끝 무렵쯤에는 자연계에 대이변이 전개될 것이라는 말씀이다. 사람들을 혼란스럽게 하고 기절시킬 만한 큰 천재지변과 함께 천체의 혼란과 해체가 일어날 것이라는 무시무시한 말씀이다. 이 같은 현상에 대해 후일 사도 베드로는 다음과 같이 묘사했다.

> "마침내 때가 되면, 주님의 재림의 날이 도둑같이 갑자기 들이닥칠 것입니다. 그 날이 되면, 하늘은 요란한 소리를 내면서 일시에 사라지고, 세상의 모든 물질은 불의 뜨거운 열기에 전부 녹아버리며, 땅과 땅 위에 있는 모든 것들이 불타 없어지고 말 것입니다"(벧후 3:10).

예수님의 음성은 어느 때보다 차분했다. 그러나 차분함 속에 묵직한 힘이 들어 있음을 제자들은 본능적으로 느꼈다.

"그때에 인자가 영광 중에 구름 타고 오리라."

"그러하다. 바로 그때에, 사람들은 인자가 큰 권능과 영광에 둘러싸여 구름을 타고 이 땅에 임하는 것을 보게 될 것이다. 그러므로 세상 종말에 내가 말한 그런 일들이 일어나기 시작하거든, 너희는 일어서서 머리를 높이 들라! 마침내 너희의 구원이 가까이 이르렀기 때문이다."

'머리를 높이 들라'는 말은 하늘 소망 곧 지금껏 재림 소망을 간직했던 바대로, 마침내 높은 하늘로부터 임하시는 주님을 맞이할 자세를 갖추라는 말이다. 그리하여 최종 구원을 얻어 누리라는 말이다.

이때는 태초로부터 시작된 인류 역사가 끝나는 순간이다. 그러니까 태초에(시간의 맨 처음에) 천지만물을 지으신 것으로부터 시작된 인류의 역사는 종말에(시간의 맨 마지막에) 천지만물이 해체되고 사라짐과 동시에 메시아(그리스도) 예수의 영광스러운 재림으로 그 대단원의 막을 내리는 것이다. 이처럼 기독교의 역사관은 시간의 반복이나 순환, 또는 윤회가 아니라 처음(시작)에서 끝(마지막)으로 쉼 없이 계속 이어지는 직선적인 것이다.

무화과나무의 교훈 (21:29-33; 마 24:32-35; 막 13:28-31)

예루살렘의 멸망과 종말의 징조, 그리고 세상 끝날의 기이한 천재지변과 주님의 영광스러운 재림 등에 관한 예수님의 놀라운 말씀을 듣고, 제자들은 모두 놀라서 입을 다물지 못했다. 예수님의 말씀을 도대체 어찌 받아들여야 할지 알 수 없었다. 예수께서는 알아듣기 쉽도록 다시 비유로 제자들에게 말씀하신다.

"무화과나무와 모든 다른 나무들을 보아라. 나뭇가지에 푸른 잎이 돋아나기 시작하면, 너희는 여름이 가까이 다가온 줄을 안다. 아니 그러느냐?"

"그렇습니다!"

"마찬가지다. 너희도 세상에서 내가 말한 그런 일들이 일어나는 것을 보게 되면, 하나님의 나라가 너희에게 가까이 이른 줄을 알도록 하여라."

무화과나무는 이스라엘 땅에서 여름이 가까이 다가온 것을 알게 하는 대표적인 나무다. 이 나무는 이른 봄(3월)에 가지 끝에 작은 녹색의

혹들이 하나 둘 생겨나고, 곧이어 잇달아 여기저기서 쑥쑥 돋아나는 싹들은 여름의 시작을 본격적으로 알려준다. 이 같은 비유를 말씀하신 뒤 예수님은 놀라운 말씀을 하신다.

"내가 진정으로 말하노니, 이 세대가 끝나기 전에 이 모든 일들이 다 일어날 것이다. 비록 하늘과 땅은 없어질지라도 내 말은 결코 없어지지 않을 것이다."

여기서 '이 세대'는 예수님 당시의 사람들을 가리키고, '이 모든 일들'은 방금 전에 예수님이 언급하신 큰 환난, 곧 예루살렘의 파괴와 멸망을 가리킨다. 따라서 이 말은, 예수님 당시의 사람들이 다 죽기 전에 예루살렘의 파괴와 멸망이라는 큰 환난을 겪게 될 것이라는 말씀이다.

과연 그러했다. 예수님의 이 말씀이 선포된 때는 주후 30년이었고, 로마 군대에 의한 예루살렘의 파괴와 멸망은 그로부터 40년 후인 주후 70년에 있었다. 그러므로 예수님의 세대 중 상당수는 살아 있는 동안에 예루살렘의 파괴와 멸망이라는 무시무시한 큰 환난을 목격했을 것이다.

하지만 예루살렘의 파괴와 멸망 사건은 세상 종말에 관한 최종적인 예언의 성취가 아니다. 그것은 세상 마지막 때에 일어날 전 우주적인 대이변과 인류의 최종 심판 사건을 암시하는 그림자요 예표다.

늘 깨어 기도하라 (21:34-38; 마 24:42-44; 막 13:35-37)

예루살렘의 멸망과 세상 종말의 재난과 징조, 그리고 인자(메시아 예수)의 재림에 관해 말씀하신 뒤 예수님은 제자들에게 특별히 당부의 말씀을 하신다.

"그러므로 정신을 바짝 차려라. 그렇지 않으면, 너희가 방탕하고 술 취하고 세상살이에 대한 걱정으로 마음이 짓눌려 하루하루 살아가게 될 것이고, 그러면 전혀 예상하지 못한 때에 그 날이 덫과 같이 너희에게 들이닥칠 것이다."

"그런 날이 어느 날 갑자기 임한다는 말씀입니까?"

"때가 되면, 그 날이 땅 위에 사는 모든 사람들에게 정녕 임할 것이로되 갑자기 들이닥칠 것이다. 그러므로 정신을 바짝 차려라. 너희는 앞으로 일어날 그 모든 끔찍한 일들을 겪지 않고 인자 앞에 설 수 있도록 늘 깨어 기도하여라."

영혼의 각성을 촉구하는 말씀이다. 재림 신앙을 간직한 채 항상 기도하는 심령으로 세상 종말의 때를 철저히 준비하고, 종말의 여러 징조들을 아는 일에 민감해야 된다는 말씀이다. 그렇게 철저히 준비하고 민감하게 반응하면, 재림의 그 날이 갑작스럽게 닥치더라도 마음의 준비가 된 상태에서 주님의 재림을 기쁘게 영접할 수 있을 것이다.

인류 구원을 위해 예수께서 십자가 사역을 감당할 순간이 하루하루 빠르게 다가오고 있었다. 예수께서는 자신이 지상에 머물 시간이 많이 남아 있지 않음을 아셨다. 마음이 바빴다. 제자들과 백성들에게 더 가르쳐야 할 천국 복음이 많았기 때문이다.

예수께서는 낮에는 성전에 올라가 부지런히 가르치시고, 저녁이 되면 근교의 올리브산(감람산)에 올라가셔서 밤을 보내셨다.

예루살렘 주민들과 유월절 참배자들은 그들의 가려운 등을 긁어주는 촌철살인 같은 예수님의 말씀을 한 마디라도 더 들으려고 이른 아침부터 성전으로 모여들었다. 어느 때보다 찬란한 태양이 예루살렘 성전을 비추었다. 성전은 찬란한 태양의 빛에 반사되어 더욱 장엄한 자태를 뽐냈다. 가까이서든지 멀리서든지 그토록 장엄한 예루살렘 성전을 바라보면서 하루를 시작한다는 것은 예루살렘 주민들에게는 큰 은총이자 특권이었다.

22

최후의 만찬

올리브산에서 체포되신 예수님은
대제사장 집에서 심문받네
그때 베드로는 예수님을 세 번 부인하고
닭이 울자 엉엉 우네

가룟 유다의 배반(22:1-6; 마 26:1-5, 14-16; 막 14:1-2, 10-11, 요 11:47-53)

때는 주후 30년 봄, 이스라엘 백성들의 최대 절기인 유월절이 다가왔다. 이 절기는 '무교절'이라고도 불렸는데, 이 기간에는 모세 율법에 따라 전통적으로 누룩 없는 빵을 먹어야 했다. 유월절은 오순절(칠칠절) 및 초막절(장막절)과 더불어 이스라엘의 3대 절기 가운데 하나로, 이스라엘의 출애굽 해방을 기념하는 절기다. 유월절은 무교절과 아주 밀접하게 연결되어 있었기 때문에, 성경에서 둘은 종종 한 데 섞여 사용되거나 상호 교차적으로 사용되었다.

하지만 유월절과 무교절을 엄밀히 따지면 상호 차이점이 있다. '유월절'은 유대 종교력으로 정월(아빕월) 14일 저녁에 지키는 절기로, 유월절 어린 양을 잡아 가족이 함께 먹는다. 반면, 무교절은 유월절의 밤이 지난 그 다음날 아침부터 일주일 동안 지키는 절기로(정월 15일~21일) 무교절 기간 내내 누룩 없는 빵을 먹는다. 이처럼 무교절 기간 동안에는 반드시 누룩 없는 빵을 먹어야 했는데, 그 이유는 이렇다. 이때 '누룩'은 이집트의 죄악 된 생활을 상징하는 것으로, 이집트로부터의 구원과 해방을 기념하는 절기인 무교절 기간에는 그런 누룩을 먹지도 보지도 말아야 했기 때문이다.

"참으로 골치 아프군! 예수란 그 작자 말이야, 어떡하든 처치해야 할 텐데…. 무슨 좋은 방도가 없을까?"

"그러게 말일세! 그자의 가르침이 뭐가 그리 대단하고 놀랍다고, 어리석은 군중들이 저토록 광적으로 따르고 있으니…. 이러다간 우리 꼴이 우습게 되고, 우리 설 자리를 전부 뺏기고 말걸세!"

때에 유대인의 종교 지도자들인 대제사장들과 바리새인들과 율법 교사들은 사람들이 눈치 채지 못하게 예수를 교묘하게 죽일 방도를 부지런히 찾고 있었다. 그런 까닭은, 예수님을 따르는 무리들의 수효가 엄청났으므로 괜히 섣부른 방식으로 예수를 죽이려고 했다가는 무슨 폭동이 일어날까 두려웠기 때문이었다.

'스승님은 대체 무슨 생각을 하고 있는 것일까? 허구한 날 하늘나라가 어쩌고저쩌고만 하면 언제 유대가 독립된단 말인가. 제자라는 작자들도 하나같이 무지렁이에 불과해. 아무래도 이대론 안 되겠어. 무슨 강력한 수를 써야겠어….'

그 무렵, 사탄이 예수님의 열두 제자 가운데 하나인 가룟 유다에게로 들어갔다. 이는 가룟 유다가 자기 자신을 사탄에게 미혹 받을 수 있는 자리에 두었음을 의미한다. 예수님을 넘겨주는 대가로 그가 유대의 종교 지도자들에게서 은(銀) 30개를 받은 것으로 미루어볼 때, 돈에 대한 탐욕이 배반의 한 요인이 되었을 수 있다. 그렇지만 나중에 그가 받은 돈을 내던지고 자살한 것으로 미루어볼 때, 그것이 가장 큰 이유는 아니었던 것 같다.

가룟 유다는 스승인 예수님을 대적자들에게 팔아넘김으로써 예수님으로 하여금 정치적 메시아로서의 어떤 결단과 행동을 하도록 유도했을 가능성이 있다. 그렇다면 그는 처음부터 줄곧 예수님이 로마 정부의 압제에서 이스라엘을 독립시킬 정치적인 메시아인 줄 알고 따랐다는 이야기가 된다. 어떤 경우든, 가룟 유다가 예수님에 대한 신뢰를 저버리고 스스로 미혹을 받을 마음을 가지고 있었기 때문에, 사탄이 그 기회를 놓치지 않고 가룟 유다를 적극적으로 이용한 것이다.

하루는 가룟 유다가 마음에 작정하고 대제사장들과 성전 경비대장을 찾아갔다. 그런 뒤 자기 스승인 예수님을 그들의 손에 넘겨주겠다고 말하고는, 그들과 더불어 예수님을 넘겨줄 좋은 방법을 의논하였다. 일이 이렇게 잘 풀리자, 예수를 처치할 문제로 골머리를 앓던 유대의 종교 지도자들은 입이 귀에 걸릴 정도로 무척 기뻐하면서 가룟 유다에게 돈을 주겠다고 선뜻 약조했다.

"자, 은화 30개를 주겠소! 어떠시오?"

은화 1개는 노동자 4일치의 품삯에 해당되는 화폐 가치를 지녔다(오늘날 노동자의 하루치 품삯을 10만원으로 계산한다면, 은화 30개는 1,200만 원 정도이다). 그들의 말투로 보아, 가룟 유다가 더 많은 돈을 요구하면 얼마든지 기꺼이 지불하겠다는 의향이 보였다.

"좋소! 그리합시다!"

가룟 유다도 돈이 문제가 아니란 듯 더는 욕심내지 않고 그들의 액수에 선뜻 동의했다. 그리고 그때부터 가룟 유다는 사람들이 없는 틈을 타서 예수님을 유대 종교지도자들의 손에 넘겨줄 기회를 호시탐탐 엿보기 시작했다.

제자들이 유월절 식사를 준비함(22:7-13; 마 26:17-25; 막 14:12-21)

마침내 아빕 월(유대 종교력 정월, 오늘날 태양력으로는 3~4월경) 14일 저녁 무렵, 유월절 어린 양을 잡는 유월절과 곧이어 누룩 없는 빵을 먹는 무교절이 시작되었다. 그러니까 아빕 월 14일 해질 무렵에 어린 양을 잡았으므로, 해가 지면 유대인의 날짜 계산법에 따라 15일이 되어 무교절의 첫날이 되는 것이다. 이때 예수께서 베드로와 요한을 부르신 다음, 그들에게 이르신다.

"너희 둘은 지금 가서, 우리가 유월절 만찬을 가질 수 있도록 음식을 준비하여라."

모세 율법에 기록된 유월절 규정대로, 어린 양을 잡아 예수님과 열두 제자들이 다 함께 만찬을 가질 수 있도록 음식을 준비하라는 말이다. 그러니까 베드로와 요한은 유월절 만찬을 위한 장소를 물색하고, 예수님과 열두 제자들이 한 자리에 앉을 수 있는 적절한 식탁을 마련해야 했다. 유월절에 어린 양을 잡는 까닭은, 출애굽 전날에 이스라엘 백성들이 어린 양을 잡아 그 피를 집의 문설주와 인방에 바름으로써 구원을 받았기 때문이다.

"네, 알겠습니다. 그런데… 어디에다 유월절 음식을 준비할까요?"

"너희가 예루살렘 성읍 안으로 들어가면, 물동이를 메고 가는 어떤 사람을 만날 것이다. 그러면, 그 사람이 들어가는 집으로 따라 들어가라. 그런 다음, 그 사람에게 말하기를 '우리 선생님께서 제자들과 함께 유월절 음식을 드실 방을 찾고 계십니다.' 하여라."

예루살렘의 교권자들은 이미 가룟 유다와 담합을 한 상황이기에 예수님을 잡으려고 혈안이 되어 있었다. 그러기에 행동에 비밀을 유지할 필요가 있었고, 또한 예수님은 마지막 유월절 만찬만큼은 제자들과 오붓하게 보내고 싶었다. 그래서 비밀리에 장소를 물색한 것으로 보인다.

"스승님, 저희가 그 사람에게 단지 그렇게만 말하면 됩니까?"

"그렇다. 그러면, 그 사람은 잘 정돈된 넓은 다락방을 너희에게 보여줄 것이다. 바로 거기에다 유월절 음식을 준비하도록 하여라."

이스라엘의 부유층 사람들은 대부분 자신들의 집에 넓은 다락방을 소유하고 있었다. 자신들은 아래층을 주거지로 사용하고, 위층의 다락방은 손님 접대를 위한 홀(hall)로 사용하였다. 유대인들의 전승에 의하면, 이때의 이 다락방은 마가복음의 저자이며 바나바의 생질이고 마리아의 아들인 '마가(Mark)의 다락방'이라고 전해진다.

"엇? 정말 저기 물동이를 메고 가는 사람이 있네!"

예수님의 말씀을 듣고 두 제자가 길을 떠나보니, 과연 모든 것이 예수께서 말씀하신 그대로였다. 두 제자는 그 사람이 안내해 준 2층의 넓은 다락방에다 유월절 음식을 준비하였다.

최후의 만찬(22:14-23; 마 26:26-30; 막 14:22-26; 요 13:21-30)

아빕(니산) 월 14일 저녁 무렵(주후 30년 이른 봄), 예수께서는 열두 제자와 함께 2층 다락방으로 올라가 식탁에 앉으셨다. 유대인들의 전통적인 식사 자세는 식탁에 비스듬히 기대어 눕는 모양새다. 본래 유월절 식사는 일어서서 신을 신고 지팡이를 든 채로 급히 먹는 것이었으나, 신약시대 당시에는 일반 식사와 같은 형식을 취했다.

이번의 유월절 만찬은 아주 특별했다. 예수께서 십자가를 지시기 직전의 만찬이므로, 예수님으로서는 이 땅에서 맞은 최후의 유월절 만찬인 셈이었다. 예수님은 유월절 음식을 드시던 중에 제자들에게 말씀하신다.

"제자들아, 내가 고난을 당하기 전에 너희와 함께 이 유월절 음식 먹기를 참으로 간절히 원했다. 내가 진실로 너희에게 말한다. 이제 하나님 나라에서가 아니면, 앞으로 내가 다시는 너희와 함께 유월절 음식을 먹는 일이 없을 것이다."

예수님은 자신의 공생애 기간 3년 중 매년 맞는 유월절마다 제자들과 함께 유월절 음식을 먹었을 터인데, 이번이 제자들과 함께 유월절 음식을 먹는 마지막 세 번째 유월절 만찬인 것이다. 이번의 유월절 만찬을

최후의 만찬 (레오나르도 다 빈치, 1452-1519)

끝으로, 예수께서는 친히 인류 구원을 위한 속죄의 어린 양이 되시어, 십자가 고난을 당하시고 죽으실 것이기 때문이다. 그래서일까? 어느 때보다도 예수님의 표정은 비장하셨고 말씀은 엄숙하셨다.

"자, 내가 주는 이 잔을 받아, 너희가 서로 나누어 마시도록 하여라."

유월절 만찬 도중, 예수께서는 포도주 잔을 들어 아버지 하나님께 감사 기도를 드리신 다음, 그 잔을 제자들에게 건네주며 말씀하셨다. 그런 뒤, 이어 말씀하신다.

"내가 진실로 말한다. 장차 하나님 나라가 임할 때까지, 이제 나는 포도나무 열매에서 난 것을 다시는 마시지 않을 것이다."

'포도나무 열매에서 난 것'은 곧 '포도주'를 가리킨다. 예수님에게 있어, 포도주를 마시는 이번의 유월절 만찬이 지상에서 마시는 마지막 포도주이고, 다음 번 포도주 만찬은 하나님의 나라가 임하는 때 곧 천국에서 기쁨의 잔치를 베풀 때 갖게 될 것이라는 말씀이다. 그렇지만 예수님과 달리 제자들과 성도들은 이때의 포도주 만찬을 시작으로 성찬식을 통해 포도주를 마시면서 그때마다 예수님의 십자가 구속(救贖) 사역을 기념하게 된다.

예수님에게서 포도주 잔을 건네받은 제자들이 그 잔을 돌려가며 다 마시자, 이번에는 예수께서 빵을 들어 아버지 하나님께 감사 기도를 드리신 다음, 그 빵을 떼어 제자들에게 건네주시며 말씀하신다.

"자, 이젠 이걸 받아먹으라. 이것은 너희를 위해 주는 나의 몸이다. 이것을 먹어, 나를 대대로 기념토록 하여라."

그러니까 유월절 만찬 도중에 예수께서 제자들에게 건네주신 포도주는 예수님의 '피'를, 빵은 예수님의 '몸'을 기념한다는 것이다. 그리하여 오늘날 교회의 성찬식은 예수님의 유월절 최후 만찬에 근거하고 있는 것으로, 우리의 속죄를 위한 예수님의 십자가 죽음을 포도주와 빵으로 '기념하는' 거룩한 의식이다.

이처럼 성찬식은 기념 의식으로서, 오늘날의 성도들로 하여금 예수 그리스도의 십자가 아래에 다시 서 있게 해 준다. 성찬식에서 포도주를 마시고 빵을 먹음으로써 성도는 십자가 아래에서 예수 그리스도와 함께 그의 죽음과 부활에 연합되어 있으며, 그리하여 예수 그리스도가 우리의 구원을 위해 십자가에서 돌아가신 것을 다시금 생생하게 기억하게 되는 것이다.

유월절 식사가 끝나자, 예수께서 또 포도주 잔을 들고 아버지 하나님께 감사 기도를 드리신 후에 제자들에게 말씀하신다.

"이 잔은 내가 너희를 위하여 흘리는 것으로, 내 피로써 세우는 새 언약이다."

'새 언약'이란 말에 주목하라! 모세 율법에 따라 희생 짐승의 피로써 죄 사함을 받아야 했던 '옛 언약' 하에서는 죄 사함을 받고자 할 때마다 매번 짐승의 피를 흘려야 했다. 그러나 예수님의 십자가 피로써 죄 사함을 받는 '새 언약' 하에서는 예수님의 피 공로를 믿고 의지함으로써 믿는 자마다 누구든지 단번에, 영원히 죄 사함을 받을 수 있게 되었다. 그러하기에 예수님이 십자가 피로써 세우신 '새 언약'이란 그 얼마나 크고 놀라운 구원의 은총인가!

그런데… 포도주 잔을 내려놓으신 후, 예수님은 식탁에 빙 둘러앉은 제자들을 향해 무척 놀라운 말씀을 하신다.

"그러나 보라, 이 식탁에 앉아 있는 사람들 가운데 한 사람이 나를 배반할 것이다 지금 그의 손이 내 손과 함께 식탁 위에 놓여 있다. 아! 인자는 아버지 하나님께서 정하신 길로 갈 것이지만, 인자를 팔아넘기는 그 사람에게는 정녕 화가 있을 것이다."

가룟 유다의 배반이 없더라도, 하나님의 섭리와 경륜에 따라 메시아 예수의 십자가 구속 사역은 차질 없이 이루어질 것이라는 말씀이다. 그런 하나님의 온전한 계획표 가운데 가룟 유다가 스스로의 욕망을 주체하지 못하고 끼어들었고, 그런 가룟 유다를 사탄이 이용함으로써 결국 가룟 유다는 자기 자신에게 큰 화를 불러오게 된 것이다. 그 결과, 가룟 유다는 예수님의 열두 제자 가운데 하나 곧 '사도'라는 위대한 직분에서 떨어져 배반자요, 자살자요, 구원의 탈락자가 되고 만 것이다.

"네엣? 우리들 가운데 누, 누가 주님을 배반한다고요? 누가요?"

다른 열한 제자들은 그동안 아주 은밀하게 움직인 가룟 유다의 배반 행위를 전혀 알 길이 없었으므로, 과연 자기들 중에 그런 악한 짓을 할 사람이 누구일까 궁금해 하면서 근심스러운 얼굴로 자기들끼리 서로 수군거렸다.

참으로 가장 높은 사람 (22:24-30)

"다른 사람들은 몰라도 나는 끝까지 스승님께 충성을 다할 거야. 스승님도 이런 나를 인정하시고 분명 나중에 높은 자리에 앉히실 거야."

"무슨 소릴! 지금껏 내가 스승님께 얼마나 신실했는데! 분명 내가 으뜸 자리에 앉게 될 걸!"

제자들 가운데 누군가에게 배반당하실 것이라고 예수께서 말씀하시자, 제자들은 자신의 충성심을 과시하려는 듯 자신이 더 큰 자임을 주장하기 시작했다. 그래서 아닌 밤중에, 제자들 사이에서 누구를 가장 큰 사람으로 여길 것인지를 놓고 논쟁이 벌어졌다. 그런 제자들의 엉뚱한 모습을 보시고, 예수께서 답답하시다는 듯 말씀하신다.

"제자들아, 이 세상에서는 임금들이 백성들 위에 군림한다. 또 권력을 부리는 세도가들도 구태여 말하기를 '내가 백성들에게 은혜를 베푼다.' 라고 한다. 그러나 나의 제자 된 너희는 그렇게 해서는 안 된다. 너희 가운데 가장 큰 사람은 가장 어린 사람 같이 되어야 하고, 또 너희 가운데 다스리는 사람은 남을 섬기는 사람 같이 되어야 한다."

'어린 사람? 남을 섬기는 사람? 그런 사람이 높다고? 그게 대체 무슨…?'

제자들은 너나 할 것 없이 어리둥절한 표정을 지었다.

"누가 더 높은 사람이냐? 식탁에 앉아 있는 사람이냐, 아니면 시중을 드는 사람이냐? 너희는 당연히 식탁에 앉아 있는 사람이라고 생각할 것이다. 그러나 나는 시중을 드는 사람으로서 너희 가운데 있다. 내 말을 알아듣겠느냐?"

이른바 '섬기는 리더십'에 관한 교훈이다. 예수님은 결코 다스리는 지도력의 중요성을 경시하신 것이 아니었다. 다만 지도력의 올바른 동기를 강조하셨다. 이 땅에서 섬김을 받기 위함이 아니라 섬기는 자로서 오신 예수님, 그 예수님을 본받는 참된 지도자들은 종과 같은 섬김과 겸손의 자세를 가져야 한다는 것이다. 백성들을 잘 섬기겠다는 불타는 열정을 갖고 낮은 자세로 종의 마음을 지닐 때, 그는 비로소 큰 자가 되고 참된 지도자가 되어 올바른 지도력을 발휘할 수 있게 된다.

유월절 만찬 자리에서, 식탁에 앉아 있는 사람과 시중드는 사람을 상호 대비시켜 참된 지도자상을 일깨워주신 예수님은 이제 세상에서 제자들과 작별할 시간이 멀지 않았음을 아시고 그들을 격려하신다.

"너희는 지금껏 줄곧 나와 함께 있으면서 내가 겪은 고난과 시련을 나와 함께 받은 자들이다. 그러므로 내 아버지께서 내게 나라를 맡겨주신 것처럼, 나도 너희에게 그렇게 하겠다. 장차 너희는 내 나라에 들어와서 지금처럼 내 식탁에 둘러앉아 먹고 마실 것이며, 또 하늘나라 보좌에 앉아 이스라엘의 열두 지파를 심판하게 될 것이다."

예수님은 '사도'라는 영광스러운 직분을 가진 열두 제자들에게 특별한 권한과 보상을 약속해 주셨다. 그것은 이러했다.

첫째, 예수께서 아버지 하나님께 위임받은 '나라' 곧 그 나라(하나님의 왕국)를 선포하고 건설하며 확장해 나갈 수 있는 영적 권세와 권한을 제자들에게 위임할 것이라는 것.

둘째, 유월절 만찬 때처럼 장차 천국의 구원 잔치에 참여하여 예수님과 더불어 기쁨의 만찬을 즐길 것이라는 것.

셋째, 장차 열방의 심판주가 되실 예수님 곁에서 역시 보좌에 앉아 '이스라엘 12지파'(좁게는 구원받은 하나님의 백성들, 넓게는 온 세상의 모든 사람들)를 심판하는 일에 함께 참예하게 될 것이라는 것.

참으로 놀라운 특권과 보상이었다. 하지만 이 같은 특권을 누리고 보상을 얻기 위해서는 사도로서의 사명을 충실히 감당해야 한다는 전제가 깔려 있었다. 천국에서의 보상이 큰 만큼, 사탄이 권세를 잡고 있는 이 세상에서 사도의 사명을 온전히 감당하는 일은 결코 만만치 않을 것임을 암시한다.

베드로의 부인을 예고(22:31-34; 마 26:31-35; 막 14:27-31; 요 13:36-38)

천국의 크나큰 보상을 말씀해 주심으로써 제자들을 위로하시고 격려해주신 예수님, 이제는 특별히 제자들 중 수석제자요 맏형으로서의 역할을 감당한 베드로를 향하여 말씀하신다.

"시몬아, 시몬아, 보아라! 사탄이 너를 밀 까부르듯 하겠다고 내게 요청하였다. 그러나 나는 거부하고 네가 믿음을 잃지 않도록 너를 위해 기도하였다. 그러니 너는 장차 깨닫고 돌이킨 후에 네 형제들을 굳세게 하여 그들에게 힘이 되어 주어라."

여기서 '밀 까부르듯 한다'는 말은, 밀을 추수할 때 체를 흔들어 알곡과 쭉정이를 걸러낸다는 말이다. 예수님의 말씀대로, 사탄은 예수님의 열두 제자를 대표하는 베드로를 유혹의 체로 흔들어 실족시키겠다고 덤볐고, 자칫 사탄의 의도대로 될 뻔했다. 실제로 베드로는 사탄의 유혹에 빠져 예수님을 세 번씩이나 부인하는 큰 죄를 범하고 만다. 하지만 예수님은 베드로를 포기하지 않으셨다. 끝까지 베드로를 붙드신 예수님의 중보기도로 말미암아, 마침내 베드로는 즉각 회개하고, 다시금 예수님의 신실한 사도로 회복될 수 있게 된다.

앞으로 일어날 이런 드라마틱한 사실은 까맣게 모른 채, 베드로는 무슨 말씀을 그리 섭섭하게 하시냔 듯 당당하게 대답한다.

"주님, 그런 걱정은 전혀 하지 않으셔도 됩니다! 저는 이미 주님과 함께 감옥까지 들어갈 만반의 각오가 되어 있는 몸입니다. 어디 감옥이 문제겠습니까, 죽음까지도 마다하지 않겠습니다!"

그렇게 큰 소리 치며 장담하는 베드로를 향해 알듯 모를 듯 쓸쓸하고 안타까운 표정을 지으시며 예수께서 대답하신다.

"베드로야, 내가 진실로 말한다. 오늘 닭이 울기 전까지, 너는 세 번이나 나를 모른다고 부인할 것이다."

'오늘 닭이 울기 전'은 유월절(아빕 월, 14일) 밤이 지난, 무교절(아빕 월, 15일) 첫날의 새벽 3시 무렵을 가리킨다. 이 시각은 이른 새벽에 겟세마네 동산에서 체포당하신 예수님이 대제사장 가야바의 저택으로 끌려가 거기서 심문을 받고 있던 시각이었다. 예수님의 말씀에 베드로가 어이없다는 듯 펄쩍 뛴다.

"주님! 무슨 말씀을 그리도 섭섭하게 하십니까? 제가, 저 베드로가 어찌 주님을 모른다고 부인할 리 있겠습니까! 아니, 그것도 세 번씩이나요! 절대로 그럴 리 없으니 그런 섭섭한 말씀일랑 하지 마십시오!"

지갑과 자루와 칼 (22: 35-38)

절대로 그럴 리 없다며 펄쩍 뛰는 베드로, 그런 그의 모습에 아랑곳없이 예수님은 제자들에게 담담하게 물으신다.

"제자들아, 일전에 나는 너희를 사람들에게 보내면서 지갑이나 식량 자루나 여분의 신발을 가져가지 말라고 지시했다. 그랬을지라도 너희에게 어디 한 가지라도 부족한 것이 있었더냐?"

"아닙니다, 하나도 없었습니다!"

제자들이 지체 없이 이구동성으로 대답했다. 이런 사실은, 예수님 생전에는 제자들이 전도활동을 할 때 사람들에게 배척당하지 않고 그들의 영접과 호의를 받으며 편하게 활동했다는 사실을 보여준다. 아무것도 소지하지 않고 맨몸으로 전도활동을 했어도 사람들에게서 먹을 것과 잠자리, 생활필수품 등을 기꺼이 제공받았다는 사실을 보여준다. 그러나 이제, 십자가 죽음을 앞둔 예수님은 제자들에게 말씀하신다.

"그러나 이제부터는 지갑이 있으면 지갑을 챙기고, 자루가 있으면 자루를 챙겨라. 또 칼이 없는 사람은 겉옷을 팔아서라도 칼을 사라."

"네? 겉옷을 팔아서라도 칼을 사라고요? 그게 무슨…?"

예수님의 말씀에 제자들은 크게 의아해하며 되물었다. 예수님은 왜 제자들에게 칼을 사라고 하셨을까? 이전에도 종종 그랬던 것처럼, 예수님은 이번에도 은유적으로 말씀하셨다. 예수께서 군중들에게 배척당하여 십자가 사역을 감당하기 시작할 무렵부터 고난과 박해의 시대가 본격적으로 펼쳐질 터였다. 그래서 예수님은 지금껏 겪어보지 못한 쓰라린 박해와 고난이 제자들에게 다가오고 있었으므로 제자들 스스로 자신을 보호하고 나아가 목숨까지 바쳐 희생할 각오를 해야 한다고 말씀하신 것이다. 여기서 예수님이 말한 칼은 '스스로를 지키는 보호(자구책) 수단'을 가리키는 은유적인 표현이었다. 예수님의 말씀은 이어진다.

"성경에 보면 '그가 범죄자들과 한 패로 여겨졌다'라고 기록되었다. 이제 그 말씀이 나를 통해 이루어지게 될 것이다. 그렇다. 나에 관하여 성경에 기록된 일들이 이루어질 때가 지금 다가오고 있다."

이때 예수님은 이사야 53장 12절의 말씀을 인용하셨다. 인류 구원을 위해 이 땅에 메시아로 오신 분이 도리어 범죄자 취급을 받아, 다른 진짜 범죄자들과 한 패로 여겨져 체포, 수난, 재판 등을 통해 마침내 처형당하게 될 것이라는 말씀이다. 과연 이후에 겟세마네 동산에서 체포당하신 예수님은 범죄자로 낙인 찍혀 다른 두 강도와 함께 골고다 언덕에서 십자가형을 당하셨다. 예수님의 말씀이 끝나자, 제자들이 기다렸다는 듯 대답한다.

"주님, 보십시오. 여기 칼 두 자루가 있습니다."

"그만! 그것으로 충분하다."

방금 전에 예수님은, 이후로는 지금까지와는 다른 쓰라린 고난과 박해의 환경에 처해질 것이므로 자기 스스로를 적극적으로 보호하고, 나아가 목숨까지도 희생할 각오를 하라는 의미에서 제자들에게 '칼'을 준비하라고 은유적으로 말씀하셨다. 하지만 제자들은 그 말씀의 의미를 올바로 이해하지 못한 채 그냥 문자적으로만 알아듣고, 진짜로 두 개의 칼이 자신들에게 있다고 대답한 것이다. 이에 예수님은 제자들의 영적 무지를 꾸짖는 어투로 '그만, 됐다! 그것으로 충분하다!'라고 말씀하심으로써 더 이상의 대화를 하지 않으시고 말을 끊으셨다. 예수님의 답답한 심정이 역력히 드러나 보인다.

올리브산에서 기도하심 (22:39-46; 마 26:36-46; 막 14:32-42; 요 18:1)

"모두 나를 따라오너라."

유월절 만찬과 대화를 마친 뒤, 예수께서는 제자들을 데리고 다락방에서 내려와 집밖으로 나가셔서 평소의 습관대로 올리브산으로 올라가셨다. 올리브산은 기드론 골짜기를 사이에 두고 예루살렘 동편에 있는 해발 814m가량의 산이다. 이 산은 '예루살렘 앞산', '성읍 동편 산', '감람원이라는 산' 등으로 불리기도 한다. 올리브 산의 동쪽으로는 여리고와 요단 골짜기로 비탈져 있다. 올리브산에 이르러 항상 가던 장소에 이르자, 예수께서 제자들에게 이르신다.

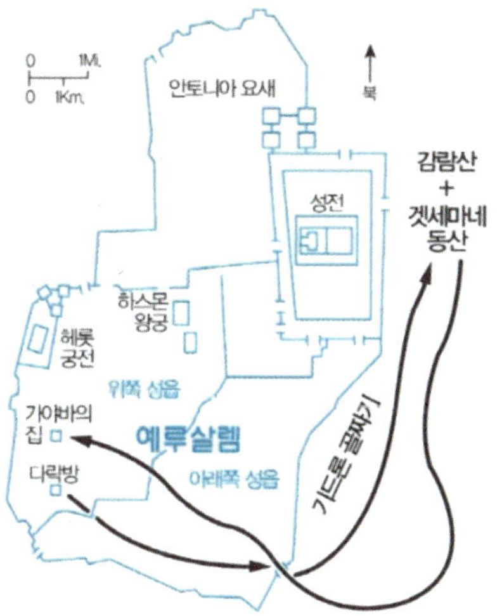

최후의 만찬과 겟세마네 동산

"자, 너희는 여기서 시험에 빠지지 않도록 하나님께 기도하여라."

이때 예수님은 제자들에게 특별히 '기도하라'고 당부하셨다. 십자가 수난과 죽음이 기다리고 있는 외로움 속에서, 예수님은 자신과 함께 기도할 친구가 필요했다. 또한 예수님이 방금 전에 예고하셨듯이 이제 곧 제자들에게 닥쳐올 유혹과 시험을 생각하면, 제자들은 깨어 하나님께 기도함으로써 시험에 빠지지 않는 것과 동시에 두렵고 거친 도전에 맞서 싸울 마음의 준비를 갖추어야 했다.

"네, 주님! 열심히 기도할 테니 걱정 마십시오!"

제자들은 장담했다. 예수님은 그런 제자들을 향해 엷은 미소를 띠어 보이시고는 제자들과 떨어져 다른 장소로 향하셨다. 예수께서는 돌을 던지면 닿을 만한 곳쯤으로 홀로 가시더니, 자리를 잡고는 무릎을 꿇은 채 하나님께 기도하셨다.

예수님의 피땀어린 겟세마네 동산의 기도

"오, 아버지! 만일 아버지께서 원하신다면, 이 잔을 내게서 거두어 주옵소서. 그러나 내 뜻대로 되게 하지 마옵시고, 오직 아버지의 뜻대로 되게 하옵소서."

'십자가'라는 큰 고난과 치욕의 잔을 앞에 놓고, 예수님은 그 잔을 피할 수만 있다면 피하고 싶다는 마음을 피력하셨다. 그러나 그 잔을 피할 수 없다는 사실을 잘 아셨고, 그래서 아버지 하나님의 뜻에 자신을 온전히 맡기기로 작심하셨다. 이처럼 기도의 깊이가 너무나 무겁고 깊었기에 예수님의 기도는 필사적이었다. 온몸에서 피, 땀, 눈물 같은 진액이 다 빠져나갈 정도로 아주 치열하고 처절했다.

그때 하늘에서 천사가 나타나 예수께 기운을 북돋아 주었다. 천사가 북돋아주는 기운을 덧입어 예수님은 다시금 힘을 내어 오랜 시간 동안 깊은 고뇌에 차서 더욱 간절하게 울부짖으며 하나님께 기도하셨다. 그 기도가 얼마나 깊고 처절했던지, 이마에 맺힌 땀이 핏방울같이 되어 땅에 뚝뚝 떨어졌다.

그렇다면 왜 예수님은 반드시 죽으셔야만 하셨을까? 예수님이 죽으시지 않고도 죄인이 구원을 얻을 수 있는 다른 길은 과연 없는 것일까? 이 물음에 답부터 말하면 이렇다. '없다! 죄인의 구원을 위해서는 예수님이 반드시 죽으셔야만 한다!' 왜 그럴까?

사람은 죄를 지었고, 그런 이유로 죄인이 되어 하나님과 분리되었다. 그것은 '영원한 죽음'을 의미했다. 이렇게 되었지만, 사람 스스로의 힘으로는 죄 문제를 해결할 능력이 전혀 없었다. 유일한 해결 방안은, 하나님의 독생자이신 예수님 곧 본질상 죄 없으신 예수님이 죄인들의 죗값을 대신 치르는 길밖엔 다른 방도가 없었다.

예수님은 죄인들을 위해 그들의 죗값을 치르기로 스스로 결심하셨고, 하나님은 그런 결정을 기쁘게 받아들여 예수님의 피 값으로 죄인을 용서하기로 하셨다. 그리하여 죄인들의 구원을 위해 죄 없으신 예수님이 자신을 희생시켜 반드시 죽으셔야만 했다. 그리고 마침내 예수님은 죄인들의 모든 죄를 짊어지신 채 골고다 언덕의 십자가 위에서 죽으셨다.

그 결과, 이제 죄인들의 죗값은 온전히 치러졌고, 다시금 하나님과 화목을 이루게 되었다. 이것은 굉장히 기쁜 소식 곧 '복음'이다. 누구든지 이 복음을 받아들이면, 그는 예수님의 십자가 피 공로로 인해 죄 용서함을 받고 하나님과 화목을 이루어 새로운 삶을 살 수 있고 구원을 얻어 영생을 보장받게 되었다.

땀방울이 핏방울처럼 되도록 간절하고 치열한 기도를 마치신 예수님, 기도의 자리에서 일어나 제자들이 있는 곳으로 가셨다. 돌아가 보니, 제자들은 저마다 여기저기 삼삼오오 흩어져 쿨쿨 잠자고 있었다. 그때 제자들은 유월절 만찬 자리에서 예수님이 하신 십자가 고난 같은 말씀 등으로 인해 슬픔에 빠져, 또는 이런저런 세상 염려와 걱정을 하다가 자신들도 모르게 깊이 잠들어 있었다. 그런 제자들의 모습을 보시고 예수께서 말씀하신다.

"자, 다들 일어나라! 어찌하여 이렇게들 자고 있는 것이냐? 어서 일어나, 시험에 빠지지 않도록 하나님께 기도하여라!"

제자들은 스승의 당부에 눈을 비비적거리며 조금 기도하는 것 같더니 이내 잠들어 버렸다. 훗날 제자들은 그토록 중차대한 시간에 잠들어 버렸다는 사실에 두고두고 후회했으리라!

예수께서 붙잡히심(22:47-53; 마 26:47-56; 막 14:43-50; 요 18:2-11)

"가룟 유다, 여기가 틀림없겠지?"

"그럼요, 제 스승은 틈만 나면 항상 이곳에 와서 시간을 보내곤 했습니다. 오늘도 분명 제자들과 함께 이곳에 있을 겁니다. 아무 걱정 마십시오!"

조금 떨어진 곳에서 기도하시다가 제자들이 있는 곳으로 돌아오신 예수님, 잠에서 갓 일어난 제자들에게 아직 말씀하고 계실 때 가까운 곳 어디선가 웅성웅성하는 소리가 들리더니, 이내 한 무리의 사람들이 예수님과 제자들이 있는 데로 우르르 몰려왔다. 손에는 저마다 칼과 몽둥이를 들고 있었다. 요새를 수비하는 로마 병사들과 성전을 경비하는 유대 병정들이다. 동산은 깊은 밤인 데다 우거진 감람나무로 인해 누가 누구인지를 알아보기 힘들 만큼 어둠이 짙었다. 예수님 일행에게로 다가오고 있는 그 무리를 앞장서서 이끌고 있는 사람은 다름 아닌 예수님의 열두 제자 가운데 한 명인 가룟 유다였다. 그가 스승을 발견하고는 아는 척을 한다.

가룟 유다의 가증스러운 배반의 입맞춤

"아, 스승님! 여기에 계셨군요!"

가룟 유다는 예수께로 바짝 다가와 예수님의 뺨에 입을 맞추었다. 유대 사회에서 입맞춤은 전통적인 인사법이다. 제자는 자신의 스승에게 존경과 순종의 표시로 뺨이나 수염에 입을 맞추면서 맞이했다. 이 같은 입맞춤은 아랫사람이 윗사람에게 먼저 했다. 그러나 여기 가룟 유다의 입맞춤은 가증스럽고도 위선적이다. 예수님을 체포하려는 자들에게 자신이 입 맞추는 자가 바로 예수라는 사실을 알리기 위한 신호였다. 가룟 유다는 스승을 배반하기 위한 도구로서 존경과 순종의 표시인 입맞춤을 악용한 것이다.

"유다야, 너는 입맞춤으로 인자를 팔아넘기려 하느냐?"

가룟 유다의 입맞춤이 자신을 팔아넘기는 신호임을 알아차린 예수님, 한때는 사랑하는 제자였지만 이제는 배신자가 된 가룟 유다를 향해 그 사실을 직설적으로 말씀하셨다. 어쩌면 예수님은… 이제라도 가룟 유다가 자신의 잘못을 깨닫고 돌이키기를 바라는 심정으로 말씀하였으리라! 그러나 가룟 유다는 끝내 돌이키지 않았고, 가룟 유다의 신호를 눈치 챈 무리들은 예수님을 체포하려고 우르르 덤벼들기 시작했다. 그때 예수님의 다른 제자들 중 한 명이 예수님께 다급하게 말한다.

"아, 주님! 우리에게 칼이 있습니다. 우리가 지금 칼로 내리칠까요?"

그 제자는 예수님의 대답이 떨어지기도 전에 칼을 휘둘러 대제사장의 종을 내리친다.

"아, 아아악!"

그 제자가 휘두른 칼은 그 종의 귀를 내리쳤고, 그러자 그 종의 오른쪽 귀가 싹둑 떨어져 나갔다. 붉은 피가 한쪽 볼을 타고 주르륵 흘러내렸다. 사도 요한이 기록한 복음서(요한복음)에 따르면, 이때 칼을 휘둘러 내리친 예수님의 제자는 '베드로'였고, 베드로가 휘두른 칼에 귀가 떨어진 대제사장 집의 종은 '말고'라는 사람이었다.

"그만! 그만! 당장 그만두어라! 이것까지도 참아야 한다!"

그런 모습을 보시고서 예수님은 급히 그 제자를 만류하셨다. 그런 뒤 그 종의 떨어진 귀를 주워 다시 귀에 붙여주심으로써 그를 고쳐주셨다. 그런 다음, 예수께서는 자신을 체포하러 온 대제사장들과 성전 경비대장들과 장로들에게 물으신다.

"대체 이게 무슨 짓이오? 당신들이 이렇게 칼과 몽둥이로 무장하고 오다니, 내가 강도라도 된단 말이오? 내가 날마다 성전에서 당신들과 함께 있었는데도 당신들은 내게 손을 대지 않았소. 그러나…, 그러나 이제는 당신들의 때가 되었소. 어둠의 권세가 기승을 부릴 때가 온 것이오."

그러면서 예수님은 자신을 체포하도록 악의 무리들에게 순순히 몸을 맡기셨다. 이제부터 본격적으로 십자가 수난이 시작되는 어둠의 시간, 악의 시간이 도래했음을 알린 것이다. 유대인의 종교, 정치 지도자들로 대표되는 어둠의 권세 곧 사탄의 세력이 기승을 부려 빛이신 메시아(그리스도)를 핍박하고 죽일 때가 닥쳐왔음을 알린 것이다.

다른 복음서(마태복음, 마가복음)의 기록에 의하면, 이때 열한 제자들은 예수님을 버리고 저마다 제 목숨을 건지려 부랴부랴 도망치기에 바빴다. 예수님을 위해 감옥에라도 들어가고, 목숨까지도 기꺼이 바치겠다고 호언장담하던 패기와 맹세는 누구에게서도 찾아볼 수 없었다.

그런 맹세쯤이야 헌신짝 버리듯 내동댕이치고는, 무리들의 칼과 몽둥이가 무서워 스승님이 붙잡히건 말건 저마다 '걸음아, 날 살려라!' 하며 사방으로 뿔뿔이 흩어져 달아나기에 급급했다. 제자들이 달아나는 쪽에서 어둠이 무섭게 그들을 빨아들였다. 겟세마네 동산을 비추던 무리의 횃불도 점점 사라져 갔다. 동산은 다시금 이전의 고요함을 되찾았다.

베드로의 부인(22:54-62; 마26:69-75; 막14:66-72; 요18:15-18, 25-27)

'아, 우리 주님은 어찌 되시려나?'

양심이 크게 찔렸던 탓일까? 가룟 유다가 이끌고 온 무리가 겟세마네 동산에서 예수님을 체포한 뒤 대제사장의 집으로 끌고 가자, 어디론가 부리나케 도망쳤던 베드로가 걸음을 멈추고 뒤돌아서서 멀찍이서 조심스럽게 무리를 뒤따라갔다. 때에 예수님은 대제사장 앞에서 심문을 받고 있었고, 사람들은 대제사장 집의 뜰 가운데 여기저기 모닥불을 피워 놓고 빙 둘러앉아 있었다. 이른 봄(3, 4월)의 밤 날씨는 꽤나 추웠기 때문이다. 시간은 대략 새벽 3시쯤.

'어디… 나도 좀…. 어이쿠, 춥다. 왜 이리 춥지.'

대제사장의 집 뜰로 들어온 베드로, 그도 사람들 가운데 슬며시 끼여 앉아 함께 불을 쬐고 있었다. 얼마쯤 지났을까? 대략 뜨거운 차 한 잔을 쉬엄쉬엄 다 마실 정도의 시간이 흐른 때, 대제사장 집에서 일하는 한 여종이 불을 쬐며 앉아있는 베드로를 우연히 보았다. 그 여종은 뭔가 의아한 듯 고개를 이리저리 갸웃하며 베드로를 더욱 빤히 쳐다보았다. 그러다가 마침내 확실하다는 듯 말한다.

"맞아요! 틀림없어요. 이 사람도 분명 저 예수와 한패예요. 예수와 함께 있는 걸 내가 보았어요!"

그러자 베드로가 크게 당황한 표정으로 손을 가로저으며 부인한다.

"아, 아니, 대체 무슨 소릴 하는 거야! 이 여자야, 나는 저 사람을 알지 못해. 생사람 잡지 말라고!"

그러면서 베드로는 얼른 그 자리를 피해 도망치듯 다른 데로 옮겨갔다. 그런데 조금 뒤에 다른 사람이 베드로를 알아보고 또 말한다.

베드로의 부인: "난 그 사람을 알지 못합니다!"

"틀림없어. 당신도 예수와 한패였

지?"

예수님의 공생애 사역 당시에 베드로는 이른바 수석제자의 역할을 감당했기에 언제나 예수님 곁에 함께 했다. 그래서인지 사람들은 누구나 베드로를 쉽게 알아보았다. 이번에도 자신의 정체가 들통 나자, 베드로는 어쩔 줄 몰라 하며 부인하기에 급급하다.

"대체 무슨 소릴 하는 거야! 이 사람아, 난 아니야! 아니라고!"

그러면서 베드로는 그 자리도 얼른 피했다. 그런데 한 시간쯤 지났을 때, 또 다른 사람이 베드로를 알아보고 강경하게 말한다.

"맞아! 틀림없어! 이 사람도 갈릴리 사람이고, 분명 예수와 함께 있었어! 예수와 한패인 게 확실해!"

이번에도 베드로는 억울하다는 듯 펄쩍 뛰며 강력하게 부인한다.

"아니, 이 사람이 생사람 잡네! 난 자네가 대체 무슨 말을 하는지 모르겠소!"

세 번째 부인이었다. 어째서 베드로는 세 번씩이나 예수님을 모른다고 부인했을까? 그건 의심할 바 없이 두려움 때문이었다. 예수님처럼 베드로 자신도 체포되어 심문을 받고 처형당할까봐 크게 두려웠던 것이다. 몇 시간 전만 해도 예수님 앞에서 감옥에도 기꺼이 들어가겠고, 목숨까지도 순순히 바치겠다고 큰소리치던 베드로, 그 패기만만하던 베드로는 어디론가 사라지고 없었다.

대제사장 가야바 집의 살벌한 심문 장소에서, 투옥과 죽음이 두려워 3년 동안이나 가장 가까이서 밤낮으로 섬기고 따랐던 스승님을 아예 모른다고 손사래 치며 부인하는 옹졸하고 비겁한 베드로만 있을 뿐이었다. 베드로가 세 번째로 강하게 부인하던 바로 그때! 베드로의 그 말이 채 끝나기도 전이었다.

"꼬끼요, 꼬꼬! 꼬끼요, 꼬꼬!"

어디선가 닭이 힘차게 울었다! 그리고 그 순간, 대제사장 앞에서 심문을 받고 계시던 예수께서 몸을 돌이켜 베드로를 똑바로 쳐다보셨다. 눈이 마주쳤다! 가룟 유다에 이어 수석 제자인 베드로한테도 배신당한 예수님의 처연하고도 서글픈 눈빛, 그리고 아주 나약한 겁쟁이가 되어 그토록 친밀하게 알면서도 아예 모른다고 부인하는 베드로의 초점 잃은 불안하고도 흔들리는 눈빛. 이때 예수님의 눈빛은 베드로의 죄악을 깨우치는 훈계의 눈빛이었고, 또한 그의 두려움을 다독거리는 위로의 눈빛이었다. 그런 예수님의 눈빛이 베드로의 마음을 사로잡았다.

'아, 아, 주님!'

그제야 베드로는 예수님의 말씀이 생각났다. '오늘 닭 울기 전에, 네가 나를 세 번이나 모른다고 부인하리라.' 하신 주님의 말씀이 천둥이 되어 뇌리 속으로 강력하게 파고들었다.

베드로는 충격에 빠져 그대로 무너져 내렸다. 괴로운 비명을 지르며 머리를 양손으로 감싼 채 급히 집밖으로 뛰쳐나갔다. 그리고는 울었다. 서럽게 엉엉 울었다. 눈물, 콧물 쏟아내며 한참 동안이나 울고 또 울었다. 자기 잘못을 뼈저리게 뉘우치는 회개의 통곡이었다.

"아아, 주님! 이놈이 죽일 놈입니다. 비겁한 이놈이 목숨이 두려워… 우리 주님을…. 아아, 이젠 어쩌면 좋습니까. 정말 죽을죄를 졌습니다."

로마 군사들의 조롱 (22:63-65; 마 26:67-68; 막 14:65)

"으핫핫! 예수란 작자, 이거 별거 아니네! 무슨 신통한 기적을 행한다고 다들 난리를 치더만, 그거 다 사기 아냐! 핫핫!"

베드로가 뛰쳐나간 뒤, 대제사장의 심문이 끝나자 성전을 지키는 성전 소속의 군병들이 예수님을 조롱하며 때리기 시작했다. 그들은 예수님의 눈을 가려놓고는 예수님을 주먹으로 툭툭 치면서 놀려댔다.

"어이, 예언자! 방금 널 때린 사람이 누군지 한번 알아맞혀 보시지! 누가 널 때렸지? 어서 말해 보라구!"

성전 군병들은 예수님께 온갖 모욕을 가하고 많은 욕설을 퍼부으며 계속해서 놀려대며 괴롭혔다. 그렇게 십자가 수난의 모진 시간은 힘겹게 천천히 흐르고 있었다.

공회 앞에 서신 예수님 (22:66-71; 마 26:59-66; 막 14:55-64; 요 18:19-24)

날이 밝아오자, 대제사장들과 율법 교사들과 장로들이 다함께 모여서 예수를 공회에 세워놓고 묻는다. 공회(公會)란 '모임'을 뜻하는 헬라어 '쉬네드리온'의 히브리어 '산헤드린'을 가리키는 말인데, 모두 71명으로 구성된 유대인들의 최고 의결기구다. 공회 구성원들은 주로 바리새인들과 사두개인들이었다. 주전 3세기 말엽에 구성되어 주후 70년 예루살렘 함락 때까지 지속되었다.

당시 공회의 법규에 따르면, 모든 재판은 날이 밝은 후에만 하도록 규정되어 있었다. 그런데 당시 대제사장 가야바는 군중들의 소요가 두려워 법을 어긴 채 날이 밝지 않은 밤 3시경에 예수님에 대한 재판을 강행했다. 그래서 예수님에 대해 사형 판결을 이미 내리고는, 날이 밝자 규례에 따라 형식적인 재판을 다시 열었던 것이다. 그렇게 재판이 열리고, 공회원들이 예수께 묻는다.

"네가 그리스도냐? 네가 정말 그리스도라면 '그렇다!' 하고 우리에게 말해 보아라."

그 물음에 예수께서 대답하신다.

"내가 당신들에게 말해도, 당신들은 내 말을 믿지 않을 것이오. 또 내가 당신들에게 물어도, 당신들은 내게 대답하지 않을 것이오. 그러나 이후로 인자는 전능하신 하나님의 오른편 보좌에 앉게 될 것이오."

바리새인들과 사두개인들로 구성된 공회원들이 주관하는 형식적인 이 재판에서 어떤 진실성도, 어떤 공정성도 찾을 수 없다는 말씀이다. 사실, 당시 유대의 종교 지도자들은 이미 예수님께 대하여 사형선고를 내려놓고는, 다만 그에 해당되는 증거만을 찾으려고 이런저런 질문을 한 것이다. 그래서 예수님은 그들의 가증스러운 질문에는 답하지 않으셨다.

대신에 예수님은 그들에게 도리어 경고하기를, 지금은 자신이 세상 법정에 서 있지만 결국에는 하나님의 오른편 보좌에 앉게 될 것이며, 그때가 되면 자신이 주관하는 최후의 심판대에 그들이 서야 할 것이라고 말씀하신 것이다. 이 같은 예수님의 답변에 공회원들이 크게 놀라 모두 소리친다.

"저, 저런! 저런 발칙한! 그러면 네가 하나님의 아들이란 말이냐?"

"그렇소! 방금 당신들이 말한 대로 내가 바로 '그'요."

"자, 보라! 이제 우리에게 무슨 증언이 더 필요하랴! 우리 모두는 저자가 자기 입으로 내뱉은 말을 직접 들었다."

그러니까 예수가 스스로의 입으로 '하나님의 아들'임을 사칭하는 신성모독의 죄를 범했으니, 사형에 합당한 분명한 증거를 확보했다는 말이다. 아닌 게 아니라 만일 하나님의 아들이 아닌 자가 그렇게 말했다면, 그것은 모세 율법에 따라 명백히 극형에 처해질 신성모독의 죄였다.

하지만 예수님은 정말로 하나님의 아들이었다. 하나님의 아들로서 인류 구원의 사명을 띠고 기름 부음을 받은 메시아(그리스도)였다. 그러므로 문제는 하나님의 아들이신 예수님이 자신을 하나님의 아들이라고 주장한 데 있는 것이 아니고, 예수님이 하나님의 아들이라는 사실을 전혀 깨닫지 못한 유대의 종교 지도자들에게 있었다.

예수님은 의연하게 대적자들 앞에 서 있었고, 베드로의 통곡과 흐느낌도 멈추었다. 다른 제자들은 지금쯤 어디에서 무엇을 하고 있을까. 제자 그룹은 순식간에 와해되는 것 같았다.

23

십자가의 길

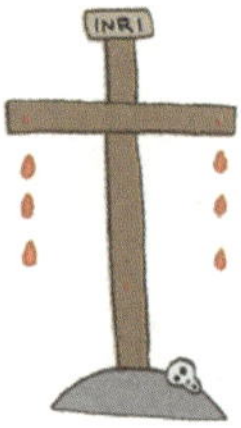

빌라도는 예수가 무죄임을 알지만
군중의 폭동이 두려워 사형을 언도하네
십자가에 매달리신 예수님, 기도하시기를
아버지여 이자들을 용서하소서

빌라도의 심문(23:1-6; 마 27:1-2, 11-14; 막 15:1-5; 요 18:28-38)

예수님에 대한 공회(산헤드린)의 재판은 동틀 때 시작되었다. 여러 심문 끝에 예수님에게서 신성모독의 죄를 발견한 공회는 예수님에게 사형을 언도한 뒤에 공회 재판을 마무리 지었다. 그런 뒤 공회원들과 무리들은 모두 자리에서 일어나 예수님을 로마 총독 빌라도에게로 끌고 갔다. 그 까닭은, 당시 로마의 형법상 식민지 국가에서 어떤 죄인에 대해 사형을 실제로 집행할 수 있는 사형언도의 판결 권한은 오로지 로마 총독에게만 있었기 때문이다.

때에 유대 땅에 파견된 로마 총독은 '본디오 빌라도'였다. 그는 로마황제에게서 권한을 부여받고 유대와 사마리아 지역을 다스린 로마 총독으로(주후 26-36년 재임), 본래 가이사랴 본부에 거주하고 있었다. 하지만 당시 이스라엘의 최대 절기인 유월절을 맞아 순례자들로 붐비는 예루살렘의 치안을 주관하기 위해 가이사랴에서 내려와 예루살렘 총독부에

빌라도의 심문: "네가 정말로 유대인의 왕이냐?"

머물고 있었다. 예수님을 빌라도에게로 끌고 간 유대의 지도자들이 예수님을 고발한다.

"총독 각하, 이 사람은 지금 우리 백성을 심히 어지럽히고 있습니다. 로마 황제에게 세금을 바치지 말라고 선동하고, 또 자칭 자기가 유대인의 왕이고, 하나님의 아들 그리스도라고 주장합니다. 그러니 이런 자를 이대로 살려둬선 절대로 안 됩니다. 그에게 사형을 언도해 주십시오!"

유대 지도자들의 고발을 묵묵히 들은 뒤, 빌라도가 예수께 직접 묻는다.

"네가 정말로 유대인의 왕이냐?"

"맞소! 당신이 지금 그렇게 말하고 있소."

빌라도가 의아한 듯 뭔가를 깊이 생각하고 고개를 갸웃거리더니 대제사장들과 군중을 향해 말한다.

"내가 볼 때는… 이 사람은 무죄요. 나는 이 사람에게서 죄를 물을 만한 것을 찾지 못하겠소."

이때 로마 총독 빌라도는 왜 '유대인의 왕'이라고 말하는 예수님에 대해 죄가 없다고 판단했을까? 만일 예수가 무장 단체를 이끌고 있는 지도자로서 이처럼 말했다면, 빌라도는 로마에 대한 반역죄를 물어 여지없이 극형을 언도했을 것이다. 그렇지만 빌라도의 물음에 대한 예수님의 답변은 그런 반역의 분위기와는 사뭇 달랐다.

예수님은 단지 빌라도의 물음에 순순히 긍정만 했을 뿐이다. 예수님의 평소 행적이나 심문에서의 부드러운 답변 태도로 보아, 빌라도는 예수가 공상가일 뿐 반역의 죄와는 거리가 멀다는 것을 단번에 알았다. 노회한 정치인의 촉이었다. 그래서 재판을 계속 진행하는 것은 의미가 없다고 판단했다. 빌라도의 말이 떨어지기가 무섭게 무리들이 발악하듯 필사적으로 소리 지른다.

"아닙니다, 총독 각하! 저자는 갈릴리에서부터 이곳 예루살렘까지, 온 유대 땅을 돌아다니면서 요상한 가르침으로 백성들을 미혹하고 선동한 자입니다. 저자는 백번 죽어 마땅합니다!"

무리들의 부르짖는 소리를 듣고, 총독 빌라도가 그들에게 묻는다.

"이 사람 예수가 갈릴리 사람이란 말이오? 그렇다면 그곳은 헤롯 관할인데…."

로마 총독 빌라도는 예수가 분봉왕 헤롯의 관할 하에 있었다는 것을 알고는, 예수를 헤롯에게로 보냈다. 때에 분봉왕 헤롯은 예루살렘에 머물고 있었다. 그의 거주지는 디베랴였지만, 유월절을 맞아 예루살렘에 방문 중이었다. 이 분봉왕 헤롯은 헤롯 대왕의 둘째 아들로, 당시 갈릴리와 베레아 지역을 통치하던 헤롯 안티파스(Herod Antipas, 주전 4년-주후 39년)를 가리킨다.

'거 마침 잘 되었군!'

빌라도는 속으로 쾌재를 불렀다. 헤롯에게 골치 아픈 문제를 떠넘기고 나니 속이 다 후련했다. 다시는 이런 종교적인 문제로 저 거만한 유대 교권자들을 만나는 일이 없을 것이라 생각하니 마음이 절로 가벼워졌다.

분봉왕 헤롯 안티파스의 심문 (23:7-12)

분봉왕 헤롯은 자신에게로 끌려 온 예수를 보자 무척 기뻐했다. 그는 오래전부터 예수에 대해 이런저런 놀라운 이야기를 많이 들어온 터라, 예수가 실제로 그런 기적을 행하는 것을 자신의 두 눈으로 직접 보고 싶었다.

"그래, 네가 분명 예수렷다? 그렇다면 내가 묻는 말에 대답해 보아라."

분봉왕 헤롯은 예수께 이것저것 많은 것들을 물어보고, 또 이런저런 기적들을 행해 보라고 요구했다. 그러나 예수님은 아무런 대답도 하지 않으시고, 아무런 기적도 행하시지 않으셨다. 묵묵부답인 상태로 그저 의연하게 서 있을 뿐이었다. 그러는 사이에 대제사장들과 율법 교사들은 예수님 곁에 서서 예수를 맹렬하게 고발하는 말들을 연신 해댔다.

"뭐야? 이거! 듣던 것과는 영 딴판인데…. 에이, 시시해. 재미없구먼! 꿀 먹은 벙어리도 아니고!"

예수님이 자신의 뜻대로 움직이지 않자, 분봉왕 헤롯은 금방 흥미를 잃었다.

"예수 저자가 자칭 '유대인의 왕'이라 하니, 저자에게 왕에 걸맞은 옷을 입혀 주도록 하라. 그런 다음에 그를 다시 빌라도 총독에게 보내도록 하라!"

분봉왕 헤롯은 자기 병사들과 함께 예수를 실컷 모욕하고 조롱한 후에 예수에게 빛나고 화려한 옷을 입혀서 총독 빌라도에게 되돌려 보냈다. 분봉왕

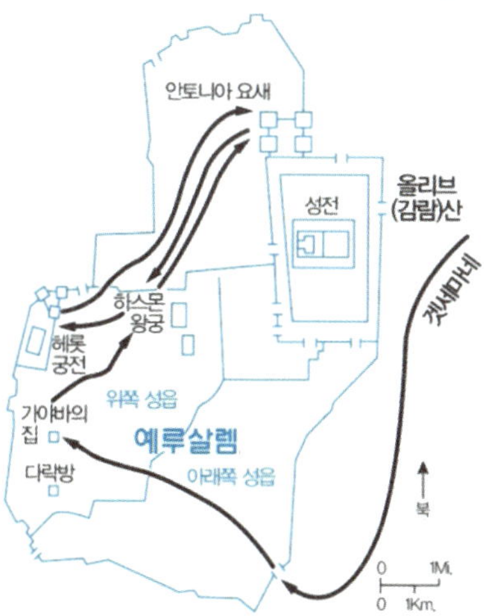

예수님의 고달픈 재판 경로

헤롯과 로마 총독 빌라도는 본래 정치적인 이해관계 때문에 사이가 좋지 않았다. 그 사연인즉슨 이러했다.

로마를 대표하는 총독 빌라도는 한때 헤롯 안티파스의 부친인 헤롯 대왕이 통치한 유대와 사마리아를 다스리면서 분봉왕 헤롯 안티파스가 다스리는 갈릴리 지역까지 월권을 행사하고 있었다. 더욱이 이전에 빌라도는 일단의 갈릴리 사람들을 제 마음대로 죽인 일도 있었다. 그래서 둘은 원수처럼 지냈다. 하지만 빌라도가 갈릴리 사람인 예수를 헤롯 안티파스에게 넘겨주자, 헤롯 안티파스의 마음이 풀어졌다. 그것은 빌라도가 그의 분봉왕 지위를 공개적으로 인정한 셈이었기 때문이다. 그 일로 두 사람은 서로 친구 사이처럼 되었다.

십자가형을 받으시다(23:13-25; 마 27:15-26; 막 15:6-15; 요 18:39-19:16)

다시 로마 총독 빌라도 앞에 서게 된 예수님. 총독은 다시 만나 귀찮고 짜증난다는 기색이 얼굴에 역력하다.

"예수를 다시 내게로 보냈다고? 거참, 귀찮게 됐구먼!"

사실, 로마 총독 빌라도는 예수님의 재판에 관여하기가 정말 싫었다. 보아하니, 로마 정부에 해가 되는 정치적인 문제가 아니고, 기껏 유대인들의 관습과 종교에 관한 문제였기 때문이다. 하지만 자신의 통치 하에 있는 유대의 지도자들과 군중들이 그런 예수를 고발하면서 그를 죽여 달라고 저토록 졸라대니 관할 지역의 총책임자인 총독으로서 모른 체할 수도 없었다. 빌라도는 유대의 지도자들인 대제사장들과 율법 교사들, 그리고 백성들을 불러 모으고는 그들에게 말한다.

"보시오, 당신들은 유대 백성들을 반역하도록 선동한다는 이유로 이 사람 예수를 내게로 데려왔소. 그래서 당신들이 보는 앞에서 내가 예수를 직접 심문했지만, 그자에게서 죄를 물을 만한 것을 아무것도 찾지 못했소. 분봉왕 헤롯도 마찬가지요. 그도 나와 같은 결론에 도달하여 예수를 우리에게 되돌려 보낸 것이오. 아무래도 이 사람은 사형을 언도받을 만한 죄를 저지르지 않았소. 그러니 나는 이 사람을 매질하게 한 후에 풀어주어야겠소. 내 말을 알아듣겠소?"

"총독 각하! 지금 무슨 말씀을 하시는 겁니까? 예수에게 죄가 없다니요! 결코 아닙니다! 그자는 신성모독죄를 범한 중죄인이란 말입니다. 감히 하나님의 아들임을 사칭했단 말입니다!"

총독 빌라도는 유대인의 종교와 풍습에는 전혀 관심이 없었다. 그러니 모세 율법이니, 신성모독이니 하는 말들이 귀에 들어올 리 없었다. 그래서 빌라도는 재판을 빨리 마무리 지을 요량으로 유대인들의 귀에 솔깃하게 들릴 만한 한 가지 제안을 한다.

해마다 명절(유월절)이 되면, 로마 총독은 백성들이 원하는 죄수 한 명을 풀어주는 관례가 있었다. 때에 감옥에는 '바라바'라는 유명한 죄수가 갇혀 있었다. 그는 유대인들을 선동하여 로마 정부에 맞서도록 민란을 꾸미고, 그 민란 중에 사람을 여럿 죽이고 체포되어 갇힌 자였다.

"자, 어떻소? 여러분이 원한다면 명절 특별사면으로 '바라바'란 자를 풀어줄 수도 있소. 예수요? 바라바요? 누굴 풀어주길 원하는 거요?"

빌라도는 응당 백성들이 예수를 선택할 것이라고 생각했다. 바라바는 누가 보더라도 흉악한 살인범이었기 때문에 유대 백성들이 이성적인 판단을 할 것이라고 생각했던 것이다. 그러나 유대의 종교 지도자들은 백성들을 부지런히 충동질하여 예수님에 대해 비이성적인 광분 상태가 되도록 유도했고, 그 결과 백성들은 예수님 대신에 바라바를 선택하였다. 무리들은 일제히 큰 소리로 외친다.

"바라바요! 우리는 바라바를 원합니다! 이 사람 예수를 죽이고, 바라바를 풀어주시오!"

"바라바? 아니, 정말로 바라바를 원한단 말이오? 그자는 폭동을 일으키고 사람을 죽인 극악무도한 흉악범이오. 자, 자, 그러지 말고, 예수란

빌라도의 석방 제안: "예수냐, 바라바냐?"

자를 채찍질한 후에 그자를 풀어주는 게 어떻겠소?"

빌라도는 죄 없는 예수를 풀어주고 싶어서, 다시 한 번 백성들에게 자기 뜻을 밝혔다. 하지만 유대의 종교 지도자들에게 선동당한 군중심리로 인해 이미 이성을 상실한 유대 백성들은 막무가내였다.

"예수요! 그자를 십자가에 못 박으시오! 그자를 십자가에 못 박으란 말이오!"

막무가내로 우겨대는 군중들을 보고 빌라도도 무척 짜증스러웠다. 최종 판결 권한을 가진 로마 총독으로서 자신의 권위가 전혀 먹혀들지 않았기 때문이다. 빌라도는 세 번째로 군중들에게 말한다.

"대체 이 사람 예수가 무슨 죽을죄를 저질렀단 말이오? 나는 그자에게서 사형에 해당되는 죄를 전혀 찾지 못했소. 그러니, 여러분의 속이 후련해질 만큼 그자에게 매질이나 실컷 가한 다음에 풀어주도록 하겠소."

하지만 대제사장들과 율법 교사들, 그리고 일반 군중들은 더욱 큰 소리로 고래고래 아우성을 친다.

"예수, 그자를 십자가에 못 박으시오! 그자를 십자가에 못 박으시오!"

빌라도는 또 다시 군중들을 설득해 보았지만, 그의 목소리조차 군중들의 아우성에 묻혀 버렸다. 시간이 흐를수록 군중들의 아우성 소리가 걷잡을 수 없이 커졌다. 이러다간 자칫 민란이 일어날 조짐까지 보였다. 결국 군중들의 목소리가 빌라도를 압도했다. 빌라도는 하는 수 없이 자기 양심을 거스르고 군중들의 요구에 따르기로 한다.

"알았소! 잘 알았단 말이오! 자, 여러분의 뜻대로 예수를 십자가에 못 박을 테니, 이제 좀 조용히들 하시오!"

빌라도는 하는 수 없이 폭동과 살인 혐의로 갇혀 있던 바라바를 풀어주고, 예수를 군중들의 손에 넘겨주었다.

아, 가련한 본디오 빌라도! 운명처럼 그 시대 유대 땅의 로마 총독이 되어 예수님의 재판을 담당하게 된 그는, 끝내 자기 양심을 지키지 못하고 진리를 거스른 이때의 결정 하나로 이후의 기독교 역사상 두고두고 예수를 핍박한 원흉이 되고 만다. 그의 이름은 '사도신경'을 통해 오고 오는 모든 신자들의 입에 수치스럽게 불리게 되었다.

"전능하사 천지를 만드신 하나님 아버지를 내가 믿사오며 …본디오 빌라도에게 고난을 받으사, 십자가에 못 박혀 죽으시고…." (사도신경 중에서)

사복음서(마태복음, 마가복음, 누가복음, 요한복음)를 종합하여 예수님의 전체 재판 과정의 문서를 순서대로 재구성해 보면 다음과 같다.

[문서번호: 1] 겟세마네 동산에서 처음 체포되신 예수님은 전직 대제사장인 안나스 앞으로 끌려가 첫 심문을 받는다. 그는 현직 대제사장인 가야바의 장인으로 당시 최고의 실권자였다. 이때는 한밤중이었다.

[문서번호: 2] 이어 예수님은 밤중에 현직 대제사장인 가야바에게 넘겨져 두 번째 심문을 받는다.

[문서번호: 3] 날이 밝자, 예수님은 유대인의 최고 의결기구인 공회(산헤드린) 앞에서 세 번째 심문을 받는다.

[문서번호: 4] 공회는 예수에게 사형언도를 내리고, 이후 무리들은 실제적인 사형 집행을 위해 로마 총독 빌라도에게로 끌고 가서 예수를 고발한다. 총독 빌라도는 예수를 심문하지만, 예수에게 죄가 없음을 알고는 자기 책임을 면하려고 예수를 분봉왕 헤롯에게로 보낸다.

[문서번호: 5] 분봉왕 헤롯은 예수에 대해 호기심을 갖고 이것저것을 심문한다. 그러나 예수께서 전혀 대꾸하지 않자 흥미를 잃고 예수를 실컷 조롱한 후에 그를 다시 빌라도에게 보낸다.

[문서번호: 6] 로마 총독 빌라도는 다시 자신에게 넘어온 예수를 마지못해 심문한다. 재차 심문해도 예수에게서 죄를 발견하지 못하지만, 빌라도는 군중들의 소요와 폭동이 두려워 자기 양심을 속이고 예수에게 사형을 언도한다. 그런 뒤 예수를 넘겨주어 사형을 집행하도록 허락한다.

십자가에 못 박히심(23:26-43; 마27:32-44; 막15:21-32; 요19:17-27)

"예수야! 네가 정말 유대인의 왕이냐? 그렇다면 이 가시관을 씌워 주마! 거참, 보기 좋은데! 낄낄."

"네가 하나님의 아들이라고? 제 한 몸조차 스스로 지키지 못하는 너 따위가? 지나가는 개가 다 웃겠다!"

"오- 왕이시여! 우리를 굽어 살피소서!"

로마 군병들과 군중들은 예수를 실컷 희롱하고 침 뱉고 때렸다. 왕인 양 떠받드는 척하다가 갑자기 때리는 등 예수를 능욕하고 핍박했다. 그럴지라도 예수님은 반응하지 않고, 마치 도살장으로 끌려가는 어린 양처럼, 털 깎는 자 앞에 선 어미 양처럼 묵묵히 온갖 모진 핍박과 희롱과 수난을 온몸으로 고스란히 겪고 계셨다. 답답하게도 시간은 유난히 느리게 흘러가고 있었다. 이때로부터 700여 년 전에 이사야 선지자는 이런 광경을 미리 내다보았을까? 이렇게 예언하였다.

> "아, 그는 사람들에게 버림을 받아 멸시와 희롱을 당하고, 슬픔과 고통을 많이 겪고 있구나. 그를 보는 사람들마다 얼굴을 돌리며 그를 외면하기에, 그는 사람들에게서 숱한 고초를 겪고 있구나. 그러나 사람들이 어찌 알리요! 그가 짊어지고 있는 모든 질병은 우리의 질병을 대신 짊어진 것이고, 그가 겪고 있는 모든 고통과 아픔은 우리의 아픔과 고통을 대신 겪고 있다는 사실을!"(사 53:3-4).

"에이, 저리 무반응이니 이 짓도 별 재미없네! 이제 그만 예수를 끌고 가서 십자가에 못 박도록 하세나!"

예수를 실컷 희롱하고 핍박한 후에 더는 흥미를 잃은 로마 군병들, 그들은 예수를 십자가에 못 박기 위해 그에게 십자가를 지워 예루살렘 성문 밖 근교의 골고다 언덕으로 끌고 갔다. 죄수를 못 박아 죽이는 처형 도구인 십자가는 사람의 키보다 약간 더 긴 길이의 장대로 만들어져 땅에 세로로 단단히 박혀 있었다. 그리고 나중에 떼어낼 수 있는 가로 빗장이 거기에 덧붙여졌다.

십자가형에 처해지기 전, 죄수들은 가죽 채찍으로 실컷 맞았다. 이렇게 해서 쇠약해진 죄수들은 형장에 세로로 세워진 십자가에 덧붙여질 가로 빗장의 십자가를 따로 짊어지고 형장까지 가서 그 십자가에 묶이거나 못 박혔다. 이때 예수님은 가로 빗장 형태의 십자가를 어깨에 짊어지고 형장인 골고다(갈보리) 언덕으로 끌려간다.

"아니, 또 넘어져? 대체 왜 이리 비실비실한 거야!"

그럴 수밖에! 처형 전날에 예수님은 겟세마네 동산에서 온 힘을 다 바쳐 피땀 어린 철야기도를 했다. 그런 뒤 한밤중에 붙잡혀, 전직

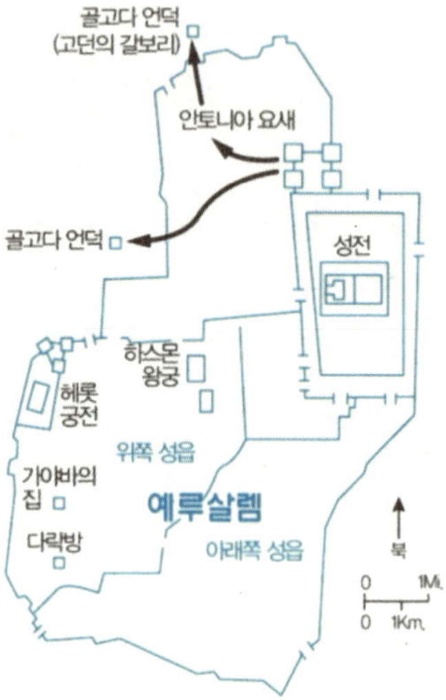

골고다 언덕의 '십자가의 길'

대제사장 안나스 → 현직 대제사장 가야바 → 유대인의 최고 의결기구, 공회(산헤드린) → 로마 총독 빌라도 → 분봉왕 헤롯 → 다시 로마 총독 빌라도 등, 이리저리 끌려 다니면서 계속 심문을 받았다.

그런 뒤 빌라도에 의해 최종 사형 언도를 받고 로마 군병들과 군중들에 의해 채찍질, 가시관, 구타, 희롱, 핍박 등을 수도 없이 당했다. 그런 뒤 무거운 가로 빗장의 십자가를 짊어진 채 예루살렘 성문 밖의 오르막길을 올라가니, 어찌 쓰러지지 않을 수가 있으랴! 체력이 바닥나 기진맥진의 상태가 된 예수님은 몇 발자국 걷다가 쓰러지고, 군병들의 채찍을 맞고 다시 일어나 몇 발자국 옮기다가 다시 쓰러지기를 반복하셨다.

"이거, 이거, 도저히 안 되겠구먼! 이러다간 어느 천 년에 형장까지 간단 말인가! 가만, 어디 보자…."

때마침 예수님의 골고다 언덕 행, 이른바 '고난의 길(Via Dolorosa)'에 유월절을 맞아 저 멀리 시골에서 예루살렘으로 올라온 구레네 사람 시몬이 군중들 틈에 섞여 있었다. 구레네(Cyrene)는 주전 630년경, 도리아계(系) 그리스인에 의해 세워진 아프리카 북부 연안의 도시(현재의 리비아)로, 그리스-로마시대에 헬라어를 사용하는 유대인들이 많이 거주했다. 이스라엘의 절기 때, 특히 유월절에는 이곳에 거주하던 유대인들이 예루살렘을 곧잘 방문하곤 했는데, 시몬도 그들 가운데 하나였다.

"저 녀석이 꽤 건장하게 생겼군! 힘깨나 쓰겠어! 야, 너 이리 나와!"

당시 로마법에 따르면, 로마 군병들은 제국의 식민지 백성에 대하여 노동을 강제할 수 있는 징발권을 갖고 있었다. 그래서 병사들은 군중들 가운데 힘깨나 쓰게 생긴 구레네 사람 시몬을 불러내어, 그에게 강제로 예수님의 십자가를 지게 했다.

졸지에 예수님의 십자가를 건네받아 대신 지고 가게 된 시몬, 그가 앞장서서 십자가를 지고 골고다 형장으로 향했고, 예수님은 지치고 고단한 몸을 이끌고 시몬의 뒤를 묵묵히 따라갔다. 그리고 수많은 사람들이 예수님을 뒤따라갔다. 그런 사람들 가운데에는 예수님의 형편없는 몰골을 보고 가슴을 치고 슬피 울면서 뒤따라가는 여자들도 있었다. 예수께서 몸을 돌이켜 그런 여자들을 보시며 말씀하신다.

"예루살렘의 딸들이여! 나를 위해 울지 말고, 당신들과 당신들의 자녀를 위해 울도록 하시오."

여기 '예루살렘의 딸'이란 표현은 삼중의 의미를 지닌다. 일차적 의미는, 말 그대로 슬피 울면서 예수님 뒤를 따르고 있는 예루살렘 도성의 여인을 가리킨다. 이차적 의미는 예루살렘 도성에 살고 있는 모든 주민을 가리키며, 삼차적 의미는 이스라엘의 모든 백성을 가리키고, 더 확장하면 인류 전체를 가리킨다고 볼 수도 있다.

예수님은 그 말씀을 통해, 애통해하는 대상이 잘못되었음을 일깨워 주셨다. 예수님의 십자가 사역은 인류 구원을 위해 필히 감당해야 할 사역으로, 지금 예수님은 그 위대한 구속(救贖) 사역을 감당하고 있는 중이기 때문에, 알고 보면 가슴을 치고 슬퍼할 일이 아닌 것이다. 정작 가슴 치며 애통해야 할 대상은 예루살렘의 딸들(예루살렘 주민들 → 이스라엘 백성들 → 모든 인류), 곧 자기 자신들인 것이다. 왜냐하면 그들은 장차 자신들에게 닥칠 두려운 진노와 무서운 저주를 알지 못한 채 하나님의 선지자들을 죽이고, 마침내 하나님의 아들이신 메시아 예수까지 십자가에 못 박는 크나큰 죄악을 자행하고 있기 때문이다.

예수님은 이어, 예루살렘의 딸들이 예수님을 위해서가 아니라 자신들과 자신들의 자녀를 위해 가슴을 치고 슬퍼하며 울어야 하는 이유를 말씀하신다.

"장차 당신들이 말하기를 '아기를 갖지 못하는 여자들과 아기를 낳아보지 못한 태와 젖을 먹여보지 못한 가슴이 차라리 복 받은 자다.'라고 할 날이 이를 것이기 때문이오. 그 날에는 사람들이 산을 향해 부르짖기를 '우리 위에 무너져 내려라!' 하겠고, 언덕을 향해 소리치기를 '우리를 덮어버려라!' 할 것이오."

장차 예루살렘의 딸들과 그녀의 자녀들에게 닥칠 그 진노와 심판의 날은 가깝게는 로마 장군 티투스(Titus)가 이끄는 로마 군대에 의해 예루살렘 도성이 철저히 파괴되고 멸망하는 날을 가리킨다(주후 70년). 그리고 더 멀리 종말론적으로는 예수님의 재림으로 말미암는 인류 최후의 심판 날을 가리킨다.

그 날의 재앙과 고통은 가공하리만치 크고 무시무시하고 엄청날 것이기 때문에, 차라리 자녀를 아예 갖지 않은 여인들이 복 받은 자가 될 것이고, 또한 천재지변으로 단번에 죽기를 갈망할 정도가 될 것이라는 말씀이다. 예루살렘 딸들을 향한 예수님의 말씀은 이어진다.

"푸른 나무도 이처럼 대하겠거든, 하물며 마른 나무에 대해서야 더욱 그러하지 않으랴!"

이 말은 당시 유대인들 사이에서 흔히 사용되던 격언이다. 여기서 '푸른 나무'는 싱싱하고 힘찬 것으로 무죄의 이미지를 나타낸다. 반면, 마른 나무는 시들고 힘없는 것으로 거짓되고 죄 된 이미지를 나타낸다. 그러니까 현재 상태에서 푸른 나무는 예수님 자신을, 마른 나무는 예루살렘의 딸들(불의한 유대인들)을 비유한다고 볼 수 있다. 로마 정부가 아무런 죄 없는 예수님(푸른 나무)을 그토록 핍박하며 십자가에 못 박는다면, 하물며 장차 그들이 사악하고 패역한 유대인들(마른 나무)에 대해서는 얼마나 잔인하게 핍박하고 철저히 짓밟겠는가란 의미다. 그러니 장차 그렇게 무자비하게 당할 자신들과 자신들의 자녀를 위해 가슴을 치고 슬피 울라는 말씀이다.

예수께서 빌라도에게 십자가형을 언도받고 골고다 형장으로 끌려가던 그 날에 다른 두 명의 행악자도 똑같이 십자가형을 언도받고 예수님과 함께 골고다 형장으로 끌려가고 있었다. '골고다'란 말은 '해골'이란 뜻을 가진 아람어 '굴갈타'를 헬라어식으로 발음한 것이다. 그곳의 지형이 사람의 해골 형상을 닮았기에 붙여진 명칭이다. 오늘날 예루살렘 북쪽의 '풀이 무성한 언덕'으로 추정된다.

마침내 '해골'이라 불리는 골고다 언덕에 다다르자, 로마 군병들은 예수님을 십자가에 못 박아 가운데에 세우고, 두 행악자도 십자가에 매달아 예수님의 좌우 양옆에 세웠다.

십자가형은 당시 로마정부가 반역, 해적질, 살인, 강도 등 흉악한 죄를 지은 자를 처벌하기 위해 사용하던 방법이었다. 이 방식은 아주 끔찍하고 잔인한 처형으로 여겨졌기에, 로마 시민권을 가진 사람들은 이 처형에서 면제되었다.

대체로 십자가는 사람의 키보다 약간 더 긴 길이의 장대로 만들어져 땅에 박혀 있었다. 그리고 나중에 떼어낼 수 있는 가로 빗장이 거기에 덧붙여졌다. 십자가형을 언도받은 죄수는 땅에 세워진 십자가에 덧붙여질 가로 빗장을 직접 지고 형장까지 가서 십자가에 묶이거나 못 박혔다. 그러면 죄수들은 십자가에 매달린 채 숨을 쉴 수 없을 만큼 근육들이 약해져서 서서히 죽어갔다.

예수님이 골고다 형장에서 십자가에 못 박히던 시각은 당시 유대인의 시각으로 제3시(오늘날의 시각으로는 오전 9시), 십자가에 못 박히신 예수님은 극심한 고통과 온갖 조롱을 묵묵히 견디는 중에 자신을 못 박은 사람들을 바라보며 조용히 기도하신다.

골고다 언덕의 십자가에 못 박히신 메시아 예수님.

"오, 아버지, 이 사람들을 용서해 주옵소서. 그들은 지금 자기들이 무슨 일을 하고 있는지조차 알지 못합니다."

이 같은 예수님의 크신 사랑일랑은 아랑곳없이 십자가 밑에서는 로마 군병들이 낄낄대며 서로 제비를 뽑아 예수님의 옷을 나누어 갖는 데 정신이 없었다. 형장의 관례상 사형수의 옷가지는 사형을 집행하는 자들의 몫으로 돌려졌기 때문이다. 그리고 십자가에서 조금 떨어진 곳에서는 많은 사람들이 선 채로 십자가에 달리신 예수님을 구경하고 있었다. 그들 가운데 유대의 지도자들이 예수님을 향해 비웃으며 말한다.

"저 사람이 다른 사람들을 많이 구원했다고들 합니다. 평소에 자기 스스로 '하나님께서 택하신 그리스도'라 했으니, 이제 자기 자신을 구원하는지 어디 두고 봅시다!"

그 말에 화답하듯 로마 군병들도 키득거리며 예수님을 비웃고 조롱했다. 그들은 신 포도주를 예수께 쭉 내밀면서 말한다.

"어이, 네가 유대인의 왕이라며? 네가 정말 유대인의 왕이라면, 어디 너 자신을 구원해 보시지! 지금 당장 십자가에서 뛰어내려 너를 구원해 보라구! 낄낄."

때에 예수께서 매달린 그 십자가 위에는 '유대인의 왕'이라고 쓴 명패가 붙어 있었다(요한복음에는 좀 더 구체적으로 '나사렛 예수, 유대인의 왕'이라고 표기되었다). 이처럼 당시 죄수를 십자가형에 처할 때 그 죄수가 매달린 십자가 위에 그 죄수의 이름과 죄명을 기록한 패가 붙여졌다. 그때였다.

"어이, 예수! 너는 그리스도가 아니더냐? 그러니 이제 너도 살리고, 우리도 구원해 보시지!"

심지어 예수님 곁에 매달린 한 죄수조차도 십자가 위에서 예수님을 조롱하며 비난했다. 그러자 십자가에 매달린 다른 한 죄수가 정색하며 그 죄수를 향해 꾸짖는다.

"이 사람아! 무슨 말을 그리 하는가! 지금 너도 똑같이 십자가형을 받고 있으면서 하나님이 두렵지도 않는 것이냐? 우리야 우리가 저지른 흉악한 죄로 인해 마땅히 벌을 받는 것이지만, 이분은 아무런 죄가 없다네. 그러니 그런 몹쓸 말은 하들 말게!"

입바른 소리를 한 이 죄수, 그는 분명 자신의 잘못을 깨닫고 자신이 저지른 흉악한 짓에 대해 뉘우치고 반성하는 가운데, 평소에 예수님에 관한 소문을 전해 듣고 한 번쯤은 그의 상한 심령이 뜨거워졌음에 틀림없다. 그럼에도 대반전을 기회를 갖지 못한 채 십자가형을 끝으로 비극적인 생을 마감하려니 싶었는데, 뜻밖에도 마지막 기회가 다가왔고, 그는 그 마지막 기회를 놓치지 않았다. 다른 흉악한 죄수를 꾸짖은 뒤 그 죄수가 예수님을 향해 애처롭게 말한다.

"오, 예수님, (참으로 염치없고 부끄럽지만) 당신께서 오늘 당신의 나라에 들어가실 때 이 몸을 기억해 주십시오."

그 죄수의 말이 끝나자마자, 예수께서 입가에 희미한 미소를 지으시며 그를 향해 부드럽게 대답하신다.

"알았소. 내가 진실로 당신에게 말하겠소. 당신은 오늘 나와 함께 낙원에 있을 것이오."

아, 이처럼 복 된 죄수가 또 있을까? 흉악한 죄의 대가로 십자가 위에서 죽기 직전에 메시아 예수께로부터 직접 구원의 말을 전해들은 이 죄수, 그것도 예수께서 직접 그를 데리고 낙원에 함께 있을 것이라고 보증 받은 이 죄수, 인류 역사상 가장 큰 은총을 받은 복된 죄수임에 틀림없다.

'낙원'은 구약의 헬라어 역본인 70인역(LXX)에서 '(기쁨의) 동산'이란 뜻이다. 신약성경에서 이 말은, 죽은 성도가 주님 재림 때 실현될 부활의 그 날까지 임시로 들어가 거처하는 지복(至福)과 안식의 장소다(부활 후에 최후의 심판을 거쳐 영원한 복락의 거처인 '천국'으로 옮겨진다). 후일에 사도 바울의 간증에서, 바울이 성령에 이끌려 들어간 '셋째 하늘'이 이곳 낙원으로 여겨진다.

숨을 거두시다(23:44-49; 마 27:45-56; 막 15:33-41; 요 19:28-30)

시간이 흘러 예수께서 십자가에 매달리신지 세 시간째, 때는 제6시(오늘날 시각으로는 낮 12시 곧 정오).

제6시(정오)쯤 되자, 갑자기 어둠이 쓰나미처럼 밀려와 온 땅을 뒤덮더니, 제9시(오후 3시)까지 세 시간 동안 계속되었다. 하늘의 태양은 그 빛을 완전히 잃었다. 사방이 칠흑 같은 어둠에 온전히 휩싸여 한 치 앞을 내다볼 수 없었다.

제9시(오후 3시)가 되었을 때였다. 예루살렘 성전 안의 두터운 지성소 휘장이 위로부터 아래로 쫘악 두 쪽으로 찢어졌다. 예수님의 운명에 정확하게 때맞춰, 지성소 휘장이 둘로 찢어진 것이다.

청색, 자색, 홍색 실로 정교하게 만들어진 지성소 휘장은, 하나님의 지상 임재의 상징적인 처소인 지성소로부터 성소를 분리하는 커튼이다. 따라서 사실 이 휘장은 하나님에게서 인간을 분리시키는, 누구도 건너갈 수 없는 거대한 장벽이었다. 그런데 예수님의 운명에 때맞춰 하나님께서 이 휘장을 찢으신 것은, 예수님의 십자가 죽음으로 말미암아 하나님과 사람 사이의 장벽이 제거되고, 이제는 사람들이 예수님의 십자가 보혈의 공로에 의지하여 하나님 앞으로 직접 나아갈 수 있게 되었다는 사실을 극적으로 보여주는 초자연적인 사건이다. 바로 그 순간, 십자가에 매달리신 예수께서 큰 소리로 외치신다.

"아버지여! 제 영혼을 아버지의 손에 맡깁니다."

이 말씀을 끝으로, 예수님은 고개를 떨구시고 마침내 십자가 위에서 숨을 거두셨다. 때는 주후 30년, 유월절(아빕월 15일) 직전이었다. 사복음서를 종합해 보면, 사실 십자가에 못 박혀 매달리신 예수님은 십자가 위에서 일곱 마디의 말씀을 하셨다. 이른바 '가상칠언(架上七言)'이다. 시간 순서대로 정리하면 이러하다.

[가상 1언] "아버지, 저 사람들을 용서해 주옵소서. 저들은 자기들이 하는 짓을 알지 못합니다"(눅 23:34).

[가상 2언] "내가 진실로 네게 말한다. 오늘 네가 나와 함께 낙원에 있을 것이다"(눅 23:43).

[가상 3언] "여자여, 보소서. 아들입니다 …보라, 네 어머니이니라"(요 19:26-27).

[가상 4언] "엘리 엘리 라마 사박다니!"(마 27:46; 막 15:34): "나의 하나님, 나의 하나님, 어찌하여 나를 버리셨나이까!"란 뜻.

[가상 5언] "아, 내가 목마르다"(요 19:28).

[가상 6언] “이제 다 이루었도다”(요 19:30).

[가상 7언] “아버지, 제 영혼을 아버지의 손에 맡깁니다”(눅 23:46).

“아아, 그렇구나! 이분은 참으로 의로우신 분이셨구나!”

그 날 십자가 형장에 있던 로마 군대의 백부장, 세 명(예수님과 두 강도)의 죄수에 대한 사형 집행의 책임자인 그 백부장은 지금껏 형장에서 예수님에 관한 모든 일을 줄곧 지켜보고 있다가, 예수님이 운명하시자 하나님을 찬양하며 말했다. 가장 가까이서 예수님을 지켜본 그는 예수님을 하나님의 아들 메시아로 인정하지 않을 수 없었다.

“우리가, 우리가 정말로 하나님의 아들이신 메시아를 죽였던 말인가?”

그날 예수님의 십자가 처형을 구경하러 모여든 사람들도 그 날에 일어난 여러 놀라운 일들을 보고는, 모두가 후회하는 심정으로 자기들의 가슴을 치며 집으로 황급히 돌아갔다.

“아, 주님…. 이를 어째… 우리 주님께서 기어이 죽으시다니….”

또한 예수님을 아는 사람들과 저 멀리 갈릴리 지역에서부터 예수님을 따라온 여인들도 십자가 형장에서 멀찍이 떨어진 곳에 서서 그 날에 일어난 모든 광경을 다 지켜보았다. 그렇게 그 날의 시간은 서서히 저물어갔다. 아프고도 처절하게 진리가 왜곡된 시간들이었다. 그러나 하나님의 물레방아는 항상 선한 곳으로 천천히 물을 돌린다.

무덤에 묻히시다(23:50-56; 마 27:57-61; 막 15:42-47; 요 19:38-42)

‘아, 안 된다. 예수님의 시신을 저렇게 십자가 위에 그대로 방치해 두어선 안 된다. 어떡하든 무덤에 고이 장사지내야 한다.’

‘요셉’이라는 사람이 있었다. 그는 공회(산헤드린) 의원으로, 착하고 올곧은 성품을 지닌 사람이었다. 공회는 모두 71명으로 구성된 유대인들의 최고 의결기구다. 그러니까 요셉은 무척 귀한 신분의 사람이었다.

요셉은 앞서 공회 재판이 열렸을 때 예수님을 정죄하는 다른 공회 의원들의 결정과 행동에 동의하지 않았다. 그는 유대 땅 아리마대 출신으로, 하나님의 왕국을 간절히 기다리고 있던 신앙의 사람이었다. 아리마대(Arimathea)는 예루살렘 북서쪽에 있는 성읍인데, 학자들은 이곳을 사무엘 선지자의 고향인 '라마다임소빔'과 같은 곳으로 보고, 오늘날의 '렌티스(Rentis)'로 추정한다.

"총독 각하, 이제 예수님은 십자가형으로 죽었습니다. 그러니 이제는 그분의 시신을 제게 건네주어 그분을 무덤에 장사지낼 수 있도록 허락해 주십시오."

예수님이 운명하신 그 날, 요셉은 로마 총독 빌라도를 찾아가서 예수님의 시신을 내달라고 요청했다. 이 같은 요셉의 요청은 대단한 신앙의 용기를 필요로 했다. 유대의 정치, 종교 지도자들과 수많은 군중들, 그리고 로마 당국에 의해 반역죄로 처형당한 사람의 시신을 곱게 거두어 무덤에 모시겠다는 말은, 예수님을 죽인 자들로부터 모든 비난과 따돌림을 감수해야만 했기 때문이다.

"예수의 시신을 내어달라고?"

사실, 이때 총독 빌라도도 예수의 일로 심경이 무척 편치 않고 양심이 못내 찜찜한 상태였다. 빌라도는 예수가 죄 없는 줄 빤히 알면서도 유대 지도자들과 군중들의 강압적인 요구에 못 이겨 예수에게 사형을 언도한 뒤 그를 십자가형에 처하도록 내어주었기 때문이다. 요셉의 요청을 받자, 빌라도는 마치 기다렸다는 듯 머뭇거리지 않고 흔쾌히 허락한다.

"알았소! 그렇게 하시오."

요셉은 곧장 몇 사람의 수하를 데리고 골고다 형장으로 달려갔다. 그런 뒤, 예수님의 시신을 십자가에서 조심스럽게 내려 고운 베로 전체 시신을 칭칭 감싼 다음, 아직 다른 사람을 한 번도 장사한 적이 없는 새 무덤에 고이 모셨다. 그 무덤은 언덕 기슭의 바위를 파서 만든 무덤으로, 다행히 골고다 언덕과 가까운 곳에 있었다. 요셉은 자신과 자신의 가족을 위해 사용할 목적으로 이 무덤을 미리 조성해 놓았었다.

"자, 자, 모두 서둘도록 하여라. 시간이 무척 촉박하다."

요셉이 예수님의 시신을 자신의 새 무덤에 모신 때는 안식일 전날 곧 예비일로서, 이제 막 안식일이 시작될 무렵이었다. 안식일 전날은 금요일을 말한다. 안식일인 토요일에는 일체의 노동이 금지되어 장례를 치를 수가 없었기 때문에 요셉은 서둘러 예수님의 시신을 장사지내야 했다. 그러니까 예수님이 십자가 위에서 운명하신 시각은 제9시(오후 3시), 앞으로 세 시간 뒤인 제12시(오후 6시)가 되면 안식일이 시작되므로, 그 세 시간 동안에 빌라도의 허락을 받아 예수님의 시신을 장사지내는 그 모든 일을 마무리 지어야 했다.

요한복음에 따르면, 요셉이 예수님의 시신을 장사지낼 때 니고데모가 협력하였다. 그도 요셉과 마찬가지로 공회 의원이었기에 둘은 이전부터 잘 알고 지내는 사이로서 사전에 서로 의논했을 것이다. 이때 니고데모는 몰약과 침향을 준비하여 예수님의 시신 처리에 협력했다.

'아, 바로 저곳이 우리 주님의 시신이 안치된 무덤이로구나….'

때에 갈릴리 지역에서부터 예수님을 따라온 신실한 여인들은 처음부터 줄곧 예수님의 뒤를 따르면서 마침내 처형당해 숨을 거두는 장면까지 전부 지켜보고 있었다. 예수님이 숨을 거두신 후에는 그 여인들이 또한 요셉을 뒤따라가서, 요셉이 예수님의 시신을 거두어 새 무덤에 장사하는 광경을 전부 지켜보았다. 이제 날이 저물어 안식일이 되었으므로 그 여인들은 각자 집으로 돌아갔다. 그런 뒤, 그 여인들은 자신들의 집에서 예수님의 시신에 바를 향료와 향유를 정성껏 마련하고는 계명에 따라 안식일의 휴식에 들어갔다.

24
예수님의 부활과 승천

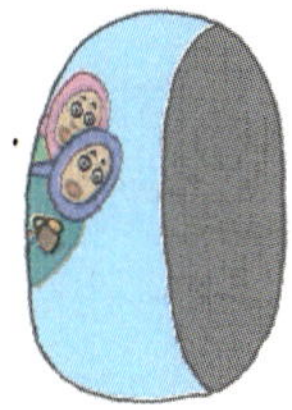

안식일 다음날 새벽
무덤으로 간 여인들은
무덤이 텅 비어 있는 것을 발견하고는
사람들에게 놀라운 소식을 전해주네

예수께서 부활하심 (24:1-12; 마 28:1-10; 막 16:1-8; 요 20:1-10)

금요일 해질 무렵에 장사된 예수님의 시신은 안식일인 토요일에는 온종일 무덤 속에 있었다. 인류 역사상 유일했던 의인이 죽었는데도 세상은 아무 일 없었던 것처럼 무심하게 흘러가고 있었다. 예수님을 따르던 신실한 여인들만이 어둠 속에서 일요일 아침을 눈 빠지게 기다리고 있었다.

마침내 안식일이 지나고, 그 다음날인 일요일의 이른 새벽이 되었다. 그러니까 예수님이 십자가 위에서 운명하신 지 사흘째 되던 날이다. 갈릴리 지역에서부터 예수님을 줄곧 따라다녔던 신실한 여인들은 예수님의 시신이 무사하기를 빌면서 미리 준비해놓은 향료와 향유를 가지고 서둘러 예수님의 무덤으로 향했다.

그런데 실로 놀라운 일이 벌어졌다. 여인들은 자신들의 눈을 의심하지 않을 수 없었다. 눈여겨 봐두었던 예수님의 무덤에 도착해 보니, 무덤

입구를 막아놓았던 큰 돌덩이가 이미 옆으로 치워져 있는 게 아닌가! 유대인들의 바위 무덤에서, 큰 돌덩이로 무덤 입구를 막아놓는 것은 도굴을 방지하고 들짐승의 침입을 막기 위해서였다. 무덤을 막는 돌덩이는 크고 무거웠기 때문에, 장정 여럿이서 달라붙어 온힘을 써야 겨우 옮겨질 만한 것이었다. 그런데 그런 돌덩이가 옆으로 치워져 있다는 것은, 예수님의 무덤에 변고가 생겼다는 것을 뜻했다.

'대체 누가 무덤의 돌덩이를 치워놓았단 말인가?'

여인들은 크게 염려하면서 두렵고 떨리는 심정으로 조심조심 무덤 안으로 발걸음을 들여놓았다. 무덤 안으로 들어가 보니, 더욱 놀라운 일이 벌어져 있었다. 예수님의 시신이 보이지 않는 것이다!

"없어! 우리 주님의 시신이 없어졌어! 아, 이를… 이를 어쩌면 좋아!"

여인들은 어쩔 줄 몰라 발을 동동 굴렀다. 어떻게 된 영문인지 알 길이 없어, 크게 놀란 가슴을 부여잡고 어리둥절한 상태로 안절부절못하고 있었다. 바로 그때였다! 갑자기 눈부시게 빛나는 옷을 입은 두 사람이 어디선가 나타나 여인들 곁에 섰다. 그런 광경에, 여인들은 너무나 두렵고 떨려 반사적으로 얼굴을 땅에 대고 그 사람들 앞에 엎드렸다. 그러자 찬란한 옷을 입은 그 두 사람, 곧 두 천사가 여인들에게 말한다.

"여인들이여, 너희는 어찌하여 살아계신 분을 죽은 사람들 가운데서 찾고 있는 것이냐? 그분은 여기 계시지 않고 다시 살아나셨다!"

"네, 네엣? 주, 주님이 살아나셨다고요? 그, 그게 어떻게…?"

"너희는 그분께서 너희와 함께 갈릴리에 계실 적에 너희에게 하신 말씀을 기억하지 못하느냐? 그분께서 말씀하시기를 '인자는 반드시 죄인들의 손에 넘겨져 십자가에 못 박히고, 못 박힌 지 사흘 만에 다시 살아날 것이다.' 하시지 않았더냐?"

그제야 여인들은 예수께서 생전에 하신 말씀을 기억하고는 두 천사의 말을 믿었다. 기쁨으로 얼굴이 환해진 여인들은 벅찬 가슴을 안고 무덤에서 나와, 열한 사도와 그 밖의 다른 사람들에게 자신들이 겪은 모든 일들을 전해주었다.

이미 자살한 가룟 유다를 제외하고, 나머지 열한 사도들에게 예수님의 부활 소식을 알린 여인들은 막달라 마리아, 요안나, 야고보의 어머니 마리아, 그리고 그 밖의 몇몇 여자들이었다.

이들 중 막달라 마리아는 부활하신 예수님을 맨 처음 만난 여인으로, 본래 일곱 귀신 들려 고통받던 중에 예수님께 고침 받고, 이후로 예수님을 줄곧 따른 여인이다. 요안나는 헤롯의 청지기인 구사의 아내로, 평소에 예수님과 제자들을 성실히 섬겼던 여인이다. 그리고 야고보의 어머니 마리아는 이른바 '작은(덜 알려진 혹은 보다 젊은) 야고보'와 요세(요셉)의 어머니 마리아를 가리킨다(성경에는 '마리아'란 동명이인의 여인들이 숱하게 등장하므로 혼동하지 말아야 한다).

"아니, 무슨 그런 말도 안 되는 소릴! 어떻게 죽은 사람이 다시 살아날 수 있겠소! 주님이 너무 보고 싶은 나머지 무슨 헛것을 보았거나 환청을 들었겠지…, 그런 소리 하들 말아요."

여인들이 전하는 말을 듣고, 열한 사도들과 사람들은 당치도 않는 소리로 여겨 사실대로 믿지 않았다.

'어쩌면…. 그래, 내 눈으로 한번 확인해 보자.'

이때 베드로는 여인들의 말을 허투루 듣지 않고 잽싸게 몸을 일으켜 예수님이 묻힌 무덤으로 달려갔다. 무덤에 도착한 베드로가 몸을 한껏 굽혀 무덤 안을 들여다보니, 그곳에는 과연 여인들의 말대로 예수님의 시신이 없었고, 예수님의 시신을 감쌌던 삼베만 덩그러니 놓여 있었다.

'도대체 무슨 일이 벌어진 것일까? 도대체 왜 예수님의 시신이 없는 것일까? 그렇다면, 정말로 살아나셨던 말인가?'

베드로는 그 상황을 무척 놀랍게 여기고, 자기 눈을 의심하고 고개를 연신 갸웃하며 집으로 돌아갔다.

엠마오 도상의 두 제자에게 나타나신 예수님 (24:13-35; 막 16:12-13)

안식일 다음날(일요일), 그러니까 신실한 여인들이 예수님의 무덤에서 예수님의 시신을 보지 못하고 빈 무덤을 본 그 날, 예수님을 따르던 제자들 가운데 두 사람이 예루살렘을 떠나가고 있었다. 그들은 예루살렘에서 대략 25리(10km) 정도 떨어진 '엠마오'라는 마을을 향해 걸어가고 있었다.

"로마 군병들은 참 무식하고 거친 자들이야. 어떻게 예수님을 그렇게 막 대할 수 있는지, 원!"

"그러게 말일세. 그런데도 우리 예수님은 점잖고 품위 있게 죽으셨지. 참으로 안타까운 일이야. 아무리 생각해도, 그렇게 쉽게 붙잡혀 돌아가실 분이 아닌데 말이지."

두 제자는 예수님과 관련해서 그동안 예루살렘에서 일어난 이런저런 일들에 대해 이야기를 주고받고 있었다. 그때, 어느 사이에 예수께서 그들에게 가까이 다가가셔서 그들과 함께 길을 걸으셨다. 하지만 그들은 자신들 곁에 있는 예수님을 보고서도 그가 누군지 알아보지 못했다.

부활하신 예수님은 비록 사람 같은 육신을 가졌지만, 시공을 초월하는 신령한 몸이었기에, 영적 안목이 어두운 두 제자는 예수님을 알아보지 못했던 것이다. 더욱이 당시 그들은 예수님의 수난과 죽음만 생각하고 있었을 뿐, 예수님이 다시 살아나셨

엠마오로 향하는 두 제자, 그리고 예수님

을 것이라곤 상상조차 못하고 있었다. 잠시 길을 걸으시다가, 예수께서 그들에게 물으신다.

"지금 당신들은 무슨 일로 그렇게 토론하고 있소? 무슨 얘기를 그렇게 심각하게 주고받고 있는 것이오?"

그러자 두 사람은 침통한 표정을 지으며 잠시 걸음을 멈추었다. 그리고는 그들 중에 '글로바'라는 사람이 대답한다.

"보아하니, 당신도 지금 예루살렘에서 오고 있으면서 최근에 거기서 무슨 일이 일어났는지 정말 모른단 말이오?"

"예루살렘에서 무슨 큰일이 일어났던 거요?"

"이 양반, 정말로 아무것도 모르는 모양이네. 요 며칠 전, 예루살렘에서 나사렛 사람 예수님에게 아주 큰일이 벌어졌다오. 그분은 하나님과 모든 사람들 앞에서 말로나 행동으로나 아주 놀라운 권능을 행하신 참된 예언자였소."

"그래요? 그런데 그분이 어찌 되었단 말이오?"

예수님은 짐짓 모르는 체 두 제자에게 묻는다. 그러자 두 제자는 어처구니없고 답답하다는 듯 사실대로 말해준다.

"아 그런데… 대제사장들과 관리라는 자들이 죄 없는 그분을 고발하여 빌라도에게 넘겨주었고, 결국 빌라도가 사형선고를 내려 마침내 그분을 십자가에 못 박았지 뭐요."

"저런! 저런! 세상에, 쯧쯧!"

예수님이 맞장구를 쳐주었다. 그러자 두 제자는 낯선 사람이 자신들의 말에 적극 동조해주자 힘을 내어 계속 말한다.

"사실, 우리는 그분이야말로 이스라엘을 구원하실 분이라는 걸 알고는 그분에게 소망을 품어왔었소. 그런데 그만…. 하지만 그게 전부가 아니라오. 그런 일이 일어난 지 사흘 만에 더 놀라운 일이 벌어졌소."

"그건 또 무엇이오?"

"아 글쎄, 우리 가운데 몇몇 여인들이 우리에게 놀라운 소식을 전해주는 게 아니겠소. 오늘 이른 새벽에 그 여인들이 예수님의 무덤에 찾아갔는데, 그분의 시신을 찾지 못했다는 것이오. 그러고는 우리에게 돌아와서 하는 말이, 글쎄 자기들이 천사들을 보았는데, 그 천사들이 말하기를 '예수께서 살아계신다.' 하면서, 그 소식을 우리 모두에게 전하라고 하더라는 것이오. 그래서 우리 동료 두어 사람이 예수님의 무덤으로 달려가서 확인해 보니, 과연 여인들이 말한 그대로였소."

"예수님의 시신이 거기에 없었던 것이오?"

"맞소! 그들도 역시 예수님의 시신을 보지 못했다는 거요. 거참, 그게 어찌 된 영문인지 참으로 궁금하더이다. 그렇지 않소? 심지어 군사들이 무덤을 단단히 지키고 있었다던데…."

여기까지 두 사람과 대화를 나누신 예수님, 이제 짐짓 모른 체하던 태도를 바꾸어 부활의 주님으로서 그들에게 말씀하신다.

"다 듣고 보니, 당신들은 참으로 어리석군요. 선지자들이 한결같이 말해온 것들을 어찌 그리 마음에 더디 믿는단 말이오. 선지자들이 거듭거듭 예언하기를 '장차 그리스도(메시아)가 마땅히 그런 고난을 겪고, 마침내 자기 영광에 이르게 될 것이다.' 하지 않았소?"

"아하, 그래요? 그러고 보니…."

두 제자가 머리를 긁적이며 무언가를 생각해내려 애썼다. 그런 두 제자를 향해 예수께서 본격적으로 가르침을 베푸셨다. 모세부터 시작해서 구약의 선지자들이 그리스도에 관해 기록해놓은 구절들을 일일이 인용해가면서, 예수님은 그런 예언들과 관련해서 실제로 일어난 일들을 일일이 설명해 주셨다.

"아, 정말 그렇네. 딱 들어맞는 놀라운 예언이네."

두 사람은 놀랍고 신기하다는 듯 연신 감탄하며 예수님의 가르침에 맞장구를 치며 바짝 귀를 기울였다. 그러다보니 어느새 두 제자가 가려고 했던 엠마오 마을에 거의 다다랐다.

"자, 그러면 이제 나는 내 갈 길을 가보려 하오."

이때 예수께서는 엠마오 마을을 지나쳐 더 멀리 가시려고 하셨다. 그러자 그들이 한사코 권유한다.

"아니, 선생. 보다시피 지금 해가 기울고 날이 저물었으니 더 이상의 여행은 무립니다. 그러니 여기 엠마오 마을에서 우리와 함께 묵도록 하십시다."

"그래요, 그렇게 하십시다. 어두운 밤길에 어딜 더 가시려 한단 말입니까. 오늘밤은 우리와 함께 이 마을에서 묵고, 다음날 아침 일찍 떠나는 게 어떻겠소?"

두 사람이 진심으로 강권하자, 예수께서는 마음을 바꾸어 그들과 함께 묵으려고 엠마오 마을의 어느 집으로 들어가셨다. 그리고 그들과 함께 음식을 먹으려고 식탁에 앉으셨다. 이때 예수께서는 빵을 들어 하늘의 하나님께 감사기도를 올리신 후, 그 빵을 떼어서 두 사람에게 나누어주셨다.

"아니? 아, 이 모습은…?"

예수님은 생전에 제자들과 음식을 나눌 때 이 같은 모습을 항상 취하셨다. 음식을 먹기 전에, 언제나 하늘의 하나님께 감사 기도를 올리신 뒤 친히 빵을 떼어 일일이 나눠주시는 그런 모습…. 그제야 두 제자의 눈이 활짝 열려, 비로소 예수님을 알

두 제자에게 빵을 떼어 나누어주시는 예수님

아보았다! 그러나 바로 그 순간, 예수님은 그들의 눈앞에서 순식간에 사라지셨다.

부활 이전에 예수님이 육신의 몸을 입고 계셨을 때는 몇몇 특별한 경우를 제외하면 통상적으로 자신을 자연법칙에 제한시키셨다. 그렇게 공생애 시절의 예수님은 자연법칙에 따라 먹으시고 마시고 주무시고 쉬셨다. 어떤 곳으로 가시려 할 때에는 보통 사람들처럼 걸으셨다. 그러나 부활의 신령한 몸이 되신 이후, 예수님은 스스로에게 부과한 그런 제한을 해제시키셨다. 그래서 새가 공중을 날고 물고기가 물속에서 호흡하듯, 예수님은 자연법칙을 초월하여 시공간을 자유롭게 드나드셨다. 이처럼 부활하신 예수께서 자신의 신령한 몸의 특성을 사용하시는 것은 아주 정상적인 일이다.

"그래, 맞아! 여기까지 오는 길에 그분께서 말씀하시고, 우리에게 성경 말씀을 풀어주실 때, 내 마음이 뜨겁게 불타올랐어!"

"자네도 그러했는가? 나 역시 심령이 활활 타올랐다네! 그러고 보니, 그분은 우리가 알던 바로 예수님이야! 오, 세상에 이럴 수가!"

두 제자는 감격에 겨워 즉시 식탁 자리를 박차고 일어나 그날 저녁에 서둘러 예루살렘으로 되돌아갔다. 가서 보니, 항상 모이던 그 장소에 열한 사도와 예수님을 따르던 사람들이 전부 모여 있었고, 그들 모두는 상기된 표정으로 열띤 토론을 하고 있었다.

"주님은 정말로 살아나셨어. 시몬(베드로)에게도 나타나셨다고!"

"그게 사실이야? 그래도… 십자가 위에서 운명하시고, 무덤에 장사되는 것까지 분명히 지켜보았는데, 어떻게 죽은 사람이 다시 살아날 수 있는 거지? 거참! 알다가도 모를 일이로세."

이때 엠마오 마을에서 되돌아온 두 사람도 토론에 끼어들었다.

"아냐, 예수님은 분명 살아나셨어! 우리가 두 눈으로 똑똑히 보았어."

두 제자는 엠마오 도상에서 있었던 일들을 자초지종 이야기해 주었다.

그러하다. 예수님의 부활은 지극히 중요한 문제다. 만일 예수님이 부활하지 않으셨다면, 그것은 무엇보다도 죽은 지 사흘 만에 부활할 것이라는 예수님의 거듭된 약속이 거짓말이 된다. 그런 거짓말은 또한 평소에 예수님이 가르치신 모든 가르침과 천국 복음을 믿을 수 없게 만든다. 더 나아가 그것은 예수님이 자신에 대해 주장하신 것, 곧 자신이 하나님의 아들이며 인류를 구원하기 위해 이 땅에 오신 메시아라는 사실이 전부 꾸며낸 말로 의심받기에 충분하다.

하지만 예수님의 부활은, 그분의 모든 말씀이 사실이고 진리라는 것을 믿게 해준다. 또한 예수님의 부활은, 우리도 언젠가는 예수님처럼 죽음에서 다시 살아나 영생을 누릴 수 있다는 확신을 심어준다. 그러므로 예수님의 부활은 기독교 신앙의 바탕이요 중심이며 핵심이다.

열한 제자에게 나타나심(24:36-49; 마28:16-20; 막16:14-18; 요20:19-23)

"정말? 정말로 그런 일이 있었다고? 그분이 진짜로 예수님 맞아?"

"글쎄, 그렇다니깐! 그분께서 우리에게 성경 말씀을 풀어주시고 또 빵을 떼어주실 때, 우리가 예수님인 줄 확신했다니깐! 예수님은 다시 살아나신 게 틀림없어!"

엠마오 도상의 두 제자가 예수님의 부활을 강력하게 증언하고 있을 때, 베드로도 끼어들었다.

"그래, 나도 다시 살아나신 예수님을 보았어! 생전에 우리에게 하신 말씀대로, 예수님은 사흘 만에 부활하신 게 확실해!"

"그렇지만… 어떻게 죽은 사람이 다시 살아날 수 있지?"

열한 사도들이 이런 이야기를 한창 나누고 있을 때였다. 갑자기 예수께서 제자들에게 직접 나타나 그들 가운데 서서 말씀하신다. 부활하신 예수님의 육체는 시공간의 제한을 받지 않아서 언제 어느 곳에든 홀연히 출현할 수 있었다.

"너희 모두에게 평강이 있기를!"

그 자리에 모여 있던 제자들은 예수님의 갑작스러운 등장에 몹시 놀라고 두려워했다. 그들은 자신들이 유령을 보고 있다고 생각했다. 그런 제자들을 향해 예수께서 부드럽게 말씀하신다.

"왜들 그렇게 놀라는 것이냐? 너희가 어찌하여 마음에 의심을 품고 있느냐? 자, 모두 내 손과 내 발을 보아라. 바로 나다! 나를 만져 보고 확인해 보아라. 유령은 살과 뼈가 없지만, 지금 너희가 보다시피 나는 이렇게 살과 뼈를 가지고 있느니라."

이렇게 말씀하시면서, 예수님은 자신의 손과 발을 내미셔서 제자들에게 보이셨다. 이처럼 예수님은 부활의 몸이 유령의 몸과 다른 한 가지 분명한 차이점을 일러주셨다. 유령의 몸은 살과 뼈가 없지만, 부활의 몸은 살과 뼈를 지니고 있다는 사실이었다. 그래서 부활의 몸을 지니신 예수님은 유령과는 달리 물질적인 음식을 직접 먹을 수도 있었다. 그렇지만 부활 이후에 예수님이 순식간에 사라진다든지, 또는 잠긴 문을 스스럼없이 통과하여 순식간에 나타나는 현상 등은, 부활의 몸이 일반적인 사람의 몸이 아니라 영화롭게 변화된 신령한 몸이라는 사실을 보여준다.

열한 제자에게 나타나신 예수님: "나다, 나니라."

"아, 맞다! 예수님이 분명하다."

"오, 주님, 정말로 다시 살아나셨군요! 아, 주님!"

예수님의 손발을 직접 만져본 제자들은 예수님이 틀림없다는 사실을 확인했다. 그들은 너무나도 기뻐하고 놀라워했다. 그러면서도 한편으로는 여전히 미심쩍어하기도 했다. 그때에 예수께서 제자들에게 물으신다.

"여기에 먹을 것이 좀 있느냐?"

제자들은 당황해하다가 구운 생선 한 토막을 찾아내어 예수님께 드렸다. 예수님은 제자들이 보는 앞에서 맛있게 잡수셨다. 다 드신 다음, 예수께서 진지한 표정으로 제자들에게 타이르듯 말씀하신다.

"내가 전에 너희와 함께 있을 때 분명히 말하지 않았느냐. '모세의 율법서와 예언서들과 시편에서 나에 관해 기록된 모든 일들이 반드시 이루어져야 한다.'라고! 잘 생각해 보아라. 기억하지 못하겠느냐?"

예수님은 제자들의 마음을 활짝 열어주시어 성경 말씀의 의미를 확연히 깨닫게 해주셨다. 제자들은 지금 자신들 앞에 서 계신 부활의 예수님을 대하면서 뒤로 거슬러 올라가 구약의 모든 글들을 전혀 새로운 시각으로 바라볼 수 있게 되었다. 그런 제자들을 향해 예수님은 계속 말씀하신다.

"성경에 또 기록되어 있지 않더냐? '그리스도가 고난을 받고 죽으셨다가, 사흘 만에 죽은 자들 가운데서 다시 살아날 것'이라고! 또 '누구든지 회개하면 죄를 용서받는다는 그 기쁜 소식이 예루살렘에서 시작하여 모든 민족들에게 전파될 것'이라고! 그렇지 아니하냐?"

"네, 주님! 맞습니다. 성경에 분명 그렇게 기록되어 있었습니다."

이때에 성령님은 제자들에게 통찰력을 주셨다. 그 결과, 그들이 지금껏 예수님을 통해 보아왔고 경험했던 일들이 오래전부터 모세 율법과 선지자들의 글과 시편에서 예언된 것임을 밝히 깨달아 알 수 있었다.

"그러하다. 이 모든 일들은 성경에 이미 기록되어 있었던 것이다. 오늘날 너희는 이 모든 일을 직접 목격한 증인들이니라."

"오, 주님, 진실로 그렇습니다. 우리는 주님을 통해 이 모든 일들을 우리의 두 눈으로 직접 보았습니다."

"그러므로 이제 나는 내 아버지께서 약속하신 것을 너희에게 보내겠다. 너희는 위로부터 오는 그 능력의 옷을 입을 때까지 여기 예루살렘에 계속 머물러 있도록 하여라."

'아버지께서 약속하신 것'은 곧 '성령'을 말한다. 일찍이 하나님은 요엘 선지자를 통해 믿는 자들 모두의 심령 속에 '성령을 충만하게 부어주실 것'을 약속하셨다. 그리하여 본서의 저자인 누가(Luke)는 이 책의 후속편인 사도행전에서 이 약속의 성취에 관해 자세히 기술하였다.

예수께서 하늘로 올라가심 (24:50-53; 막 16:19-20; 행 1:6-11)

"자, 이제 모두 나를 따라오너라."

말씀을 마치신 뒤, 예수께서는 제자들을 데리고 집 밖으로 나가셔서 베다니 근처로 가셨다. 베다니는 '가난한 자의 집'이란 뜻으로, 예루살렘 동쪽 약 3.5km 지점에 위치한 올리브산 남동쪽의 작은 마을이다. 당시 예수님이 사랑하셨고 '예수님의 친구들'로 불렸던 마르다, 마리아, 나사로의 세 남매가 살고 있던 마을로, 오늘날에도 '나사로 마을'로 불린다. 예루살렘에서 여리고로 향하는 길을 따라 좌측 위쪽 방향에 있었는데, 오늘날의 유적지는 '엘-아자리에'로 추정된다.

"나의 사랑하는 제자들아, 너희에게 복이 풍성하게 임하길 비노라."

제자들을 데리고 베다니 마을 근처까지 가시더니, 예수님은 거기서 걸음을 멈추시고는 두 손을 들어 제자들을 축복해 주셨다. 이처럼 제자들을 축복하시는 가운데, 예수님은 제자들을 떠나 하늘로 들려 올라가셨다. 무덤에서 부활하신 후 40일째였다. 그 40일 동안 예수님은 땅 위에 머무시면서 제자들과 뭇 신도들에게 부활의 몸을 보여주시며 복음 전파의 사명을 일깨워주신 뒤, 마침내 하늘 아버지가 계신 곳 곧 본래 자신이 있던 곳으로 승천하신 것이다.

"오, 오, 주님! 주님께 영광을, 하나님 아버지께 찬양을!"

누가가 쓴 두 권의 책(누가복음, 사도행전)을 종합하면 예수님의 승천 사실은 이러하다. ① 무덤에서 부활하신 후 40일 만에 승천하심 ② 올리브산 곧 감람산에서 승천하심 ③ 제자들을 축복하시던 중에 승천하심 ④ 승천하실 때에 예수님의 몸은 구름에 가려서 보이지 않게 되고, 흰 옷을 입은 두 천사가 함께 함 ⑤ 마가와 베드로는 승천하신 예수님이 하나님 우편에 앉으셨다고 기록함.

흰 옷 입은 두 천사의 호위를 받으며 구름 가운데서 하늘로 들려 올라가시는 예수님을 바라보며, 제자들은 감격과 환희에 젖어 예수님께 경배 드리고 하나님을 찬양한 뒤에 모두가 큰 기쁨에 넘쳐서 예수님의 지시대로 예루살렘으로 돌아갔다. 그리고는 예루살렘에 계속 머물면서 '하나님 아버지께서 약속하신 것' 곧 성령님을 고대하며 날마다 성전에 올라가 하나님을 찬양하며 지냈다. 그렇게 하루하루 시간이 흘렀다.

여기까지가 누가(Luke)가 직접 보고 듣고 자료를 수집한 대로 예수님의 전기(傳記)에 관해 기록한 복음서다. 이른바 '누가복음'이다. 누가복음을 쓴 이 사람 누가, 그는 수리아의 안디옥에서 출생한 헬라인으로, 일찍이 의학을 공부하고 예수님을 믿은 후에는 사도 바울의 동역자가 되어 오랫동안 복음 전도사역에 종사한 인물이다. 그는 당시에 고위 관직에 있던 '데오빌로'와 친밀한 교분이 있어, 그에게 주옥같

누가복음의 저자, 누가(Luke)

은 두 번의 긴 서신(누가복음, 사도행전)을 써 보냈다.

탁월한 의사요 뛰어난 저술가인 누가는 사도 바울이 로마 감옥에 투옥되었을 때, 바울이 순교할 때까지 그의 곁을 끝까지 지킬 정도로 열정적이고 의리 있는 신앙인이었다. 특히 누가는 불행한 자들, 가난한 자들, 소외당한 자들에 대한 인간적인 공감을 지녔고, 그래서 다른 복음서의 저자들보다 '하나님께 대한 기도'에 관해 더 많이 언급했다. 이는 그 자신이 '기도의 사람'임을 보여주는 것이기도 하다.

성경에서 그는 '의원 누가'로 불리며, 초대교회의 신자들로부터 많은 존경과 사랑을 받았다. 유대인 전승에 따르면, 누가는 사도 바울의 순교 후에 복음 전도사역에 더욱 매진하다가 에베소 혹은 비두니아에서 84세를 일기로 생을 마감했다고 전해진다.

밤이 깊었다. 세상은 깊이 잠들었고 풀벌레소리만 정적을 더해준다. 바람도 잠들었는지 조금의 찬바람도 없다. 눅눅한 더위로 한밤중인데도 땀이 흐른다. 누가는 긴 숨을 몰아쉬며 집필하던 펜을 놓는다.

누가가 스승 바울에게서 들었던 예수님에 관한 이야기들, 예수님과 함께 했고 부활을 목격했던 사람들에게서 들었던 예수님의 생애에 대해 데오빌로 각하에게 전해주고 싶다는 생각을 갖게 된 것은 마태복음과 마가복음을 읽고 나서였다.

두 성경을 읽은 누가는 가슴이 뛰었다. 이런 귀한 복음을 더 많은 사람들에게, 더 자세히 전해주고 싶었다. 예수께서 갈릴리의 어부들을 '사람 낚는 어부'로 부르셨다면, 누가 자신은 육신을 고치는 의사에서 '영혼을 고치는 의사'로 불러주셨다고 믿었다. 그래서 그는 오랜 세월을 위대한 복음 전도자 바울의 주치의가 되어 그와 동고동락하며 살아왔다. 바울이 가택연금을 당했을 때, 누가는 예수님의 생애와 구속사역에 관한 이야기들을 글로 남기고 싶어 작심하고 펜을 들었다. 그렇게 쓰기 시작한 것이 처음 생각과는 달리 한 권의 책이 될 만큼 두꺼운 장편이 되었다. 그만큼 힘들었고 그만큼 보람된 일이었다.

이제 누가는 찬찬히 눈을 감는다. 한 번도 만난 적이 없는 예수 그리스도! 스승 바울도 열두 제자의 구성원이 아니었기에 육신의 예수님에 관해서는 상세히 몰랐다. 그분도 다메섹 도상에서 잠시 만났을 뿐이다. 그래도 스승 바울은 예수님밖에 모르는 사람이었다. 예수님을 박해하던 사람이 예수님 때문에 박해를 받는 사람이 되었다는 것, 그것은 하나님의 오묘한 섭리와 신비한 경륜이라는 사실 외에는 달리 설명할 길이 없다.

누가는 스승인 사도 바울의 설명을 들으면서 의사의 입장에서 예수전(傳)을 썼다. 특히 자신이 이방인으로서 같은 입장인 다른 이방인들에게 예수님의 인자(人子)되심을 전해주고 싶었다. 예수님이 하나님인 동시에 인간이라는 사실을 밝힘으로써 그분은 죄인의 구주가 되기에 조금도 부족함이 없음을 보여주고 싶었다.

후대의 사람들은 내가 쓴 이 글을 어떻게 평가할까. 이 책을 읽고 어떤 영혼들이 고침을 받을까. 누가는 꿈속에서라도 스승 사도 바울과 구주 예수님을 만나기를 고대하며 서서히 잠속으로 빠져든다. 그날 밤, 별들이 유난히 빛나고 있었다.

● 감수자의 말

비유대인 독자를 위한 복음서

민영진

감리교신학대학교 교수 역임

대한성서공회 번역실장, 총무 역임

세계성서공회연합회 번역컨설턴트 역임

스토리텔링 성경 누가복음을 만나는 감회가 개인적으로 예사롭지 않다. 누가복음서는 흔히 '비유대인 독자를 위해 쓰인 복음서'로 알려진 것이어서, 우리말 독자들도 복음서 중에서도 가장 먼저 관심을 가지게 되는 책이 누가복음서이기도 하다. 스토리텔링 성경 누가복음은 "데오빌로 각하께!"로 시작한다.

> 존경하는 데오빌로 각하께.
> 예수 그리스도와 관련하여 우리들 가운데서 일어난 여러 일들에 관해, 그것들을 기록하려고 손을 댄 사람들이 이미 여럿 있었습니다. 그런 사람들이 쓴 모든 글들은 과연 예수 그리스도와 관련해서 실제로 일어난 일들을 그들이 직접 목격한 것들입니다.
> 뿐만 아니라, 예수 그리스도의 말씀을 믿고 따르며 전파하는 사람들이 우리에게 전해준 것들을 거짓 없이 그대로 기록한 것들입니다.
> 각하, 저 또한 그 모든 일들을 처음부터 자세히 살피고 열심히 조사해왔던 터였으므로, 이제 저도 특별히 각하를 위해 그 모든 일들을 차례대로

각하께 써 보내는 것이 좋겠다는 생각이 들었습니다.
그래서 각하께서 이미 듣고 배우신 모든 것들이 하나도 틀림없이 전부가
분명한 사실임을 확신시켜 드리고 싶습니다."

누가의 서언이 인상적이다. 그러나 이것은 헌정사(獻呈辭) 형식을 취한 누가의 저작 방법론일 뿐, 누가복음서 저자 자신은 실제로는, 어느 한 고위층에게 올리는 사적 보고서를 쓴 것이 아니라, 비유대인 독자에게 복음의 소식을 전달하는 기발한 저술 방식으로 이런 형식을 취하고 있다. 그러고 보니, 우리말 성경 번역 역사에 있어서도, 최초의 성경 번역이 바로 1882년 심양(瀋陽) 문광서원(文光書院)에서 출간된, 존 로스 번역팀이 함께 번역한 『예수셩교누가복으젼셔』(광세팔년, 심양 문광셔원간)다. 140년 전이다. 그때 이 최초의 성경 본문 누가복음은 어떠했던가? 첫 넉 절을 그대로 인용해 본다.

> ᄃᆡᄀᆡ열어사람이부슬들어우리가운데일운일을긔술ᄒᆞ되처음으로
> 븟터친이보고도를뎐ᄒᆞ넌자우리를준ᄇᆡ갓티ᄒᆞ엿기로ᄂᆡ또ᄯᅳᆺᄒᆞ여
> 모둔일을자세이근원을좃차ᄎᆡ례로써귀인데오비노의존젼에앙달
> ᄒᆞ문귀인볼ᄂᆡ보인ᄇᆡ의실졍을알게ᄒᆞ미라

지금 읽어보면, 격세지감(隔世之感)이 든다. 훈민정음으로 적었지만, 띄어쓰기도 없고, 아직 아래 아(·) 모음이 사용되고 있고, 함경도 서북 방언이 보이고, 문어체인지 구어체인지, 존대법 적용이 제대로 된 것인지도 확실하지 않다. 그러나 이것이 한 세기 반 전에 우리말 언중이 읽은 최초의 성경이다.

오늘의 우리말 성경 독자 앞에는 20여 종의 우리말 번역이 있고, 그것도 읽기에 어렵다고 하여 성서원에서는 번역 외에 스토리텔링

성경 시리즈를 제작하여 보급하고 있으니, 독자들로서는 과거 어느 때보다 성경에 친숙하게 접근하고 있다.

집필에 참여한 스토리텔러 여러분의 수고에도 아낌없는 격려를 보낸다. 현대의 성경 독서법 중에 독자 반응 비평은, 성경의 저자나 양식(樣式)이나 내용보다는, 독자들이 작품을 만나서 체험한 독자의 문학적 체험에 더 주목하는 방법론이다. 출판사와 스토리텔러들과 독자들이 함께 만들어 나감으로써 스토리텔링 성경이 좋은 결실을 이루기를 바란다.